現代社会の危機と子ども・若者 上

どの子にも豊かな遊びと
平和な子ども期を

前島康男
Yasuo Maejima

花伝社

現代社会の危機と子ども・若者（上）——どの子にも豊かな遊びと平和な子ども期を　◆目次

誕生

作詞　中島みゆき　作曲　中島みゆき

ひとりでも私は生きられるけど
でもだれかとならば人生ははるかに違う
強気で強気で生きてる人ほど
些細な寂しさでつまずくものよ
呼んでも呼んでもとどかぬ恋でも
むなしい恋なんて　ある筈がないと言ってよ
待っても待っても戻らぬ恋でも
無駄な月日なんてないと言ってよ

めぐり来る季節をかぞえながら
めぐり逢う命をかぞえながら
畏れながら憎みながら　いつか愛を知ってゆく
泣きながら生まれる子供のように
もいちど生きるため泣いて来たのね

Remember　生まれた時だれでも言われた筈
耳をすまして思い出して最初に聞いた　Welcome
Remember　生まれたこと
Remember　出逢ったこと
Remember　一緒に生きてたこと
そして覚えていること

ふりかえるひまもなく時は流れて
帰りたい場所がまたひとつずつ消えてゆく
すがりたいだれかを失うたびに
だれかを守りたい私になるの

わかれゆく季節をかぞえながら
わかれゆく命をかぞえながら
祈りながら嘆きながら　とうに愛を知っている
忘れない言葉はだれでもひとつ

たとえサヨナラでも愛してる意味

Remember　生まれた時だれでも言われた筈
耳をすまして思い出して最初に聞いた　Welcome
Remember　けれどもしも思い出せないなら
わたし　いつでもあなたに言う
生まれてくれて　Welcome

Remember　生まれたこと
Remember　出逢ったこと
Remember　一緒に生きてたこと
そして覚えていること

はじめに——本書の課題と方法

私は、二〇二〇年に『登校拒否・ひきこもりからの〝出発《たびだち》〟——「よい子」の苦悩と自己形成』（東京電機大学出版局）を出版しました。

この著書は、主に「登校拒否・ひきこもり」当事者に学びながら、「登校拒否・ひきこもり」問題に関して、その激増の原因と政策対応の問題点、および解決の道筋などを論じました。さて、その後約四年が経過しました。その四年間とは、ちょうどコロナパンデミックが世界中を覆った時期です。また、ロシアのウクライナ侵略、ならびに、パレスチナ・ガザ地区での紛争も激化し、同時に気候変動も激化した時期です。

また、国内では、長年にわたり国民を苦しめてきた自民党・公明党等の連合政治が、安倍元首相の銃撃事件による死亡の後、その暗闇にある様々な問題が次々に明らかにされ、大きな転換期を迎えています。

このような時期は、次の論者らによると以下のように特徴付けられます。

コロナパンデミックは、第一に、それまでの矛盾や問題点が拡大・増幅して現れるということ。第二に、すでに起きていた変化が、危機によって加速するという視点が重要であること

（上野千鶴子「コロナ禍とジェンダー」『新型コロナウイルスと私たちの社会（第1弾）』森達也編著、論創社、二〇二〇年、五七頁）。

第三に、「『あらゆるものごとはつながりあっている』という感覚が呼び覚まされた」ということ（三上直之『機構民主主義――次世代の政治の動かし方』岩波書店、二〇二二年、v頁）。

また、第四に、ミシェル・フーコーの「生政治」に学ぶことも重要です。

これらの施設（監獄、学校、工場、病院：引用者）で監視し、指導を受けながら生活することを通して、各人は（社会を代表して）監視する者の視線を内面化し、「規範 norme」に合わせて生きることが「普通」になる。（…）「生政治」が行われる社会では、人々の「生」が高度に画一化され、管理されやすくなる。

（仲正昌樹「コロナ禍と哲学」前出森達也編著、一六六頁、傍線：引用者）

すなわち、子ども・若者の問題に即して考えると、その「生きづらさ」＝「閉塞感」が、格段に進行し、様々な問題が顕在化したと言えます。

この時期、世界では、次のような事態に問題が象徴的に現れています。つまり、この一〇年間世界中で「権威主義的国家」に住む人口は、四六％から七二％に増加していること（プラス二六ポイント）。あるいは、この二〇年間で、民主主義国家の数は、四三か国から一四か国に二九か国も大幅に減少していることとも関連します（「DEMOCRACY REPORT 2023」）。日本では、子どもの精神的幸福度が、ＯＥＣＤ三八か国中三七位になり、様々な「行動化」および「身体化」も大きく進行しました。「行動化」とは、登校拒否・ひきこもり、いじめの激増、自死の増加、「身体化」とは、鬱などの精神的疾患、自傷行為（ＯＤ＝オーバードーズ、リストカット、摂食障害、パパ活などの性の商品化）の増加、発達障害の増加などです。

また、社会現象としては、「孤独・孤立」が進行するとともに、「虐待（教育虐待を含む）」や、教職員等による性加害、「トー横キッズ」等やＯＤ現象の拡大、さらには、様々な依存症（①物質依存、②行為依存、③関係依存）も増加しました。

以上のような動向が進むなかで、本書は第一に、様々な現象の事実をしっかりと把握すること。また第二に、それらの現象の相互の関連（つながり）を構造的に把握すること。第三に、それらの現象の相互の関連構造のなかで、どういう問題に焦点を当てることによって問題がよりクリアに見えてくるかを押さえ、論じること。そして第四に、構造的な問題を踏まえ、解決の方法や道筋を探るうえで、どのような問題や課題に注目すれば良いかを提示することを、主な理論的な課題にします。

以上のような理論的な課題について、本書は、前著（二〇二〇）に引き続いて、第一に「よい子」の問題に焦点を当てます。第二に、子ども・若者の様々な「行動化」および「身体化」を克服するうえで、「豊かな遊びと子ども期の保障」に焦点を当てて考察します。

それでは、最初に、「よい子」の問題について論じましょう。
斎藤学氏は、次のように述べます。非常にわかりやすい文章なので、少し長く引用します。

「子どものため」と信じ、やれ習い事だ、学習塾だと連れ回し、名門校に合格させようと子どもの尻をたたいたりする、いわゆる**教育虐待**も、子どもの濫用に当たります。子どものほうも、親が必死になって「自分のため」に、生活費を切り詰め、パートに出て、塾代を捻出していることを知っていますから、「ありがたい」と思わざるを得ず、親の期待に応えるために頑張るしか無くなってしまいます。

不幸な親や上昇志向の強い親が、子どもを生きがいとしてその成長と成功に過剰な期待を抱くとき、子どもは親たちの期待に縛られて、自分の人生を失っていきます。これらはすべて、親という権力者から離れては生きられない弱者である子どもの濫用であり、子どもへの情緒的な**虐待**です。(…)

私の見るところ、日本の子ども、ないしかって子どもだった人たちには、「**良い子**」と呼ばれる過度な規範尊重と従順さ、そして**過剰適応的**な態度が蔓延しています。こうした規範至上主義と過剰適応主義を裏支えしているのは「**世間並み**」から脱落することへの恐怖と、世間という市場で一段でも格上の値段をつけられる売り物(「人材」[1]:引用者注)になりたいという、すれからしの権力志向です。

核家族と少子化、そして90年代後半から本格化した格差社会が、その傾向を後押ししています。少子化とは、親から子への期待と負託が巨大なものとなることです。（子どもの：引用者）成功や失敗が親のステイタスや老後をも左右しますから、みな真剣です。今や子産み・子育ては、親の人生競争における重要なタクティクス（戦術）なのです。人々は配偶者選択、結婚や妊娠のタイミングを慎重に測るようになりました。子どもの数、子どもの人生コース、子どもの将来などについても予想図を描き、それに沿って子どもが生きる事を望みます（「毒親」：引用者）。

自らの人生を豊かにし、成功に導くための子産みであり、子育てでもあるのだから、親は子どもに期待した役割の遂行を求めます。言葉に出さなくとも、そぶりや視線で、親の望む**「良い子」**であることを求めます（私の教え子M君は、**週13回**もの塾通いや習い事をこなしていました。両親は千葉大卒の教師です）。

子どもは、親の連れ歩きたい人形、親の果たせなかった願望の肩代わり役、親の自慢の種、親の愚痴の聞き役、親の権力のままになる奴隷などのうちのどれか、あるいはいくつかを背負わされるようになります（…）。

子どもから「自分らしく生き生きとした人生」を奪うことは、紛れも無い**暴力**です。子どもを愛するがゆえに干渉し、拘束し、期待し、要求する――そんな『**やさしい暴力**』を免れている家族は、今の日本には少ないでしょう。[2]

（斎藤学二〇二〇、五～九頁、ゴチック：引用者）

このようななかで、「よい子」は、様々な「行動化」と「身体化」で、その苦しさを表現します。「行動化」とは、いじめ、登校拒否・ひきこもり、自死などであり、「身体化」は、様々な自傷行為、あるいは、「依存症」の激化などです。子ども・若者をめぐる様々な問題を解決するために必要な方法については、終章（下巻）で詳しく述べます。

さて、次に、本書の大きな論点の二番目について触れます。

それは、上で述べた子ども・若者の様々な「行動化」や「身体化」を克服していくうえで、根本的に何が大切かという点です。この点について、ここで結論的にいうと、私は、子ども・若者に豊かな遊びと子ども期の保障が大切だと思います。それは、次のような事実に注目するからです。

まず、最初に拙著『新版・おとなのための絵本の世界――子どもとの出会いを求めて』（創風社、二〇一六年）で紹介した「写真絵本『世界の子どもたち』」（同、六～一〇頁）を見てみましょう。ここでは、世界の三五か国の一〇代前半（すなわち、前思春期）の子どもたちの様子が描かれています。

まずは、先進国と言われるいくつかの国々の子どもの姿を紹介します。

最初は、フランス「りんごの花カリーヌ」です。イタリアは「花の町のファニーナ」、スペインは「太陽の妖精フェリサ」、ロシア「カチューシャの歌」、ギリシャ「風の島のカテリーナ」と続きます。絵本には以下のように描かれています。

フランス「カリーヌは11歳の少女/ノルマンディー地方の美しい村/ベルボーフに住んでいる/村はりんごの花とともに春をむかえる/弟と妹の三きょうだい/お父さんは都市計画の仕事をしており/お母さんは小学校の教師だ/カリーヌの好きな科目はフランス語/そして将来の夢はジャーナリストになること」

イタリア「ルネッサンス文化の発祥地/フィレンツェは/花の都と呼ばれる　美しい町だ/デュランデュランの大ファンで/星占いにこっている　ファニーナも/長い歴史と伝統を持つ/美しいフィレンツェを/心から愛し　誇りに想っている」

スペイン「太陽の光が　さんさんとふりそそぐ/スペインのアンダルシア地方/アルモンテは/美しい自然にかこまれた白い村だ/子どもたちはくったくがなく/のびやかに翼をひろげている/フェリサの瞳も　太陽の光をあびて/きらきらとかがやいている」

表紙の写真と表題、そして写真絵本の要約を見ると、これらの国々の少女たちが多感な思春期、少年・少女期（すなわち「子ども期」）を豊かな自然や文化に囲まれ、のびのびと楽しい生活を送っている様子が手に取るように伝わってきます。

ついで、いわゆる発展途上国の子どもの様子をいくつか挙げてみましょう。

まずはフィリピン。表題は「漁師の子エルバート」で、絵本の要約は次のようになっています。

「緑濃いレイテ島に住む／12歳の少年エルバートは／漁師の子ども／朝早くから／父さんの手伝いで船に乗る／勉強はもちろん頑張っているけど／友達と遊ぶのも一生懸命／夢は外国航路の船乗りだ」

次にタイ。表題は「マナと緑の大地」で、要約は以下のように書かれています。

「タイの北部　スコータイ州にある／小さな村に住むマナは11歳／マナの家は農園農家／くだものや野菜を作っている／マナは　将来何になるか／まだ決めていない／いまはただ緑濃い大地で／元気いっぱい遊び／働いている」

これらの国の少年たちは、基本的に労働力として期待され、家業を手伝いながらも豊かな自然環境と関わり合いながら、子ども集団の中で遊び、ぶつかり合いながら将来の夢を育んでいる様子が伝わってきます。

それでは、日本の場合はどうでしょうか。日本の場合表題が「博史・雅代のいそがしい一日[3]」となっていて、絵本の要約は以下のように記されています。

「首都東京に住む／博史（12歳）と雅代（10歳）は／同じ小学校の6年生と4年生／学校のクラブ活動では／ふたりとも　卓球部に所属している／家に帰ってからも塾やスポーツクラブに通う／忙しい毎日だけど／勉強にも遊びにも一生懸命の明るいきょうだいだ」

二人については、学校での勉強時間が長いこと、塾やクラブ活動もあり、遊びはテレビゲームなどとして描かれており、他の諸国の子どもたちと比べ、様々な人々との出会いや、豊かな自然との関わりが乏しく、また、子どもたちがぶつかり合いながら育つ場面がほとんど出てきません。そして、何より一日がとても忙しく、ゆとりのない生活をしている様子がよく描かれています。

私は、大学教員時代の授業や各種学習会および講演会などで、これらの絵本も読み聞かせてきました。受講者は、写真絵本に描かれた日本と他の国の子どもの様子があまりにも異なるので、大変驚きます。[4]

私は、ちょうど三〇歳の時に、非常勤講師として熊谷市にある立正大学および立正保育専門学校で教育学を教えていました。その際、実家（埼玉県旧大宮市宮原町）のある宮原駅から熊谷駅まで高崎線で通勤していたのですが、「子どもが外で遊んで歓声を上げている様子が見えない、聞こえないと感じ」ました。「あとで、教育史等を調べてみると、１９８０年代前半は、登校拒否が急増し続けた戦後第一の急増期です」（前島二〇二〇、一〇〇頁）。

また、いじめも日常化し、一九八五年の鹿川君のいじめ自死事件をはじめ、いじめ自死事件が多発した時代でした（前島一九九五、一六～一七頁）。つまり、学校における「競争と管理」が強まりはじめ、家族も「生活家族」から「教育家族」[5]へと変化し、家庭の学校化が強まりました。そして、子どもたちの塾通いも増え、子どもたちは地域で遊ばなくなりました（前島康男と記念誌原稿協力者二〇二三、四九頁)。

このような「少年期不在」(竹内常一)は、世界的に見れば、アジアの片隅(日本、韓国、台湾、中国、および香港)に起こっている現象ですが、その後、その傾向はますます激化します。

そして、今日「偏差値信仰」(あるいは「学歴厨」)と「お金信仰」の割合は、戦後最高値になりました(博愛堂調査、二〇二二年)[6]。

そして、その矛盾は激化します。[7] この点は、次の、私の教え子の述懐にも典型的に現れています。


「学習圧力」

T・Y(東京電機大学　2020年3月卒業)

小さい頃から、「勉強!」「勉強!」「勉強!」と言われ続け、まるで勉強できるやつが一番えらいみたいな感じだった。実際この世は学歴社会で、頭の悪いやつは省かれる。いい高校、いい大学を出なければ将来ホームレス、高卒は使いものにならないなど、自分の好きに生きていきたいのに何かを強いられる。みんなと同じ行動をせず、一人他と違うことをすると、その人を見て、みんな厄介者扱いする。一体生きていく上で何が正解なのかわからなくなる。また日本で一番えらいのは誰か、えらい定義は何か。

自分は、第五志望でこの大学に入ったが、周りからはバカにされ、将来どうするの?

と何度も言われた。親にも大学名を聞かれた時はなんとか、その場を濁せと言われ、バイトも履歴書があるので自分の家の周辺ではできないと言われた。自分は、大好きな数学が学べるところだから第五志望でも一応満足しているのに、非常に不快である。

（前島『定年退職記念誌』前出、一二四〜一二五頁）

以上の、二つの大きな問題＝「よい子」の問題と「偏差値信仰」「学歴厨」の極限化が、日本の子ども・若者をとらえ苦しめています。そして、様々な「行動化」（いじめ、登校拒否、および自死）と「身体化」（精神疾患、自傷行為など）が増え続けています。

このような問題を解決するうえで何が必要かについては、本書で詳しく論じます。

ここでは、その結論に導く、仮説についてふれておきます。

まず私は、今日、子ども・若者の生育過程でもっとも大切なことは、子ども・若者が現代の新自由主義社会をのりこえるうえでの「生の第一義的機能」（藤原審爾『死にたがる子』新日本出版社、一九七八年）[8]を育てることだと思います。

この「生の第一義的機能」について、藤原審爾氏は、人間が生物として生きていくうえでの、基本的な生きる力のようなものであると指しています。そして、「第一義的機能」はどうしたら育つのか、その点について、次のように明快に述べています。

子どもが自殺をしないようにするためには、こどもの第一義的機能を育ててやらなければならない。そのためには、**こころよさ**をはっきり正確に感じるように教育しなければならんだろう。[9] おれたちはこどもの頃に、よく**夢中で遊んで**、夕飯におくれて叱られたもんだよ。**ああいう夢中で遊ぶということ**が、第一義的な機能を使い育てることであって、すこぶる必要なことなんだが、それを実践しようとしても、都会では遊び場[10]をまず作らなければならん。

(藤原前出書、二〇五頁、ゴチック：引用者)

この、自然のなかで、集団で夢中になって遊ぶことの重要性は、他の論者も異口同音に強調しています。

例えば、養老孟司氏は、『子どもが心配——人として大事な三つの力』[11](PHP新書、二〇二二年)や『こどもを野に放て!』(集英社、二〇二四年)のなかで、「自然の中で身体を動かすと知性が高まる!」「勉強すればなんでも頭に入ると思っている。でもそれ以前に、自然の中で感覚を磨くことが重要です」(『こどもを野に放て!』の帯の文章)と述べています。

また、汐見稔幸氏はキューバを訪れた時、「ある若者が、悲しそうに、昨年、キューバで初めて子どもが自死したと言ったこと」[12]を踏まえて、遊びの大切さを論じています。

さらに、現代日本の子ども・若者は、特に「思春期」および「少年期」を保障されているか、という問題があります。すなわち、今や中学受験する子どもの割合も増え、小学校、あるいは幼児期から塾や習い事に通い、地域のなかで異年齢集団で遊ぶ機会も奪われ、また、遊ぶ時間も奪われ、さらに、遊ぶ空間も不足し（「仲間・時間・空間」という三つの間が奪われている）、「少年期」自体が保障されていないという問題が顕在化しています。このようななかで、どの子にも豊かな遊びとともに平和な少年期をどう保障するかという点も、重要な課題になっています。

【注】

1　「人材」という言葉の意味＝概念について、その歴史をふまえ、より深く批判した文献に佐藤学氏のものがあります（佐藤学「『じんざい＝人的資本』の変化」『第四次産業革命と教育の未来――ポストコロナ時代のＩＣＴ教育』岩波ブックレット（４）、二〇二一年、三三～四〇頁）。また、この「人材」について、「登校拒否・ひきこもり」問題に引きつけてわかりやすく批判したものに、以下の故旭爪あかね氏の文章があります。

「働き盛りの年齢の人たちが定職を得られなかったり、働かせられ過ぎたりすることと、学校や社会に出ていけずひきこもってしまう人たちがいることとは、違うかたちを持って現れた、おなじ一つの根源を持つ苦しみではないだろうか、と私は考えています。

一つの根源とは、人間を**人材**としてだけとらえて扱う、役に立ちそうな人材と立たない人材を分ける考えです。**人間さえもお金儲けのための材料としてしか扱わないこの国では、ほんの一部の人たちの金儲けのために、戦争の準備さえも始められようとしています。**」（旭爪二〇一四、一七五頁、前島二〇二〇、五一頁、ゴチック：引用者）。

2　芹沢俊介氏も「親の期待は暴力」だと言います（芹沢俊介『親殺し』ＮＴＴ出版、二〇〇八年）。

3

【「忙しい」という漢字の意味】

最近よく「心の時代」という言葉を耳にするようになりました。現代の私たちの生活は、科学・医学などのめざましい発展によって、快適な生活が約束されています。その反面、「心」すなわち「思いやりの心」「感謝の心」というものが薄らいできたということで、「心の時代」を提唱される方が増えてきたのだと思います。確かに三〇年ほど前から比べると、人と人とのふれあいというものが薄らぎ、世の中冷たくなった気がしますよね……。

現代人の「心」が薄らいできた原因のひとつに、「忙しくなった」ということがあると思います。

「この頃どんな調子ですか?」

「いや〜、忙しいですね……貧乏暇なしですわ……」

こういった会話をよく耳にします。

人間、忙しくなれば余裕がなくなる。自分のことばかり考えて他人のことなど考えられない。自分さえよかったらいい……まさに悪循環です。豊かな心を持つこと、余裕を持って人に接すること。それが段々と薄らいでいるように思います。

「忙しい」という漢字は「りっしんべん」に「亡くなる」と書きます。「りっしんべん」すなわち「まごころ」という意味。「まごころ」が亡くなって「忙しい」という漢字になります。忙しいから心が亡くなる、心が亡くなって忙しくなる……どちらとも言えると思いますが、余裕な心をもって、豊かな心をもって生活していくこと。これが「心の時代」の基本ではないでしょうか。

（ウェブサイト「栄善さんのちょっと法話」https://www.5b.biglobe.ne.jp/jurinji/houwa06.html より）

4

竹内常一氏は『少年期不在——子どものからだの声をきく』（青木書店、一九九八年）の第一章「少年期不在の時代」で、「子どものからだとこころ」が異変を起こしている（背中グニャ、転んでも手が出ない、すぐに疲れる、朝からあくび）ことと、いじめや登校拒否が急増していることなどの関連を踏まえ、問題提起がなされています。

5 「教育家族」とは、「子どもがよい高校→よい大学へ進学するために、全体が協力し、頑張る家族」を言います。一般的に、父親は「企業戦士」、母親は「教育ママ」、そして子どもは「受験戦士」となり、三位一体となり子どもの進学のためにひたすら頑張ります。

6 博報堂総合研究所「ひとり意識・行動調査1993／2023」（二〇二三年一二月）。

7 「偏差値信仰」が進むなかで、次のような事件も多発します。すなわち、理系の偏差値トップは、東大理三（医学部）です。東大医学部元教授の養老孟司氏は、自らの在任中に入学した学生のなかから、まず「創価学会に入信するものが現れ、次は、統一教会、そして、オウム真理教に入るものが続いた」と嘆いています。また、オウム真理教の「地下鉄サリン事件」などの凶悪事件を起こした犯人のなかには、東大医学部、京大医学部、慶応医学部、早稲田理工学部などのいわゆる「偏差値の高い」大学の卒業生も目立ちました。さらに、二〇一六年には、東大、慶応大、千葉大、および、東邦大医学部などの学生による、女子大生集団暴行事件が連続しておきます。このなかでは、特に、東大工学部の学生の女子大生暴行事件がもっとも凶悪だったようです（姫野カオルコ『彼女は頭が悪いから』文藝春秋、二〇一八年に丁寧に描かれています）。私は、その現場の様子を知り、あの「女子大生コンクリート詰め殺人事件」を思い起こしました（参考：佐瀬稔『うちの子がなぜ！——女子高生コンクリート詰め殺人事件』草思社、一九九〇年、横川和夫『かげろうの家——女子高生監禁殺人事件』駒草出版、二〇二一年）。

現在でも、若者の「東大信仰」「偏差値信仰」は、とどまるところを知りません。そのなかで、二〇二二年、愛知県の東海高校（例年東大医学部に多数入学する）の二年生が、東大医学部を目指しますが、成績が伸び悩んでいることに焦りを感じた結果、東大の正門前で、包丁を振り回して三人に怪我をさせたという事件がありました。まさに「偏差値信仰」あるいは、「東大信仰」の犠牲者の一人だと思います。ちなみに、あの麻原彰晃や岸田首相も東大を受験し、落ちています。

8 前島康男『現代日本文学に見るこどもと教育』（創風社、二〇〇一年）八五頁以下。なお、藤原審爾氏は、他に『落ちこぼれ家庭（上・下）』（新日本出版社、一九七九年）、『結婚の資格』（同、一九八一年）などの作品を執筆しています。

9 村山士郎氏も「心地よさ感覚が自己発達力を引きだす」（『村山士郎教育論集Ⅱ——現代の子どもといじめ事件』本の泉社、二〇一五年、二四五頁）において、「こころよさ」に注目しています。詳しい紹介と分析等は、本書第二章八節「いじめ問題をめぐって」で行います。

10 昨年、東京都練馬区のある公園で、子どもたちが遊ぶうえで、二四枚の禁止看板が設置されたとして問題になりました（『東京新聞』二〇二三年二月二〇日付）。この二四枚の看板には、「公園内ではマスクをすること」「滑り台は、下から駆け上ってはいけない」などの禁止事項が書いてありました。私は講演等で、「もしかしたら『大声を出してはいけない』『おならをしてはいけない』『深呼吸をしてはいけない』などの禁止事項も書いてあったのではないか」と冗談半分で言ったものです。実際は、そのようなひどい禁止事項はなかったようですが、公園のあり方と子どもに対する大人や行政の見方を問ううえで重大な事実だと思います。

11 私自身も幼少期や思春期に、自然のなかで徒党を組んで思う存分遊びました。そして、息子四人も、私と同じように存分に遊ばせました。また、時には危険なことも経験させました。このことについて、「前島さんは、子どもが多いから一人ぐらい死んでもいいと思っているんでしょう！」と近所に住む〇さんに言われたことがあります（前島康男と記念誌原稿協力者二〇二三、五〇頁）。

12 一五～一九歳の青少年の一〇万人あたりの自殺率（三年移動平均）で、もっとも少ない国はギリシャで、一・四人です。一方、日本は七・五人ですが、一〇歳から三五歳までの年齢で、死因のトップは、「自死」です。G7で死因のトップが「自死」なのは日本だけです。

なお、参考までに次の事実を紹介します。一年間に夫婦でセックスをする回数が一番多いのがギリシャで、平均一三八回です。日本は年四五回で、世界で最低です（なお、一般社団法人日本家族計画協会の調査では、年二二・三回です）。私は、この二つの事実には、何らかの関連があると思っています。その点については終章（下巻）で論じます。

序章　各種調査に学ぶ

はじめに

現代社会は、あらゆる意味で危機を迎えています。そのなかで、子ども・若者は、生きづらさと〝閉塞感〟を強めています。そうしたなかで、子ども・若者の意識や要望等の現状を把握するために、様々な団体が様々な調査を行っています。

本章では、それらの調査（二〇二〇年前後に絞った六五の調査）に学ぶとともに、今後研究すべき論点を明らかにします。

一　諸調査に見る日本の子ども・若者の意識の歴史的変化

政府（「こども家庭庁」）や民間団体、大学や公的研究機関、民間の研究団体、あるいは労働組合などがこぞって、現代の若者＝青年の意識と行動に注目し、調査研究を旺盛に進めています。この傾向は、二一世紀に入って強まり、特に二〇二〇年前後に集中して行われています。

その問題意識は第一に、各種選挙での投票率が全体的に危機的な状況（総選挙等は五〇％前後、首長選挙や地方議員選挙は三割台の場合もある）にあり、特に、二〇～三〇歳代の若者の投票率が極めて低いことにあります。[1]

第二に、日本の若者の「自死」や「ひきこもり」などの「行動化」に象徴されるように、「生きづらさ＝息苦しさ」および「閉塞感」が広がっていること。あるいは、このような「閉塞感」の広がりのなかで、「誰でも良かった」として、無差別殺人事件（「秋葉原無差別殺傷事件」など）が、間欠泉のように起きることにあります。

第三に、日本の未来を考えるうえで、あるいは、政府の隠れた問題意識である、「納税者を確保する」という課題（これは筆者の予想です）に迫るうえで、少子高齢化の問題が待ったなしの課題になっている一方、近年ますます「結婚しない・できない」（五〇歳までの男子の二六％、女子の一七％が未婚）若者が増え続け、同時に、新しく生まれてくる子どもの数が大きく減少しているということ。[2]

さらに、日本の若者の「自己肯定感」や「社会に働きかけるために行動する割合」が、他の国に比べて顕著に低いことなどにあります。

1　二〇二〇年前後の各種調査について

以上のような問題意識に基づく諸調査には、表0-1のものがあります。

六五の各調査の特徴は、年齢別では、①子ども（四調査）、②中学生・高校生（三調査）、③大学生（二調査）、④一八歳（三〇調査）、⑤Z世代（一調査）、⑥若者（八調査）、⑦国民（九調査）に分類されています。

35. 連合「Z 世代が考える社会を良くするための社会運動調査 2022」(2022 年 3 月)
36. 内閣府「こども・若者の意識と生活に関する調査報告書」(2022 年度)
37. 日本総研「若者意識調査―サステナビリティ、金融経済教育、キャリア等に関する意識―」(2022 年)
38. 連合「夫婦別姓と職場の制度に関する調査」(2022 年 8 月)
39. 国立青少年教育振興機構「高校生の進路と職業意識に関する調査報告書―日本・米国・中国・韓国の比較―」(2022 年 9 月～ 2023 年 2 月)
40. 日本財団 18 歳意識調査「第 52 回―価値観・ライフデザイン―」(2023 年 1 月)
41. 連合「学生を対象とした労働に関する調査」(2023 年 1 月)
42. 日本財団 18 歳意識調査「第 53 回―国家安全保障―」(2023 年 2 月)
43. 同上「第 54 回―国会と政治家―」(2023 年 2 月)
44. 国立青少年教育振興機構「高校生の進路と職業意識に関する調査報告書―日本・米国・中国・韓国の比較―」(2023 年 6 月)
45. 日本財団「こども 1 万人意識調査報告書」(2023 年 9 月)
46. 同上「第 55 回―社会保障―」(2023 年 11 月)
47. こども家庭庁「我が国と諸外国のこどもと若者の意識に関する調査」(2023 年 11 月～ 12 月)
48. 博報堂総合研究所「ひとり意識・行動調査 1993/2023」(2023 年 12 月)
49. 青少年研究所「若者の生活と意識に関する調査」(2023 年 9 月)
50. こども家庭庁「我が国と諸外国のこどもと若者の意識に関する調査」(2023 年 11 月)
51. こども家庭庁「社会生活を円滑に営む上での困難を有するこども・若者の実態等に関する調査研究」(報告書)(みずほリサーチ & テクノロジー株式会社、2024 年 3 月)
52. イプソス株式会社「幸福度調査」(2024 年 5 月)
53. 博報堂「日本・中国・アセアン 8 カ国調査　第 2 回「グローバル定点 2024」」(2024 年)
54. 日本財団 18 歳意識調査「第 61 回―教育―」(2024 年 3 月 6 日)
55. 同上「第 62 回―国や社会に対する意識（6 カ国調査）―」(2024 年 4 月 3 日)
56. 同上「第 63 回―政治とかね―」(2024 年 5 月 9 日)
57. 内閣府「国民生活に関する世論調査」(2024 年 3 月)
58. 同上「社会意識に関する調査」(2024 年 3 月)
60. 青少年研究会「現代若者の再帰的ライフスタイルの諸類型とその成立条件の解明」(2024 年 3 月)
61. 未来アクションフェス実行委員会「『青年意識調査』結果概要レポート」(2024 年 3 月 24 日)
62. 内閣府男女共同参加局「男女間における暴力に関する調査報告書」(2024 年 3 月)
63. こども家庭庁『こども白書』(2024 年度版)
64. こども家庭庁「社会生活を円滑に営む上での困難を有するこども・若者の実態等に関する調査研究報告書」(2024 年 3 月)
65. 日本臨床救急医学会・いのち支える自殺対策推進センター「自傷・自殺未遂レジストリ JA-RSA2024 年報告書」(2024 年 9 月)

表0－1　2020年前後の各種調査について

1. 東大社研附属社会調査データアーカイブ研究センターSSTデータ「我が国と諸外国の若者の意識に関する調査2018」
2.TALIS（Teaching and Learning International Survey：国際教員指導環境調査、2018）
3. 内閣府「日本の若者意識の現状―国際比較からみえてくるもの」（2018年）
4. NHK放送文化研究所「日本人の意識調査」（2018年）
5. 連合「教員の勤務時間に関するアンケート」（2018年10月）
6. 日本財団18歳意識調査「第3回自殺意識調査」（2018年11月）
7. 同上「第5回障害」（2018年12月）
8. 同上「第6回セックス」（2018年）
9. 統計数理研究所国民性調査委員会「日本人の国民性　第14次全国調査」（2018年）
10. 同上「第8回大学入試」（2019年1月30日）
11. 日本財団「第3回自殺意識調査」（2019年3月）
12. 同上「第13回憲法」（2019年4月）
13. 同上「第15回国政選挙」（2019年6月）
14. 同上「第18回環境調査」（2019年11月）
15. 同上「第20回社会や国に対する意識調査」（2019年11月）
16. 同上「第23回格差社会」（2020年3月）
17. 日本財団18歳意識調査「第24回―子どもと家族―」（2020年4月）
18. 同上「第28回―SNS―」（2020年7月）
19. 同上「第29回―地方創生―」（2020年9月）
20. 同上「第30回―読む・書く―」（2020年10月）
21. 青少年研究会「大学生の生活と意識に関する調査」（2020年10月）
22. 日本財団18歳意識調査「第33回―教育格差―」（2021年1月）
23. 同上「第35回―コロナ禍とストレス―」（2021年3月）
24. 同上「第36回―少年法改正―」（2021年3月）
25. Global Attitudes Survey（2021年5月）
26. 日本財団18歳意識調査「第37回―憲法前文―」（2021年5月）
27. 同上「第39回―性行為―」（2021年7月）
28. 青少年研究会「若者の生活と意識に関する調査」（2021年3月）
29. 日本財団「第41回―国政選挙―」（2021年9月）
30. 同上「第42回―コロナ禍と社会参加―」（2021年10月）
31. 内閣府「第4回新型コロナウイルス感染症の影響下における生活意識・行動の変化に関する調査」（2021年11月）
32. 日本財団「18歳成人・18歳の価値観」（2022年3月）
33. 日本財団18歳意識調査「第46回―国や社会に対する意識（6カ国調査）―」（2022年4月）
34. NHK放送文化研究所「中学生・高校生の生活と意識調査2022」

また、比較調査が一〇調査あります。

二　諸調査に見る日本の子ども・若者の意識の特徴

ここでは、六五の子ども・若者調査に見る子ども・若者意識の特徴を挙げます。

1　日本の子ども・若者の意識の全体的特徴

基本的特徴としてまずあげられるのは、何事に対しても消極的で、「閉じられた」人格を持っていること、「自己肯定感」が低いなどという点です。これらの点をいくつかの調査から導き出してみましょう。

第一に、今日、地球環境問題はとても深刻な問題となっています。世界中の人々が関心を持ち具体的な取り組みを始めたり、積み重ねたりしています。

この点について、表0−1の**25**「Global Attitudes Survey」（2021年5月）を取り上げます。

大澤真幸『我々の死者と未来の他者』（二〇二四）には、「気候変動対策への意欲と教育との関係」という図が掲載されています（一七頁）。

この図に掲載されている一四カ国のうち一位のイタリアは、「高等教育を受けた」層は九七％、

「高等教育を受けていない」層でも九二％が、気候変動に関心を持ちなんとかしたいと思っています。この回答の一四カ国平均は、「高等教育を受けた」層八三・九％、「高等教育を受けていない」層で七四・八％です。

しかし、日本は「高等教育を受けた」層は六一％、「高等教育を受けていない」層は五二％であり、ダントツの最下位です。一四カ国平均との差は、「高等教育を受けた」層で二二・九ポイント、「高等教育を受けていない」層でも二二・八ポイントの差があります。

この点について大澤真幸氏は、次のように述べています。

どうして、二一世紀に入ってから、市民的抵抗の数が急増しているのだろうか、我々の社会の「持続可能性」に対する不安が高まっているからに違いない。つまり、このままのやり方を続けていけば、我々の社会が、さまざまな意味での破局に至るだろうという切迫した予感が、二一世紀に入ってから急速に広まっているのだ。予感されている破局の中には、気候変動による生態系の破壊、核戦争による人類の破滅、極端な格差やその他の差別による社会の不安定、監視による自由への脅威、等々が含まれる。

そうだとすると、市民的抵抗が世界各地で頻発し、その規模も大きくなっているということは、人類にとっては**希望**である。破局への趨勢を止めるためには、市場の外にある、さらには議会制民主主義の枠の中にさえ収まらない、（非暴力の）市民運動によるほかないからだ。

が、ここで、日本社会を振り返ってみよう。日本社会でも、二一世紀に入ってから、市民的抵抗とみなしうる運動が増えているだろうか。増えてはいない。**日本で見られるのは、むしろ全く逆の傾向である。**（…）

今述べたように、世界全体で見れば、市民的抵抗の数は顕著に増えているのだ。日本だけが例外だということになる。

どうして、日本だけ、市民的抵抗が──他国に比べて──極端に少ないのか。日本社会が他のどの国よりもうまくいっているからなのか。もちろん、そんなことはない。（…）**それならば、どうして日本でだけ、そのような破局への歩みを自らの力で方向転換しようとする市民的抵抗がほとんど起きないのだろうか。**（大澤二〇二四、五〜六頁、ゴチック：引用者）

この点は、表0-1の15の調査でも同様なことが言えます。この調査では、一八歳の若者が「気候変動対策」を「解決したい社会課題」に選んだ割合は、ドイツ：六一・五%、イギリス：五八・二%、アメリカ：五一・五%なのに対して、日本は、わずか三〇：二%しかありません。他の三つの国に比べて、半分程度しかないのです。

以上二つの調査から導かれる理論的課題は、なぜ日本の若者は、今日最も重要な世界的課題の一つである、「気候変動問題」あるいは「地球環境問題」に関して極端に関心が薄く、「社会的運動」も極端に少ないのか、ということです。

この点は、日本の若者の選挙投票率の著しい低さ、あるいは「自己肯定感」の低さ、さらに、登校拒否やひきこもりおよび自死の多さなどとも関連していると考えられます。

この点の背景や原因を究明することが、本書の重要な理論的課題になります。


ここで仮説的に、次の事実について考えたいと思います。調査2に掲載されている、「教員の自己効力感」において次の三点がとりわけ低いという事実です。
①「児童生徒の批判的思考を促す[3]」
これは世界四八カ国平均が八二・二%なのに対し、日本の小学校教員は二二・八%、中学校教員は二四・五%と圧倒的最下位となっています。世界平均との差は、小学校教員は五九・四ポイント、中学校教員は五七・七ポイントです。
②「児童生徒に勉強ができると自信を持たせる」
ここも世界四八カ国の平均が八六・三%なのに対し、日本の小学校教員は三四・七%、中学校教員は二四・一%。世界平均との差は、それぞれ五一・六ポイント、六二・二ポイントです。
③「児童生徒に学習の価値を見出させる」
この項目は、世界平均が八二・八%なのに対し、日本は、小学校教員が四一・四%、中学校教員が三三・九%。世界平均との差は、それぞれ四一・四ポイント、四八・九ポイントです。

この三点について、日本の教師は、「非常に良く」あるいは「かなり」できている割合が極端に低い結果となっています。その結果、日本の児童生徒は、物事を批判的に見る力が育てられておらず、物事をただ暗記したり、無批判に受け入れたりする傾向が強くなっていると考えられます。また、常に「ワクワクドキドキ」の気持ちを持って学習に臨む可能性が奪われている可能性も強くなっています。

ただし、この点だけから、今日の教師の力量等を低く評価したり、日本の教師は子どもに尊敬されていないと断定するのは誤りです。それは、日本の教師は、世界一労働時間が長い、あるいは教える人数がとても多い、さらには給料も低いなど、世界の先進国では最も劣悪な環境に置かれているからです。これに起因し、教師の精神疾患の数も戦後最多の数になっています。[4] 教職が最も「ブラック」な職業の一つになっているのです。教職が楽しい職業になる展望については、終章（下巻）で明らかにします。[5]

この事実と先の大澤氏の指摘は、結びついている可能性があると考えられます。私たちは、子ども・若者、そして大人世代も、五感を十分に活かしながら、批判的に様々な事実を自分の目で見て、自分の頭で考え、自分の意思で行動する力、あるいは教養をどう育てるか、どう身につけるかが極めて重要な課題になります。

第二に、**52**の調査から導き出せるのは、国民のなかで「幸せである」と感じている日本人は、一三年間で一三％も減少し、世界三〇か国中二八位でほとんどビリに近いこと、そして、「自分の将来イメージは暗い」という割合も調査した八か国中では最下位であるということです。

この52の調査では、世代を「ベビーブーマー世代」(一九四五~一九六五年生まれ)、X世代(一九六六~一九七九年生まれ)、ミレニアル世代(一九八〇~一九九五年生まれ)、及び、Z世代(一九九六~二〇一二年生まれ)の四つに区分した場合、「幸せである」と回答した人の割合は、X世代が四九%と最も少なく、次いで少ない順に、ミレニアル世代(五三%)、Z世代(六二%)、ベビーブーマー世代(六六%)でした。四世代の差は一七ポイントもあります。なお、調査した三〇か国においても、トップと最下位の順位は、グローバル平均でも同様な傾向が見られたそうです。

また、「人生で満足している」項目は、一位「自分の子ども」七五%、二位「パートナー/配偶者との関係」六九%、以下、「自分がアクセスできるニュースおよび情報源」(六八%)、「自然にアクセスできる/触れることができる」(六三%)、「個人的な安全とセキュリティ」(六二%)など「家族」や「自由」「自然」「安全」などが上位を占めています。

一方、「社会的地位」(三九%)、「自分の見た目」(三九%)、「恋愛/セックスライフ」(三七%)、「自分の経済状況」(三六%)、「評価されているという実感」(三六%)などの個人の問題とともに、「自国の社会および政治的状況」(二三%)、「自国の経済状況」(二一%)など社会的問題がとりわけ低いことに注目したいと思います。

調査結果について、調査したイプソス株式会社の代表取締役内田俊一氏は、次のように述べています。

「今回の調査では、X世代が最も幸福感を感じていない世代となりました。これはグローバルでも同様の傾向が見られました。世代的にはミドルエイジ・クライシス、いわゆる〝中年の危機〟世代にあたり、肉体的な衰えを感じ始め、それが精神にも影響をする。また。夫婦間の問題や子育てに介護、会社での役割の変化など、内からも外からも大きく影響を受けるということがその要因になっているのではと想像します。日本人全体としての幸福感は年々低下傾向にありますが、この傾向は日本だけに限ったことではありません。**政治不信、紛争や自然災害、新型コロナウイルスなど様々な要因に起因してのことではないでしょうか**」（ゴチック：引用者）

また、**55**の調査では、「自分の将来は暗い」に「はい」と回答したのは日本が四〇・〇％で最上位でした。他の七か国は、最高のシンガポールが一四・〇％であるほかは、いずれも二・七％（インドネシア）～マレーシア（八・五％）です。日本が突出して多いことがわかります。

この点について、調査の解説では次のように説明しています。

「日本社会の将来に関するキーワード（人口減少、超高齢化、少子化、社会的孤立など）を見聞きすることが多いからかもしれません。新型コロナウイルスが5類に移行し、コロナ禍前の暮らしを取り戻しつつあるはいえ、相次ぐ物価高などの新たな生活課題が生まれていることも、日本の生活者に将来を悲観的にとらえさせるのではないでしょうか。なお、『自分がもらう年金に不安を感じる』でも日本は突出（２０２４年44・9％：最上位）していました」

さらに、「若者が主役の世の中だと思う」については、ベトナムが三四・〇％でトップです。他の国も二二・二％（中国）～三一・六％（インドネシア）の間に散らばっています。しかし、日本は、わずか一三・三％と最下位です。この項目の解説は次の通りでした。

「高度経済成長期の渦中にいるベトナムでは、生活者みんなが『今日よりも明日の方が良くなる』と信じて前進し続けています。その原動力の一つが『若い世代』です。自分のスキルを高め、たくさん稼ぎ、親孝行をし、国の成長の一翼となる……、そんな向上心の高い若者にベトナムでは多く出会います」

また、「経済的余裕がある」もインドネシアが最高の八四・六％、次いで中国が八一・六％、日本を除くと、最低がタイの六八・〇％です。日本はダントツの最下位で、二四・八％でした。

さらに、「円満な家族関係に満足している」も、フイリピンが最高の六三・五％ですが、日本は中国に次いで低い二六・六％でしかありません。

また、各種調査では、以下のような事実も明らかになっています。

第一に、33の調査では、約九割が社会課題に関心ありと回答し、「身近に直面したことがある課題」に関心が高いです。社会人のZ世代における関心の一位は「長時間労働」、二位は「いじめ」、三位は「医療・社会保障」でした。一方、学生のZ世代における関心の一位は「ジェンダーにもとづく差別」、二位は「いじめ」、三位は「自殺問題」です。Z世代の関心について、学ぶ点が多々あります。

第二に、**20**の調査では、普段本を読む人が減っている実態が明らかになりました。一か月に本を読む冊数では、〇冊が三二・七％、一～二冊が四四・八％となっています。また、一日のうち新聞を読む時間については、五分未満が三二・七％、五～一〇分が四四・三％です。いずれにしても、若い人の読書離れが進んでいることは否めません。[6]

第三に、**16**の調査では、「世界的に様々な格差が拡大していると思うか」という質問に対して、七二・三％が「そう思う」と答えています。また、「格差の今後はどうなると思うか」という問いに対しては、「さらに拡大する」との答えが六一・六％もあったのに対して、「格差は是正できると思うか」という問いに「思う」と答えた人は、わずか二三・七％で、四分の一以下でした。「格差を是正できないと思う理由」については、「家庭環境や個人の資質には違いがあるから」[7]が四一・〇％、「資本主義は競争社会だから」が三七・七％でした。

また、「格差社会に生きていくためにどのような生き方をするか」について、一位の回答は「賃金の高い企業に就職する」で、三二・二％でした。この点も、今日「受験競争」をより激化させている一因として押さえる必要があるでしょう。

第四に、**54**の調査では、「義務教育で重視されていたと思うこと」第一位が「基礎学力（読み、書き、計算の知識や能力）を身につける」三〇・六％、第二位が「周囲の人とのコミュニケーションの仕方を身につけること」二三・八％、第三位が「集団の中で身につけなければならない規律を学ぶこと」二三・七％、四位が「高等学校や大学への進学準備をすること」二〇・

九％でした。

また、教員への信頼は「ほとんど」か「半数以上の教員を信頼していた」が四一・九％であるのに対し、「信頼していたのは、半数以下」「信頼できる教員は、ほとんどいなかった」が三七・二％で、かなり接近しています。また、女性の回答者では前者が三五・二％で、後者が四四・一％と、女性のほうが教員に対して厳しい評価をしています。他の調査でも、日本の子どもたちによる教員に対する評価は、他の国に比べてより厳しい評価となっています。この二つの事実がなぜ生まれるのかは、教員の性加害の相対的な多さとともに、究明すべき理論的課題の一つです。

第五に、大学無償化など、教育費無償化を求める声は、国民ばかりではなく、子どもたちの間でも多数派になっています。例えば54の調査では、無償化賛成が五八・一％に対して、反対はわずか一二・一％です。男女比では、女性のほうが賛成派が一〇ポイント以上少なくなっています。この点も追究すべき理論的課題の一つです。

最後に、33の調査でも興味深い調査結果が出ています。ここでは、〈自分の国の重要な課題〉について、日本の第一位が「少子化」で四七・六％です。他の国では一二～一四位で、平均は二〇・五％と、日本との差は約二七ポイントあります。次いで、日本の第二位は「高齢化」で三九・三％です。韓国では第一位の項目ですが、他の国では一〇～一二位、平均は二三・六％で、日本との差は約一三ポイントです。

日本の第三位は「経済成長」で二五・二％です。これは、他の国よりも平均で一・七ポイント低くなっています。一方、日本の第四位は「自然災害」二一・八％です。この項目は、平均が一二・六％なので、日本は平均より約九ポイント高くなっています。

第五位は「ジェンダー格差」で一九・三％です。平均が一五・三％なので、日本は四ポイント高くなっています。第六位は「教育の質」で一七・〇％です。平均は二六・二％なので、日本は六ポイント以上低いです。

以上より、日本は、とりわけ「少子高齢化問題」が大きな課題と認識されていることがわかります。

さらにこの調査では、一八歳の若者が「自分の国の将来について」どう見ているのかについて、興味深い結果が出ています。自分の国の将来について「よくなる」との回答はわずか一五・三％で、日本は圧倒的に最下位です。六か国平均が四五・二％なので、差は約三〇ポイントもあります。また、「悪くなる」との回答は二九・六％でした。六か国平均が二四・三％なので、日本は、五・三ポイント高くなっています。

その他、「自国について」の日本の回答のうち、興味深い項目について何点か指摘します。

・「努力は成功につながる」は、六五・三％で六か国中最低でした。六か国平均は、七八・一％で、差は一二・八ポイントもあります。

・「若者への支援は充実している」は三八・六％で、六か国中最下位でした。六か国平均は六二・八％で、差は二四・二ポイントと、とても大きくなっています。

・「障害の有無によって、社会での活躍の場は制限されない」は四四・六％で、六か国中最低でした。六か国平均は六〇・五％で、差は一五・九ポイントと、とても大きいです。

・「自国には、自分が目標としたい人がいる」は五七・八％で最低です。六か国平均は七三・一％で、差は一五・三ポイントと、とても大きいです。

・「日本は、国際社会でリーダーシップを発揮できる」は四一・一％で、圧倒的に最低です。六か国平均は六八・三％で差は二七・二ポイントと、とてつもなく大きいです。

・「自国には優れたリーダーがいる」も、三六・八％で、六か国中圧倒的に最低です。六か国平均は五八・〇％、差は二一・一ポイントで、これもとても大きいです。

以上、日本は、様々な点で若者にとって遅れていると認識されていることがわかります。特に、「若者の支援の遅れ」「国際社会でリーダーシップが発揮できない」「自国に優れたリーダーがいない」などと認識されています。

次に、「自分自身について」への回答から、以下の四点について見てみましょう。

・「自分のしていることには、目的や意味がある」は六二・八％で、六か国平均は約七七％、差は一四・二ポイントでした。

・「将来の夢を持っている」は六〇・一％で、六か国平均は七一・二％、差は一九・四ポイントでした。

・「自分は他人から必要とされている」は五六・八％で、六か国平均は七一・二％、差は一四・九ポイントでした。

・「自分には人に誇れる個性がある」は五三・八％で、平均は七四・一％、差は二〇・六ポイントと、とても大きいです。

ここでも、日本の一八歳の若者における自分自身についての評価は、全体的に他の国に比べてとても低いことがわかります。

また、同調査の「自分と社会との関わりについて（その1）」から、四項目の質問への回答を見てみましょう。

・「国や社会に役立つことをしたいと思う」は六四・三％で、六か国平均は七八・五％、差は一四・二ポイントでした。

・「自分は責任がある社会の一員だと思う」は六一・一％で、六か国平均は七九・一％、差は一八ポイントでした。

・「自分は大人だと思う」は四九・六％で、六か国平均は七一・四％、差は二一・八ポイントと、とても大きいです。
・「自分の行動で国や社会を変えられると思う」は四五・八％で、六か国平均は六五・四％、差は一九・六ポイントでした。

四項目とも、日本の一八歳の若者は、他の国に比べてとても低い調査結果となっています。なぜそうなのかについては、以下の各章で詳しく検証します。

次いで、「自分と社会との関わりについて（その2）」に対する回答を見てみましょう。

・「政治や選挙、社会問題について自分の考えを持っている」は五三・五％で、六か国平均は六九・七％、差は一六・二ポイントでした。
・「政治や社会問題について家族や友人と議論することがある」は五〇・五％で、六か国平均は六六・九％、差は一六・四ポイントでした。
・「地域の集会や行事で、近所の人と知り合う機会がある」は四八・〇％で、六か国平均は六九・〇％、差は二一ポイントもありました。
・「政治や選挙、社会問題について、積極的に情報を集めている」は四七・二％で、六か国平均は五九・九％、差は一二・七ポイントでした。

やはり四項目ともに、他の国に比べてかなり低い数字です。

以上、いくつかの調査結果を見ただけでも、日本の若者は、自国や自分の将来について明るい希望を持っている人が少なく、「幸せ」だと思っている人も年々減っていることが見て取れます。また同時に、社会や政治との関わりについても、他の国に比べてかなり低いことがわかります。

後ほど詳しく触れますが、日本は今、時代の大きな転換期にあるということです。そのことを私は、「現在の日本は、大きな歴史的岐路に立っていると思います。一つは、戦後70年にわたって守ってきた平和憲法を今後も守り、平和な日本であり続けていけるのかどうかという点。もう一つは、戦後、特に1960年代以降続いてきた、『経済成長神話』を持ち続け、大量生産・大量消費・大量廃棄の社会システムの中で、地球環境を壊し続けるのかという点をめぐる問題です」とし、『下り坂をそろそろ降りる』(平田二〇一六)、『地域に希望あり』(大江二〇一五)などに学び、『新版・おとなのための絵本の世界』において、「社会システム、あるいは、経済システム・生活のあり方を根本的に変え、人が人として真に暮らしやすい、さらに地球環境と共生できる社会を創造していくのかの岐路です」(前島二〇一六)と述べました。

また、『登校拒否・ひきこもりからの〝出発《たびだち》〟』(前島二〇二〇)の終章では、「社会的な側面――新自由主義社会をどう変えるか」という課題に対し、『現代社会はどこに向かうか』(見田二〇一八）にも学び、新しい社会像とそこへ至る潜在的可能性を提示しました。

いずれにしても、現代日本の転換期＝過渡期にある状況を反映した、国民全体あるいは若者の意識の変化や状況を、さらに詳しく検討する必要があります。

また、ここまでに挙げた日本の若者の意識の特徴は、**1**の調査にも現れています。以下、諸外国の若者と比較した結果を、ランダムに挙げます。

・「ボランティア活動」への参加は六・六％で、日本は圧倒的に最低（米：三五・二％、独：三〇・三％、韓国：一四・五％、英：二二・八％）でした。

・「自分自身に満足している」「自分自身に長所がある」については、それぞれ一〇・四％と一六・三％が肯定し、合計二六・七％で日本は圧倒的に最低でした。両方の合計の平均は三六・一％です。

・「自分の親から愛されているか」に対する「そう思う」との回答は、三四・九％でした。平均は五七・四％で、日本は圧倒的に最低でした。

・「自分の考えをはっきり伝えることができる」に対する「そう思う」との回答は、一三・八％でした。平均は三一・一％で、日本は圧倒的に最低でした。

・「うまくいかないことも意欲的に取り組む」については、一〇・八％が肯定しました。平均は二九・三％で、日本は最低でした。

・「自分は役に立たないと感じる」に対する「そう思わない」との回答は、一一・六％でした。平均は二二・一％で、日本は最低でした。

・「いかなることがあってもいじめはいけない」に対する「そう思う」との回答は、五五・六％でした。アメリカ、イギリス、ドイツなどは七五〜六％でした。フランス（三九・四％）を例外として、日本はかなり低い結果でした。

・「困っている人を見たら、頼まれなくても助けてあげるべきだ」に対する「そう思う」との回答は、二二・七％で最低でした。

・「今の政治について」、「非常に関心がある」「どちらかと言うと関心がある」との回答の合計は、四三・五％でした。平均は五八・〇％で、日本は最低です。

・「社会を良くするために、私は社会における問題の解決に関与する」に対する「そう思う」と「どちらかと言うとそう思う」との回答の合計は、四二・三％でした。平均は七〇・五％で、日本はかなり低い結果でした。

・「将来の国や地域の担い手として積極的に政策決定に参加したい」に対する「そう思う」「どちらかと言うとそう思う」との回答の合計は三三・三％でした。平均は七〇・五％で、日本はかなり低い結果でした。

・「私の参加により、変えて欲しい社会現象が少し変えられるかもしれない」に対する「そう思う」「どちらかと言うとそう思う」との回答の合計は、三二・五%でした。平均は四九・四%で、日本はかなり低い結果でした。

・「自国の社会に満足していますか、それとも不満ですか」に対する「満足」および「どちらかと言うと満足」との回答の合計は、三八・八%でした。平均は五三・四%で、日本は平均と約一五ポイントの差があります。

・「自国の将来は明るいかどうか」に対する「明るい」「どちらかと言うと明るい」との回答の合計は、三〇・九%でした。平均は五一・三%で、日本は平均と二〇ポイント以上の差があります。

・「学校生活に満足していますか」に対する「満足」「どちらかと言うと満足」との回答の合計は、六五・一%でした。平均は七八・九%で、日本は平均より約一四ポイント少なく、最低の結果でした。

・「先生の人柄や生き方に学ぶ」に対して「意義があった」との回答は、一六・一%でした。他の国は六割程度で、日本は最低でした。

以上から、様々な点について、日本の子どもや若者が他の国の子どもや若者に比べて、とりわけ消極的で、「閉じられた」意識を有していることがわかります。

また、自国の将来についても明るい展望を持っていません。例えば、50の調査において、

「自分の国の将来について」「よくなる」と回答した日本の若者の割合は、わずか一五・三％です。他の国では、中国が八五・〇％、インドが七八・三％などとなっており、六か国平均は四五・二％で、日本との差は約三〇ポイントもあります。逆に、「悪くなる」との回答した割合は二九・六％で、六か国平均が二四・三％なので、五ポイント以上高くなっています。

さらに、53の調査では、「若者が主役の世の中だと思う」という質問に対して、日本の若者がイエスと答えた割合は八か国中圧倒的に最下位の一三・三％でした。八か国平均は二七・一％なので、日本はその半分もいません。ただし、他の国においても自分たちが世の中の主役だと感じている若者は少ないので、若者にとって暮らしにくいことは共通しています。

2　新しく芽生え始めている子ども・若者意識とは何か

しかし、私は同時に、現在の子ども・若者のなかに新しい意識が芽生え始めているという点を指摘したいと思います。例えば、40の調査は次の点を明らかにしています。

「日本の高校生は、『仕事』『働くこと』に対し、『生活のため』『社会人としての義務』というイメージを持っている割合が米中韓に比べて著しく高い、『楽しい』というイメージを持っている割合が最も低い」

「日本の高校生は、『暮らしていける収入があればのんびりと暮らしていきたい』について、『とてもそう思う』と回答した割合が5割弱で、4カ国中最も高い。反対に、『できるだけ高い地位につきたい』『自分の会社や店を作りたい』『望む仕事につけなくても、がまんして働くべきだ』について、『とてもそう思う』と回答した割合が米中韓に比べて著しく低い。『より良い職場があれば、積極的に転職した方が良い』『やりたいことにいくら困難があっても挑戦して見たい』も4カ国中最も低くなっている。

また、10年前と比較して、日本の高校生は『暮らしていける収入があればのんびりと暮らしていきたい』『仕事よりも、自分の趣味や自由な時間を大切にしたい』と考えている割合が高くなり、『望む仕事につけなくても、我慢して働くべきだ』は大きく低下している」（9頁）

「日本の高校生は、『いまの生活に満足している』と回答した割合が、84％に達し、4カ国中最も高い。一方、『自分の将来に不安を感じている』と回答した割合が8割弱で、他の3カ国よりも高くなっている。また、2014年、2018年、2021年の3回の調査に比べて、『よく当てはまる』『まあ当てはまる』と回答した割合が年々高くなっている」（11頁）

また、55の調査結果も注目できます。ここでは、「仕事を選ぶ上で重視するもの」という項目に対し、日本の一八歳の若者は、二番目に「楽しいかどうか」を挙げています。その割合は三〇・〇％で、六か国中でトップです。他の国の平均が二三・八％なので、七ポイント以上多くなっています。

また、「人生において大切にしたいと思っていること」への回答においても、日本の一八歳の若者の回答の一位は「自分自身の好きなことをやりたいこと・趣味」でした。その割合は、五二・五％です。六か国平均は四一・〇％なので、差は一一・四ポイントもあります。

日本人労働者はこれまで、「働き蜂」「企業戦士」「二四時間働けますか」（栄養ドリンク剤のCMコピー）等と言われ、「過労死」も社会的な問題となってきました。

しかし、今日の日本の若者には、「暮らしていける収入があればのんびりと暮らしていきたい」、あるいは「自分自身の好きなこと・趣味」を重視したいという価値観が見られます。これを私は、「健全な個人主義的傾向」、あるいは自分自身の持ち味を大切にしたいという感性の芽が育ってきている可能性があると考えます（この点は、後ほど「再帰性」の所でやや詳しく触れます）。

3　子ども・若者の願いは何か

この点については、特に45の調査が参考になります。一万人の子どもを対象としたこの調査では、「国や社会が子どもたちのために優先的に取り組むべきこと」について、次のような回答結果となっています。

第一位：高校・大学までの教育を無料で受けられる（四〇・三％）
第二位：いじめのない社会を作ること（三六・七％）
第三位：子どもが犯罪や悪い事に巻き込まれることなく、安全にすごせること（三三・七％）

第四位：本当に困っている子どもの声にしっかり耳を傾けること（三〇・六％）
第五位：すべての子どもが平等に扱われること（二八・八％）
第六位：子どもに関わることを決めるとき、子どもの意見を聞いてくれること（二四・八％）
第七位：自分に適した医療を無料で受けられること（二二・八％）
第八位：子どもが家族やその他の大人から愛情を受けられること（二一・六％）
第九位：困った時に相談しやすい電話、ＳＮＳ、窓口などがあること（一八・二％）
第一〇位：不登校の子どもが学べる場所（フリースクールやオンライン講座）を増やすこと（一三・四％）
第一一位：障害のある子とない子が共に学ぶことができること（八・六％）
第一二位：犯罪を犯した子どもでも、更生して学校や社会に安心して戻れること（四・六％）
その他：〇・四％、特になし：一三・七％

どの項目も子どもたちの切実な願いとして、私たち大人や社会がきちんと受け止めなければならない重要な事柄です。

次いで、この調査でわかった「家庭」と「学校」に対する意見から学んでみましょう。まず、「家庭」についての不満では、以下の項目が多くなっています。

第一位：勉強へのプレッシャーが大きい（一六・二%）
第二位：遊ぶ時間が少ない（一二・七%）
第三位：進学についてお金の問題や心配がある（一〇・九%）
第四位：しつけが厳しい（五・七%）
第五位：家族の仲が悪い（四・三%）
第六位：眠る時間や休む時間が少ない（四・二%）
第七位：親が自分の意見を聞いてくれない（三・五%）

今日の「受験競争」のより一層の激化に伴う「教育ママ」「教育虐待」「毒親」の問題が背景にありそうです。次に「学校」への不満についてみましょう。

第一位：ランドセル・カバンが重い（二二・〇%）
第二位：宿題が多い（一四・七%）[8]
第三位：勉強へのプレッシャーが大きい（一一・七%）
第四位：先生が尊敬できない（八・九%）
第五位：給食を食べる時間が短い（七・〇%）
第六位：校則が厳しい、納得できない校則がある（六・四%）

第七位：授業が将来の役にたつとは思えない（六・四％）
第八位：友達が少ない、仲良くできない（五・五％）
第九位：学校・先生が生徒の意見を聞いてくれない（五・三％）
第一〇位：授業が自分の能力にあっていない（五・二％）
特になし：四二・五％

以上の回答は、どれも切実なものです。特に、「先生を尊敬できない」という回答は、他の諸国に比べて特に多いものでした（このことから、教師の抱える問題・課題の一つが浮かび上がってきます）。

また、第一位と第二位の背景を考えるうえで、次の事実を挙げておきます。それは、教科書の頁数が、二〇〇五年：**四八五七頁**→二〇一一年：五九一六頁→二〇一八年：七五八七頁→二〇二〇年：**八五二〇頁**と変化していることです。二〇〇五年から二〇二〇年の一五年間に、教科書の頁数は**約一・七倍**に増えています（一般社団法人教科書協会「教科書発行の現状と課題」二〇二一年度版より）。したがって、ランドセル・カバンも重くなり、また、学校の学習だけでは教科書の内容を消化しきれず、必然的に宿題も多くなるという構造です。このことが、子どもや親、さらに教師も苦しめているのです。

なお、ランドセルの重さは、体重の一〇〜二〇％が妥当だそうです。小学校一年生の平均体重は二一kgですから、ランドセルの重さの平均四・一三kg（二〇二四年四月一〇日付『東京新聞』）は、体重の二〇％を超えています。こうして、「小学生の肩こりが増えた」あるいは「小学生の身体が硬くなっている」という事態も生まれてきます。

ある専門家は以下のように警鐘を乱打しています。

1．小学生の90・5％がランドセルが重いと感じていることが判明。ランドセルの重さ平均は約4kg

小学生1～3年生の90・5％が「ランドセルが重い」と感じていると回答。保護者の85・8％も子どもにとってランドセルが重すぎるのではないか、と感じていることがわかりました。ランドセルの重さは平均3・97kgで、3kg以上ある割合は65・8％とかなり多くの小学生が重いランドセルで通学していることが判明しました。

2．重いランドセルで『通学ブルー』を実際に感じたことのある小学生が約3人に1人

ランドセルが重たいと感じている小学生の中で、2・7人に1人が重い荷物を背負うことが億劫で登校を嫌がった経験があるという結果になりました。更に3・1人に1人が通学時に肩や腰・背中など身体の痛みを訴えたことがあることが判明し、小学生の約3人に1人が既に「ランドセル症候群」に陥っていることがわかりました。

3．小学校のブラック校則⁉　約半数の小学生が「置き勉禁止」

46・8％の小学生が、学校で置き勉が禁止されていると回答。ランドセルだけではなく、副教材などをサブバックを持って登校する割合も92・0％と、かなり多くの荷物を持って登校していることが明らかになりました。（…）

更に、2020年度からスタートした新学習指導要領では、ICT教育が推進され、一部の小学校では生徒に対して、電子端末が支給され始めており、教科書以外の副教材の数も増加しています。今回の調査でも、ランドセル以外に体操着入れなどの他のカバンをもって登校することがある小学生が92・0％と、教科書が多くなるだけではなく、ランドセル以外にも多くの荷物を持って登校しなくてはいけないことが判明しました。

（ランドセル症候群　公式サイト：https://www.rakusack.jp/feature01/）

ここで、子どもたちの「学校がこうなって欲しい」という願いに学んでみます。以下は、日本財団による「学校に行っている子ども」と「登校拒否の子ども」に分けての調査結果です。

〈学校へ行っている子ども〉
遊びの時間を増やす：二〇・四％
宿題を減らす：一九・七％
もっと将来役立つ授業にする：一六・四％

先生が生徒の意見を聞いてくれるようになる：一四・九％
よい授業にする：一四・二％
特になし：三一・七％

〈学校に行っていない子ども〉

もっと少人数学級にする：一九・八％
先生が生徒の意見を聞いてくれるような授業：一九・二％
もっと将来の役にたつ授業にする：一八・二％
授業を減らす：一四・四％
宿題を減らす：一三・四％
時になし：三八・六％

学級と授業に関する要望は、学校に行っている子どもの場合は合計三〇・六％なのに対し、学校に行っていない子どもの場合は合計七一・六％もあり、**二倍以上**多くなっています。この事実は、何を物語っているでしょうか。学校に行けない子どものほうが、学校の授業に対する期待が大きい、すなわち学びたい気持ちが強かったということか、あるいは、その期待が裏切られたということかもしれません。この点は今後追究すべき課題の一つです。

三　日本の子ども・若者の意識と行動の特徴と理論的課題

本節では、前節の諸調査からの紹介・分析から導かれる理論的課題をいくつか挙げます。

第一に、若者の意識動向から見えてきた「過渡期の若者たちの再帰的スタイル」（「再帰的近代化」）について。第二に、コロナ禍を経て、全体的に女子のほうがストレスが多いという事実について。最後に、若者の恋愛未経験率の上昇と、恋愛に対する消極的態度の増加の関連について、それぞれ述べます。

1　若者の「再帰的近代化」

第一の点については、主に土井隆義氏の論文「再帰化する現代社会の非再帰化する人間関係」（二〇二四）によって、明らかにします。

土井氏は、「再帰的近代化」について、次のように説明します。

「再帰的近代化とは、組織や制度などにおいて現状が自己参照されながら軌道修正されていく不断の過程である。そのメカニズムは、私的な集まりや個人個人の人生においても全く同様に見受けられる。外在する絶対的で固定的な教義や規則に従うのではなく、自らの生き方を絶えず振り返りながら、必要に応じて修正を加えていこうとするのが私たち近代人の生き方であ

る」（三四頁）

土井氏は、これは次のような様々な指標の変化に裏付けられていると言います。

「場面によって出てくる自分というものは違う」
一九九二年：七四・九％↓二〇二二年：八一・一％（六・二ポイント増）
「自分がどんな人間かわからなくなることがある」
一九九二：四二・八％↓二〇二二年：五一・五％（八・五ポイント増）
「大切なことを決めるときに、自分の中に複数の基準があって困る時がある」
二〇〇〇年：四八・九％↓二〇二二年：六四・三％（一五・三ポイント増）
「自分には自分らしさというものがあると思う」
一九九二年：八九・〇％↓二〇二二年：七六・三％（一二・七ポイント減）

以上から、土井氏は次のように結論付けます。

「再帰化とは、自己認識における外在的で明確な準拠枠が弱体化し、行為基準の内在化とその不明瞭化が進んでいく過程とも言えるからである。絶対的かつ固定的な基準のない世界において自己の準拠化が進めば、それは**状況依存性**を強めて行かざるを得ない」（三五頁、ゴチック：引用者）

また、土井氏は、友人関係においては非再帰化が進行しているとして、次のような変化を挙げています。

「遊ぶ内容によって一緒に遊ぶ友達を使い分けている」
二〇〇二年：六四・二%→二〇一二年：七三・七%（八・八ポイント増）
「友達との関係は、あっさりしていて、お互いに深入りしない」
二〇〇二年：四五・七%→二〇一二年：五七・四%（一一・七ポイント増）
「友達と意見が合わなかったときは、納得がいくまで話し合いをする」
二〇〇二年：四九・七%→二〇一二年：三二・〇%（一七・五ポイント減）

これらの事実を踏まえて、土井氏は、次のように述べます。
「これらの調査データから推測すれば、自己意識においては再帰化が進んでいるにもかかわらず、友人関係においては、逆に非再帰化が進んでいると言えそうである。では、友人関係において、このように逆説的な傾向が生じているのはいったい何故だろうか」（三六頁）
この点について、土井氏は次のような調査結果を参照しています。
「仲のよい友人でも私のことをわかっていない」

二〇一二年：二七・八％→二〇二二年：三三・七％（五・九ポイント増）
「他人とは違った自分らしさを出すことが好きだ」
二〇一二年：五六・三％→二〇二二年：五二・六％（三・七ポイント減）
「自分らしさを強調するより他人と同じことをしていると安心だ」
二〇一二年：三四・九％→二〇二二年：四五・八％（一〇・九ポイント増）

そして、土井氏はこのような事実にもとづいて、次のように説明します。

「自己の再帰化が進めば、他者との相違点は増大して同じ地平に立っていると感じられにくくなる。また、関係を規定する外在的な枠組みが弱体化すれば、関係の自由度と同時にその不安定さも強まることになる」

「ここから生じる関係の不安感が、かえって友人間での**同調圧力**を高めているのではないだろうか」（三六頁、ゴチック：引用者）

また土井氏は、大切なことを決める時の判断材料についての調査から、次の事実も紹介しています。

「好き・嫌いなどの自分の感情や直感」
二〇〇二年：五五・七％→二〇二二年：六七・二％（一一・五ポイント増）

「世間の評価や道徳」
二〇〇二年：二二・〇％→二〇二二年：三七・八％（一五・八ポイント増）

この二つの回答項目は、本来アンビバレントな関係です。このことから、「脱埋め込み」[10]と「再埋め込み」[11]が同時進行していることになります。土井氏は「この評価と分析は今後の課題」としています。

2 コロナ禍と女子の生きづらさ

それでは第二に、女子の生きづらさの問題について触れます。ここでは主に、特にコロナ禍においては女子のほうがストレスが多いという事実を見ていきましょう。

まず、いくつかの調査結果をご紹介します（表0−1 60の調査）。

〈コロナ禍のストレス（多い順）〉
第一位：気楽に外出できないこと　男子：四三％、女子：五五％（一二ポイント差）
第二位：友達と自由に遊べないこと　男子：四四％、女子：五五％（一一ポイント差）
第三位：学校行事や部活が中止になること　男子：四一％、女子：五三％（一二ポイント差）
第四位：自分の家族が感染するかもしれないと考えること　男子：四一％、女子：五三％（一

二ポイント差）
第五位：マスクを着用しなければならないこと　男子：四七％、女子：三七％（一〇ポイント差）
「マスク着用」を除いて、いずれも女子のほうがストレスを多く感じているということになります。

〈精神的な影響について〉
「何もやる気がしない」中学生：三一％、高校生四〇％
「すぐ不安になる」中学生：二八％、高校生：三七％
「学校に行く気がしない」中学生：二四％、高校生：三二％
「なんとなく大声を出したい」中学生：三四％、高校生：三一％
「なんでもなくイライラする」中学生：二六％、高校生：二九％
「思い切り暴れまわりたい」中学生：二七％、高校生：二四％

「なんとなく大声を出したい」と「思い切り暴れまわりたい」は、高校生より中学生の方が三～九ポイント高いことに注目したいと思います。このことは、文科省調査「暴力行為の状況について」で、小・中・高では特に中一と中二が高い数値を示し、しかも年々増加していることにも見てとれます（文科省「令和５年度児童生徒の問題行動・不登校等生徒指導上の諸課題に関する調査報告書の概要」二〇二四年一〇月三一日）。また、いずれも女子が男子よりも多い結果となっていました。

さらに、「消えてしまいたい」という項目に肯定的に回答した割合は、男子中学生では七％、女子中学生では一九％、男子高校生では一〇％、女子高校生では二二％でした。この「**希死念慮**」につながりかねない感情についても、中学生および高校生のいずれも女子の方が男子より一二ポイントも多い結果になっています。

また、「今悩んでいることはあるか」という項目に対する回答結果は次の通りでした。

第一位：「成績、受験」男子：五四％、女子：六四％。
第二位：「将来のこと」男子：五三％、女子：五七％
第三位：「外見」男子：一七％、女子：三五％
第四位：「友達との関係」男子：一八％、女子：三一％

いずれの項目も、女子が男子よりも三～一八ポイントも多い結果となっています。特に「**外見**」については、男女の差がとても大きい項目です。「外見」について悩んでいる割合は、二〇一一年調査では男子七％、女子一一％でした。したがってこの一〇年間で、男子が一〇ポイント、女子は二四ポイントと、大幅に増えたことになります。
この点について、大妻女子大学の田中俊之氏は、『男子が10代のうちに考えておきたいこと』（二〇一九）において、次のように述べています。
「一般的に人に見られることを意識する傾向が女性は強く、コロナ禍になってマスク着用で顔を隠すことが増えた中で、マスクを外すことにストレスを感じている可能性があると考えられる」（30頁）
また、田中氏は、インターネット使用の時間が長いほど「外見の悩み」は増える傾向にあると言い（一時間程度以下では三二％、四時間以上では四二％）、次のように述べています。
「日ごろからＳＮＳを利用し、コロナ禍でコミュニケーションツールとしてのＳＮＳの重要性が高まる状況下で、他者の投稿を目にして、自らの外見を気にする傾向がより強まっているのではないか[12]」（同上）
この点と「孤独・孤立」をめぐる問題の関連についても、第二章二節で掘り下げて分析します。さらに、この「友達との関係」でも女子の方が男子に比べ一三ポイントも多くなっています。「今悩んでいること」については、第二章七節で「女子の生きづらさ」あるいは「同調圧力」の強さの所で深めます。

3　若者の恋愛観の変化

最後に、「若者の恋愛交際離れと恋愛疲れ」について触れます。

近年、ますます未婚の男女が急増しています。この点を含めて政府は、「異次元の少子化対策」を打ち出すなど、問題視しています。

私は、政府の「異次元の少子化対策」は、基本的に不十分な点があると思っています。すなわち、一番大切なことは、子ども・若者の未来を希望に満ちたものにすることであり、また、基本的人権が十分に保障され、一人ひとりの人間的価値が十二分に保障されることです。そのためには現在の資本主義社会の大きな転換が必要なのですが、この点は終章（下巻）で詳しく展開します。

しかし、政府の「異次元の少子化対策」を批判するためにも、現在の若者の「恋愛交際離れと恋愛疲れ」について知っておく必要があります。いくつかの調査結果を見てみましょう。

例えば、これまでに一度も恋愛交際を経験したことがない人々は、一九九二年：三三・九％、二〇〇二年：二九・五％、二〇一二年：三〇・八％、二〇二二年：三五・六％となっています（リクルートブライダル総研「恋愛・結婚調査二〇二三」二〇二三年一二月）。二〇〇二年から二〇二二年にかけて六・一ポイントも増えており、男女別では、男性が四二・七％、女性が三三・七％と、男性のほうが九ポイント多くなっています。

次に、「恋愛に対する消極的な態度の増大」についてみてみましょう。

「恋愛交際はお金がかかる」
二〇一二年：三二・四％→二〇二二年：四九・二％（一六・八ポイント増）
「恋愛交際は疲れる」
二〇一二年：二六・四％→二〇二二年三八・五％（一二・一ポイント増）
「異性に好かれる自信なし」
二〇一二年：二五・三％→二〇二二年：三〇・八％（五・五ポイント増）
「恋愛感情を持ったことなし」
二〇一二年：五・四％→二〇二二年：七・五％（二・一ポイント増）

軒並み増加していることがわかります。私は、特に「恋愛交際は疲れる」という項目が増えていることに危機感を持ちます[13]。

また、近年では「結婚できない・しない」男女が大幅に増えていることが話題になっていま す。一九七〇年時点では、五〇歳の時に未婚だった男女の割合は、男性が一・七％、女性が三・三％でした。しかしその後、男性は一九八五年以降急上昇し、二〇二〇年には二八・三％になります。また、女性は一九九五年以降急上昇し、同じく二〇二〇年には一七・八％になります（国立社会保障・人口問題研究所「人口統計資料集」二〇二〇）。

それでは、「若者が未婚でいる理由」はなんでしょう。この点について、男性の回答は次の通りです（こども家庭庁『こども白書』二〇二四年度、二三頁）。

第一位：「適当な相手にまだめぐり合わない」四三・三％（一九九二年：五三％）
第二位：「独身の自由さや気楽さを失いたくないから」二六・六％
第三位：「結婚する必要性をまだ感じない」二五・八％
第四位：「結婚資金がまだ足りない」二三・一％
第五位：「異性とうまくつきあえない」二〇・〇％

このなかで、「異性とうまくつきあえない」のみが、一九九二年の約一〇％から一貫して増え続け三〇年間で二倍になっています。女性はどうでしょうか。

第一位：「適当な相手にまだめぐり合えない」四八・一％
第二位：「独身の自由さや気楽さを失いたくない」三一・〇％
第三位：「結婚する必要性をまだ感じない」二九・三％
第四位：「今は、趣味や娯楽を楽しみたい」二四・五％
第五位：「異性とうまくつきあえない」一八・二％

男性と同じく「異性とうまくつきあえない」のみが、一九九二年の約八%から一八・二%と大幅に増えています。このような状況を踏まえると、今後、「異性とうまくつきあえないから」という理由が増え続けることは、ほぼ間違いないでしょう。

また、「適当な相手にまだめぐり合えない」も、かなりの割合を占め続けることが予想できます。両方で、七~八割を占めるようになるかもしれません。

こうした結果からも、結婚まで至る契機として、これまで圧倒的な多数派であった、それまでのつながり（同じクラス、同じ学年、同じ学校、同じ部活、同じ地域など）を通じた恋愛結婚の割合が減り続け、一方でいわゆる「アプリ婚」の割合が増え続け、最近は抜かれる＝下回るという事態も理解できます（大臣官房総合政策課山口晶子他「未婚化の進行とマッチングアプリ」『ファイナンス』二〇二二、Jan）。

小括

以上、二〇一八年以降の、六五の調査から学んできました。

政府はじめ民間の各団体、研究所等も、様々な問題意識を持って、様々な調査研究を行っています。それだけ現代社会が不確実であるとともに、危機に満ちたものであるからです。また同時に、子ども・若者の現状や意識動向も変化し、科学的に把握することが難しくなっていることの現れと言えるでしょう。
本章では、各調査に学ぶとともにいくつかの論点を提示しました。以下の章では、その論点を含め、具体的に深めていきます。

【注】

1 この点で危機感を抱き問題提起をしている人に、「日本若者協議会」の代表室橋裕貴氏がいます。室橋氏は、その著書『子ども若者抑圧社会』（二〇二四）のなかで、岸田首相（当時）を襲撃した容疑者が、「報道によれば、当時24歳の容疑者は、日本の被選挙権年齢や供託金の高さに強い不安を持ち、2022年に訴訟を起こしていたようだ」（三頁）としています。そして、「このままだと『テロ』が新しい政治参加の手段になっていくのではないか」と危機感を表明し、「ジェンダーや多様性、テクノロジーなど、変化の激しい時代になっているにもかかわらず、新しい価値観や経験を持った若い世代が意思決定に関われていない。それこそが、日本の低迷の大きな理由ではないだろうか」（五頁）と述べます。
そして、諸外国の例に学んで、「社会を変える民主主義」についてわかりやすく論じており、大変参考になります。なお、『民研年報』第二三号で「中学生の模擬投票」を執筆した佐々木孝夫氏（元上尾市教組委員長）は、授業実践のなかで、上尾市の一五〇〇名の生徒が授業で全政党の政策を学び、政党名を隠した上で、「模擬投票」を行った結果を報告しています（「かわごえ子育て・教育・文化交流会」など）。そこで、模擬投票した数の多数（四割）が日本共産党に投票されたそうです（自民党、維新などは最下位を争う）。また、選挙の際には、生徒がその親を選挙に行くように促したそうです。なかには、子どもに促されて初めて投票に行った親もいたそうです（佐々木二〇二四参照）。

2　一九五〇年頃、子ども（〇～一五歳）の割合は約三五%でした。六五歳以上は約四%。しかし、現在は、子どもが約一一%、六五歳以上は約三〇%となっています。日本は、世界一の超高齢社会です。

3　調査では、教員に対して各項目がどの程度できているかについて質問し、「非常に良く」できている、「かなり」できている、「幾らか」できている、「全く」できていないの四つの選択肢のうち、「非常に良く」または「かなり」できているとの回答について整理しています。

4　佐藤学氏の以下の著書を参照されたい。『専門家として教師を育てる――教師教育改革のグランドデザイン』（岩波書店、二〇一五）、『新版・学校を改革する――学びの共同体の構想と実践』（岩波書店、二〇二三）、『教室と学校の未来へ――学びのイノベーション』（小学館、二〇二三）

5　二〇二一年一一月一七日に五九歳という若さで亡くなった友人、世取山洋介氏とは、会うたびに、最近の大学の教員はどれだけ真剣に学生教育に取り組んでいるか心配だと話し合ったものです。世取山氏がどれだけ多くの研究者や教育者の卵を育て、世の中に送り出したかは、教え子たちによって作成された『前に進むのだ！――世取山洋介教授追悼文集』（二〇二二年）などを見ればよく理解できます。最近、大学院進学者や教員希望者が減る中で、教職員組合加入者や民間教育研究団体に加入し、研究集会等に参加する教員もかなり減少しています。この点は、子どもたちの真の学びや成長・発達の視点から、あるいは、日本の未来を展望する上からもとても心配な事態です。

　この点に関して、映画監督・阿部勉氏が、宮城県教組の「第四一回明日の授業のための教育講座」に参加して書かれた文章を紹介します。

「二〇数年前につくられた『学校』が、何故いまだに見続けられているのか。『学校』の脚本の一ページ目には、山田洋次監督による『製作意図』が記されている。

――教えることも学ぶことも、共に大きな喜びであるはずだ。『学校』が、教師にとっても生徒にとっ

ても、楽しいところであって何故いけないのだろう。

二〇数年を経て、日本の学校は楽しいところになったのだろうか。映画で描かれた矛盾や問題は解決に向かっているのか。『**実態は真逆の方向へ進んでいるのではないか**』との声が聞こえてくると、教育現場にいない私たちも不安になってくる。『男はつらいよ』に登場する寅さんは身近にいるととても迷惑な存在なのだが、そうしたはみ出した男を許容する寛容さがかつての日本社会にはあったのではないか。多様性を認めない、不寛容な時代になったと感じているのは私だけではないだろう。そんな時代だからこそ、学校はすべての子どもたちを包み込む場であってほしいという願いは強くなっているのではないか。」（ゴチック：引用者）

6　ここでは、参考のために次の二冊の本を紹介します。パリー・サンダース『本が死ぬところ暴力が生まれる』（一九九八）、飯田一史『「若者の読書離れ」というウソ』（二〇二三）。

7　この点をめぐって、近年「親ガチャ」という言葉も世間に流布しています。参考文献として、土井隆義ほか『親ガチャという病』（二〇二二）、戸谷洋史『親ガチャの哲学』（二〇二三）。

8　この点について、武田さち子氏が紹介する次の事例は、とても重要です。

「武田：宿題を忘れたり、追い詰められてカンニングをしてしまって叱責されるケースです。また母親の入院で幼い妹の世話をしていたヤングケアラーの男子生徒が、宿題などの忘れ物が多いことを理由に、教師から教室から投げ飛ばされて亡くなった事例がありました」（公益財団法人人権教育啓発推進センター『アイユ6』、二〇二四年、三九七号、四頁）。

9　再帰的近代化（modernisieren）とは、「近代化する」の意味ですが、近代がObjekt（目的語＝目的、対照、目的物）を喪失して、自分自身（sich）を近代化していくことを「再帰的近代化」といいます。以前の「単純な近代化」の段階においては、近代は近代以前のもの、たとえば伝統的な社会制度や政治制度、あるいは自然を近代化していきました。

10　ギデンズによれば、「脱埋め込み化」は「社会関係を相互行為のローカルな脈絡から『引き離し』、時空間の無限な広がりのなかに再構築する」（ギデンズ一九九三、三六頁）ことと定義されています。

11　再埋め込みとは、「脱埋め込み（Disembedding）」されたものを再び埋め込むという意味です。

12　この点については、土井隆義氏と大澤真幸氏も同様の指摘をしています。

13　これらの項目が増えていることに対して、私は「人間的自然」の退化という危険性を感じます。この点から、年間のセックス回数は、世界で最も少ないという事実との関連を考えざるを得ません。ちなみに、年間セックス回数が一番多いギリシャは、子どもの自死も最も少ない国の一つです。この点も含めて、「人間的自然」の回復の道についても終章（下巻）で論じます。なお、「恋愛交際は疲れる」などと言ったら、あの『男はつらいよ』の寅さんは何と言うでしょうか。毎回女性に恋をして、ふられていく寅さんにとって、恋愛は人生そのものかもしれません（前島二〇二〇、補論Ⅰ「登校拒否・ひきこもり問題と『男はつらいよ』」参照）。

第二章　子ども・若者の現状と理論的課題について

はじめに

序章でも触れたように、子ども・若者の現状は、特にコロナ禍を経て、ますます「生きづらい」ものになっています。ただし、その「生きづらさ」の中身や現れは、かなり多様です。そこで本章では、第一に「生きづらさ」の多様な中身やその結果としての現象、第二にそれらの問題の相互関連、第三に「多様な問題」とはどのような意味で、コロナ禍によって深刻さや矛盾がいかに拡大したのかについて、できるだけ事実に基づいて述べていきます。そして最後に、それらの問題に関する理論的課題を明らかにします。

一　「よい子」をめぐる問題について

今日の子ども・若者論の焦点や論点について、様々な研究から批判的に学んでみましょう。竹内常一氏には、『子どもの自分くずしと自分つくり』（一九八七）、『子どもの自分くずし、その後』（一九九八）、『少年期不在』（一九九八）、『おとながこどもと出会うとき、子どもが世界をたちあげるとき』（二〇〇三）などの著作で、一貫して追究しているテーマがあります。

それは、子ども・若者が、今日の学校を中心とする世界で、教育的な生存競争（＝受験競争）

と文化的競争（＝何を持つかの競争、ゲームやスマホなど）の二つの競争に縛られ、支配されているということ。そして学校では、しばる管理（＝受験競争）としばる管理（＝ブラック校則や体罰）の二つの管理に縛られるなかで、次のような問題が起こることを指摘しています。すなわち、「1970年代後半から、10歳から18歳までの子どもたちの中に、いじめ・迫害、非行・暴力、不登校、高校中退、半失業・無業、自殺、宗教熱といった問題が吹き出し」（竹内一九八七、i頁）ます。そしてこれらの事態は、その後五〇年以上にわたって、ますます悪化していきます。

一方、これらのいわゆる「問題行動」を起こす子ども・若者の対極に、「まじめで、おとなしく、几帳面で、素直な子ども」の「学校適応過剰」という問題があります。「かれらは、見かけはいい子であるが、親や教師、家庭や学校の期待と要請に囚われている子どもたち」です（同前、括弧内は、すべて引用者の言葉）。

「かれらのなかのあるものは、学校のなかに埋めこまれている競争秩序に能動的に過剰に適応して、いつも一番でないと気がすまない子どもになる。他のものは、学校の形式的秩序に受動的に過剰に適応して、決まりや規則にこだわる子どもとなる。かれらは、形はちがうが、学校というものに強迫的なこだわりをもっているという点で共通して」います（同前）。

このような「よい子」は、例えば学校の「皆勤賞」[1]に異常にこだわる子どもです。また、受験勉強でも一番、スポーツ・運動の順位でも一番を取ることにこだわります。

このような子どもは、私の教え子たちの例でも当てはまります[2]（例えば前島二〇二〇、一四〜一六頁、B子さんの例）。

次に、高垣忠一郎氏の見解に学んでみます。高垣忠一郎氏は、かなり早くから、「よい子」の問題に注目し、その問題点や発達上の課題を次のように指摘してきました。なお、高垣氏は**「よい子」→悪い子→よい子**という**弁証法的発達**についても、詳述しています。

「思春期の子どもの登校拒否は、しばしば、そういう新しい自分を生み出していくための『生みの苦しみ』という意味を持つことがあります。この子の場合なら『よい子』の自分という『古い自分から』『よいこ』の枠に縛られない『新しい自分』を生み出していくという生みの苦しみを、登校拒否というかたちをとって生きてきたのです。」（高垣二〇一〇、三〇頁）

高垣氏はさらに、ひきこもりについて次のように述べています。

「『ひきこもり』は、まさに（思春期の：引用者註）『第二の誕生』に失敗し、途方にくれた状態なのだというわけです」。（高垣忠一郎ほか二〇一五、一〇五頁）

さらに、斎藤学氏の見解を見てみましょう。斎藤学氏は次のように述べます。非常にわかりやすい文章なので、少し長く引用します。

「子どものため」と信じ、やれ習い事だ、学習塾だと連れ回し、名門校に合格させようと子どもの尻をたたいたりする、いわゆる**教育虐待**も、子どもの濫用に当たります。子どものほうも、親が必死になって「自分のため」に、生活費を切り詰め、パートに出て、塾代を捻出していることを知っていますから、「ありがたい」と思わざるを得ず、親の期待に応えるために頑張るしか無くなってしまいます。

不幸な親や上昇志向の強い親が、子どもを生きがいとしてその成長と成功に過剰な期待を抱くとき、子どもは親たちの期待に縛られて、自分の人生を失っていきます。これらはすべて、親という権力者から離れては生きられない弱者である子どもの濫用であり、子どもへの情緒的な**虐待**です。(…)(「教育虐待」:引用者)

私の見るところ、日本の子ども、ないしかって子どもだった人たちには、「**良い子**」と呼ばれる過度な規範尊重と従順さ、そして**過剰適応的**な態度が蔓延しています。こうした規範至上主義と過剰適応主義を裏支えしているのは「**世間並み**」から脱落することへの恐怖と、世間という市場で一段でも格上の値段をつけられる売り物(「人材」:引用者注)になりたいという、すれからしの権力志向です。

核家族と少子化、そして90年代後半から本格化した格差社会が、その傾向を後押ししています。少子化とは、親から子への期待と負託が巨大なものとなることです。(子ども:引用者)成功や失敗が親のステイタスや老後をも左右しますから、みな真剣です。今や子産み・子育ては、親の人生競争における重要なタクティクス（戦術）なのです。人々は配偶者選択、結婚や妊娠のタイミングを慎重に測るようになりました。子どもの数、子どもの人生コース、子どもの将来などについても予想図を描き、それに沿って子どもが生きる事を望みます（「毒親」：引用者）。

自らの人生を豊かにし、成功に導くための子産みであり、子育てでもあるのだから、親は子どもに期待した役割の遂行を求めます。言葉に出さなくとも、そぶりや視線で、親の望む「良い子」であることを求めます（私の教え子M君は、週13回もの塾通いや習い事をこなしていました。両親は千葉大卒の教師です。M君は私に今では母親をうらんでいると言っていました。二〇二〇年度受講生：引用者）。

子どもは、親の連れ歩きたい人形、親の果たせなかった願望の肩代わり役、親の自慢の種、親の愚痴の聞き役、親の権力のままになる奴隷などのうちのどれか、あるいはいくつかを背負わされるようになります（…）。

子どもから「自分らしく生き生きとした人生」を奪うことは、紛れも無い**暴力**です。子どもを愛するがゆえに干渉し、拘束し、期待し、要求する――そんな「**やさしい暴力**」を免れている家族は、今の日本には少ないでしょう。

（斎藤学二〇二〇、五～九頁、ゴチック：引用者）[3]

野井真吾氏（日本体育大学教授）は、論文「子どもの権利条約と子どものからだ―with コロナ post コロナ時代の育ちと学びを考える―」（二〇二一）で、子どもの「前頭葉機能」について、興味深い事実を指摘しています。

一つは、「不活発型」の子どもたちの増加です。一九六九年のデータでは、年齢とともに、この対応を脱していきました。しかし、一九九〇年頃には、半分くらいの子どもたちが幼さを抱えたまま小学校に入学する様子が確認されているそうです。野井氏は、これが「学級崩壊」や「小一プロブレム」と結びついていると指摘します。

また、もう一つ心配なのが、「抑制型」と呼ばれるタイプだそうです。このタイプの子どもたちは、興奮機能も抑制機能も育っています。しかし、抑制機能のほうが優位で、ブレーキが強くかかりすぎてしまい、気持ちをうまく表現することができません。一九六九年のデータでは、こうした子は一人もいませんでしたが、一九九〇年代になって出現してきたそうです。「キレる」子どもたちが出現したということです。

野井氏は、「何かのきっかけでこの子たちの抑制が外れてしまった時に、興奮がむき出しになって自分でも記憶が無いような行動になってしまうのではないかと議論して」きたと言い、次のように指摘します。

「こういう事件を起こしてしまう子は大概男の子ですが、こういう子は女の子にもいるわけです。雑誌の対談でそのデータを紹介すると、『援助交際』と言う行動にはまる子たちは、学校

や家庭では**良い子**たちが多い」（ゴチック：引用者）

私が注目してきた、「よい子」の「キレる」行動（いじめ、暴力、犯罪）が、一九八〇年代から起こり始め、一九九〇年代に本格化してきたという点も、脳科学と行動の関連分析を行った野井氏の記述とピッタリ合います。

また、斎藤眞人氏（福岡立花高校校長）は、「よい子」について次のように表現しました。

「『不登校という勇気ある決断で自らの命や自尊感情を守った子ども達より、今日も笑顔で従順に、歯を食いしばって理不尽に耐えている子ども達のほうがよほど心配』だ」（文科省「不登校に関する調査研究協力者会議」（第6回、二〇二三年二月十四日開催）提出資料）

では、子どもたちはいかにしてSOSを発信し、私たち大人は、いかにしてそれをキャッチできるのでしょうか。

まずは、私たち大人が、常に子どものSOSを鋭くキャッチできる感性を磨き、あるいは、その邪魔をする「鎧」を脱ぎ、「仮面」を取る必要があります。この「SOSの受け止め方」については、拙著『新版・おとなのための絵本の世界』（二〇一六）が参考になると思います。ここでは、おとな自身がある種の絵本（例えば、小泉吉宏『コブタの気持ちもわかってよ』ベネッセ、一九九七年、くすのきしげのり『おこだでませんように』小学館、二〇〇八年、梅田俊作・佳子『学校やすんでとうさんと』岩崎書店、一九九四年など）に触れることによって、忘れていた子ども時代の気持ちを思い出し、子どもの気持ちに寄り添えるようになる過程を紹介しています（同、二〇

〜二一一頁)。

斎藤学氏の『すべての罪悪感は無用です』(二〇一九)第1章「生きづらさに苦悩する」にも、以下のような記述があり参考になります。

不登校になることもできない子どもが大勢いる

私は臨床家として、不登校になることもできない子どもがたくさんいることに危機を感じています。たとえばある中学生は学校でいじめられていました。クラスメートに靴の裏を舐めさせられたり、靴をくわえて走らされたりと、学校で辛い目に遭っていました。(…)

いじめっ子集団の中のあるお母さんがいじめに気づいて、いじめられていた子の母親に伝えたことから、ようやくいじめられる側の痛みが周囲に少し漏れるようになりました。しかし、母親が聞いても、いじめられっ子ははっきりしたことは言いません。「学校で問題を起こさず、うまくやっている」というのが親に対する子どもの最大の見栄なのですから、学校での惨めな自分のことなど親に言うはずがありません。(…)

教師への告白も難しい。教師は当事者でいじめる側の一方の旗頭ですから、いじめられっ子が実態を話すはずがありません。学校とは評価と位置づけの場です。そのなかでいじめっ子は上位に属する何らかの特徴を持ち、いじめられっ子は劣位のレッテルを貼られた子です。こうした価値の構造を決定し、維持しているのは教師という権力なのです（参照：鈴木翔『教室内（スクール）カースト』光文社、二〇一二）。

活発でいつも笑いの中心にいる子、空気を読むのが上手で周囲にうまく合わせられる子、勉強ができて利発で何でも器用にこなす子。そんな子どもがもてはやされ、その逆の印象を与えてしまう子どもを、親や教師が「できない」「のろい」「鈍くさい」と感じ、**発達障害**などのレッテルを貼りたがるようになると、子どもたちもこうした仲間を一生懸命排除するようになります。まるでばい菌を探しては洗い流すように。

現代の子どもにとって、学校でうまくやっていけないことは深刻です。彼らに学校以外の日常はありませんし、そこからドロップアウトすることは、いい高校、いい大学、いい就職先、いい収入へとつながる競争社会からもはじき出されることになります。それはまさに死を意味します。だから、どうにかしてそこで頑張ろうと必死になります。

そうした昨今、勇気を持って学校からドロップアウトしようという子どもがいたら、それはもうとてつもない偉大なことではありませんか。学校はそれ自体、子どもにとって最大のストレスであり、子どもがそこから抜け出そうとするのは、かなりのエネルギーが必要だという現実を、われわれおとなはもう少し理解すべきではないでしょうか。

（斉藤学二〇二〇、二六～二七頁、ゴチック：引用者）

小括

「よい子」は、また、今日ますます強まる「偏差値至上主義」に基づく「受験圧力」のなかで、「親の期待」という暴力に苦しみます。そして、その苦しさから様々な「行動化」と「身体化」を引き起こします。それは、登校拒否・ひきこもり、いじめ、自死などであり、同時に、様々な自傷行為や精神障害の多発として現れます。

以上、「よい子」をめぐる問題について深めてきました。今日の新自由主義社会日本においては、多くの家族を巻き込んだ社会と学校における「競争と管理と空気＝同調圧力」がますます進行・激化する中で、日本の多くの子ども・若者は、「よい子競争」に駆り立てられるとともに、その競争からいつ振り落とされるかもわからない不安を抱え、また、未来社会に対する希望も見いだせず、「息苦しさ＝閉塞感」と「生きづらさ」を抱えて苦しんでいます。

そして、様々な「行動化」「身体化」を通じて、「よい子」の自分を壊し、新しい自分と出会うために、ある意味命がけの苦闘に必死で取り組んでいます。

私はこの「よい子」問題について、四〇年以上前から、大学で出会う学生から重要な問題であると学び、また認識してきました。そして、授業実践でもこの問題を取り上げ、学生と学びあってきました。

なお、この「よい子」の問題についていち早く問題化し、論じてきた論者に高垣忠一郎氏と竹内常一氏がいますが、このうち高垣忠一郎氏は、次のように指摘しています。

「思春期の子どもの登校拒否は、しばしばそういう新しい自分を生み出していくための『生みの苦しみ』という意味を持つことがあります。この子の場合なら『よい子』の自分という『古い自分』から、『よい子』の枠に縛られない『新しい自分』を生み出していくという生みの苦しみを、登校拒否という形をとって生きてきたのです。」（高垣二〇一〇、三〇頁）

また、私の授業を受けたある学生は「よい子」の問題について、次のように述べています。

私と「よい子」

『コブタの気持ちもわかってよ』は、前島先生の授業で何回も読んだ絵本である。何回読んでも、私は「よい子」であることの苦しさに気付かされる。

授業の最初で先生から「長男であることの親からの期待」の話を聞いたとき、私の頭の中で家族の顔が浮かんだ。

私の父と母は共働きで、市役所に勤めている。先生になりたいという私に対して親は応援してくれている。妹も今年から私立の高校に通うことになって、両親は私達兄妹に期待しているのだろう。私は市内で一番頭の良い〇高校に入学するまで「よい子」であり続けようとした。しかし、高校の学力競争に負け、入りたいと思っていた国立大学に落ち、今は入るつもりのなかった電大にいる。大学へ入って多くの人に出会った。私のことを優秀であるという友人たち、学力順位でトップになったことを喜ぶ親。大学に入ってから私は

「鬱」になりかけ、何日か休むようになった（落単しない程度に）。

私は教員になったら、私のような「よい子」を作らないよう、幸せな人生を歩めるような生徒を世に送り出したい。

（東京電機大学理工学部B男：二〇一六年入学。前島二〇二〇、一三頁）


この学生の例のように、多くの学生は、「よい子」の問題に苦悩しています。終章（下巻）で、この「よい子」の苦悩からどう〝出発《たびだち》〟するか、具体的な例や道筋についてふれたいと思います。

二 「孤独と孤立」をめぐる問題

本節では、近年、日本独特の問題として浮上してきた「孤独と孤立」をめぐる問題について、その事実と背景、あるいは、他の問題（「自死」など）との関連、そして、問題解決のための理論的実践的課題について論じます。

1 日本における「孤独・孤立」問題の顕在化と政策的対応について

コロナ禍でステイホームが続き、非正規労働者を中心に仕事を解雇される人が増加するなかで、「孤独・孤立」をめぐる問題が、大きな社会的問題としてせり上がってきました。

イギリスでは、「孤独は現在の公衆衛生上、最も大きな課題の一つ」として、二〇一八年に世界で初めて孤独問題担当大臣が誕生しました。そして、わが国でも、新型コロナウイルス感染拡大の影響が長期化することにより、孤独・孤立問題が社会的な問題になっているのを受け、二〇二一年二月、世界で二番目に孤独・孤立対策担当大臣を指名し、内閣官房に孤独・孤立対策室を立ち上げ、政府一丸となって孤独・孤立対策を検討することとなりました。二〇二三年五月には「孤独・孤立対策推進法」が成立し、本格的に孤独・孤立対策が始まります。

日本とイギリスの対策の大きな相違点は、日本政府は孤独の問題だけでなく「孤立」の問題にも対応することを明確にしたことです。すなわち、本対策に力を入れる背景には、特に二〇〜三〇歳代の若年層で広がる「孤独」と、高齢層で広がる「孤立」が社会的問題になっているからです。

このような状況のなかで、政府は、二〇二一年から三年続けて「孤独・孤立の実態把握に関する全国調査」を行っています。この調査の結果、以下のようの事実が明らかになりました。

まず、孤独感が「しばしばある・常にある」と回答した人の割合は四・八%、「時々ある」は一四・八%、「たまにある」は一九・七%で、合計**三九・三%**でした。この数字は、二〇二一年では三六・四%、二〇二二年は四〇・三%でした。三年間を比較すると、依然高止まりであると言えます。

他方、「孤独であると感じること」に対して「決してない」との回答した人の割合は、二〇二三年調査では**一七・九％**でした。この数字は、二〇二一年調査では二三・七％、二〇二二年調査では一八・四％でしたから、年々減少しています。この点にも注意する必要があります。

さて、孤独感を年齢別にみると、孤独感が「しばしばある・常にある」と回答した人の割合は、二〇歳代で一番高く、五〇歳代までが比較的高い年齢層であると言えます。また、男女別では、男性が五・三％、女性が四・二％と、男性が少し高くなっています。また、男女別の年齢層では、男性は三〇歳代が最も高く、次いで四〇歳代です。女性では二〇歳代が最も高くなっています。

後ほど触れますが、「**自殺は孤立の病**」と言われます。日本人の子ども・若者の死因のトップが「自死」であるだけに、若者の孤独感が高いという事実は重要です。

2 「孤独・孤立」と自死との関連について

日本は、世界においても自死数と自死率の高い国の一つです。特に、一九九八年以降の一四年間は、働き盛りの四〇歳～五〇歳代の男性を中心に「過労自死」などが相次ぎ、三万人以上が自死する異常事態が一四年間も続きました（ただし、この間に発生した約一五万人の死因不明の死者について、その約半数は自死であるというのがＷＨＯの見解です。したがって、約一〇万人以上が毎年自死しているという極めて異常な事態が続いたと言えます。これほど多くの国民が自死する国は、世界広しといえどもないと言われました）。

一般的に「自殺は孤立の病」であると言われます（土井隆義ほか二〇二一、二四頁）。専門家の間でも、「孤独・孤立」と自死との関連についての調査等に基づく論文が、いくつも発表されています。例えば筑波大学では、「コロナ禍では、孤独感が日本人の自殺念慮に強い影響を与えた」として、次のような調査結果を発表しています（筑波大学プレスリリース、太刀川プロジェクト）。

（この調査は：引用者）大規模全国アンケート調査のデータを用いて、コロナ禍における自殺念慮に対する社会的孤立、孤独感、うつ状態の影響度を分析しました。その結果、経済的苦境や社会的孤立より孤独感が直接的に、またうつ状態を介して間接的にも、自殺念慮に強い影響を与えることが明らかになりました。（…）

新型コロナウイルス感染症のパンデミック期間（コロナ禍）には、世界中でメンタルヘルスの悪化が問題となり、日本では、感染拡大が始まった2020年、11年ぶりに自殺者数が増加に転じ、現在まで減少の兆しはありません。その要因として、コロナへの感染恐怖や失業などの経済問題に加え、検疫、隔離やソーシャルディスタンスによる社会的孤立、孤独感の悪化があると言われています。しかし、これらのうちどれが、どのように、死にたい気持ち（自殺念慮）に影響するのかは、分かっていませんでした。（…）

分析の結果、男性の15％、女性の16％が自殺念慮を持っており、このうち男性の23％、女性の20％はパンデミック期になって初めて自殺念慮を抱くようになっていました。また孤独感は経済苦境や社会的孤立よりも自殺念慮への影響力が強く、抑うつ状態を調整しても同様の傾向であることが分かりました。孤独感が直接的に、またうつ状態を介して間接的にも、自殺念慮に強い影響を与えることが明らかとなったことから、孤独感を抱いている人への心理的なサポートが、孤立・孤独対策のみならず自殺対策としても重要と考えられます。

特に「女性においては、コロナ禍で悪化した孤独感が、新たに生じた自殺念慮に対して最も強く影響していることが分かりました」。以上から、孤独感と自死念慮との関連、あるいは、コロナ禍で、とりわけ女性の自死が増えた理由の一端が理解できます。

また、東京大学の調査でも、次のような興味深い事実が明らかになりました。東大病院において「2002年から2004年に生まれた都内の一般思春期集団3165名を対象に、10歳から16歳までの孤独感経過パターンを同定し、その予測要因や自殺関連事象との関連」を検討したところ、次のようなことがわかりました（眞田英毅「いじめの経験割合、および被害者の属性：若年継続サンプルと若年リフレッシュサンプルによる比較」（東京大学社会科学研究所パネル調査プロジェクトディスカッションペーパーシリーズ№124、二〇二〇年一一月）。

子どもの性別、出自、健康状態、家族構成や家庭の社会経済状態などの予測要因のうち、10歳時に**いじめられた経験**があること、および養育者の心理的負荷が高いことが、持続的に孤独感を感じている群や孤独感を増大した群の主な要因でした。

持続的に孤独感を感じている群は、孤独感が低い群と比べて、16歳までの自傷行為のリスクが約6・0倍（95％CI4・4–8・2）、**自殺念慮を抱くリスクが約2・5倍**（95％CI1・8–3・4）高いことが分かりました。また、10歳時点で中程度の孤独感を感じていた二群についても自傷行為や自殺念慮のリスクが約2〜3倍高いことが明らかとなりました。

（ゴチック：引用者）

今日、日本の一五〜三五歳の若者だけではなく、一〇歳から一四歳の少年少女における死因のトップが自死になっていることの背景や原因を解明するうえで、いじめられた体験があることが自死と関連していることがわかりました。[4] このことは今後の対策を考えるうえでとても重要な知見です（この点は、本章八節でまた触れます）。

3 「孤独・孤立」問題への政策的対応をめぐって

我が国における「孤独・孤立」問題に対して、政府もかなり真剣に対策を立てています。その対策＝政策を、二〇二四年度版に絞って概観します。

まず、「内閣官房孤独・孤立対策担当室」では、「孤独・孤立対策に取り組むＮＰＯ等への支援について」として、以下の取り組みを行うことになっています。

①内閣官房・内閣府：「孤独・孤立対策の取り組みモデルの構築と新たな交付金の創設」
②ＮＰＯ等による孤独・孤立問題に対する日常生活環境での早期対応や予防に資する先駆的な取り組みへの支援予算を拡充
③地方における官・民・ＮＰＯ等の連携体制の構築等に取り組む都道府県や、孤独・孤立対策に取り組むＮＰＯ等の運営能力の向上や活動基盤の整備に取り組む中間支援組織を新たに支援
④内閣府：女性に寄り添った相談支援
⑤地方公共団体がＮＰＯ法人等の知見を活用して行う、不安や困難を抱える女性に寄り添った相談事業やその一環として行う生理用品の提供等への支援を継続
⑥こども家庭庁：こどもの居場所づくり
⑦こどもの視点に立った多様な居場所づくりが行われるよう、地方自治体におけるこどもの居場所づくりの実態調査・把握や広報啓発活動、こどもの居場所づくりコーディネーター配置に係る費用を支援
⑧ＮＰＯ等が工夫して行う居場所づくりやこどもの可能性を引き出す取り組みへの効果的な支

援方法等を検証するためのモデル事業を継続。↓こどもの居場所づくり支援体制強化事業

⑨生活に困窮しているなど、多様かつ複合的な困難を抱えるこどもたちに対し、気軽に立ち寄ることができる居場所を提供し、支援を必要としている子どもを早期に発見し、適切な支援につなげる事業を創設

⑩厚生労働省：生活困窮者等支援・自殺防止対策

⑪生活困窮者等に対する支援活動を行うＮＰＯ法人等の取り組みへの支援を継続

⑫ＮＰＯ法人等が行う社会的孤立等を抱える者に対する自殺防止にかかる取り組みへの支援を継続

⑬農林水産省：食品アクセス・フードバンク支援

⑭大規模かつ先進的な取り組みを行うフードバンク等に対して、輸配送費、倉庫・車両等の賃貸料、情報交換会の開催費等先進的取り組みの支援、専門家派遣に必要な経費への予算拡充

⑮生産者・食品事業者、フードバンク、こども食堂等の地域の関係者が連携して取り組む体制づくりを支援し、フードバンク、こども食堂等による食料提供の充実に向けた支援を新たに実施

⑯国土交通省：住まいの支援

⑰ＮＰＯ等の居住支援法人等が実施する住宅確保要配慮者に対する入居相談や見守り等の活動への支援の予算を確保

⑱外務省：在外邦人への孤独点孤立に係るチャット相談体制の強化支援

以上、「孤独・孤立」問題への対応は、かなり多岐に渡ります。

その特徴は第一に、NPO等の民間団体への資金援助等を通じた対策。第二に、フードバンクやこども食堂などの既成の民間団体の活用。第三に、既成のこどもの居場所等の活用などにあると言えるでしょう。全体としては、今日の登校拒否・ひきこもり問題に特徴的なように、「学校と家庭」に続く「第三の居場所」づくりが目的意識的に追求されていることがわかります。

しかし、残された課題も指摘されます。

第一に、激増する登校拒否に関して言えば、何らかの支援を受けている児童生徒の割合が二〇一七年の七六・三％から、二〇二三年度には六一・二％へと大幅に低下しているように、[5]その対策は、問題発生の根源を問い直すことをせず後追い的であるという、根本的な問題点を持っています。

第二に、特に現在孤独感を強く感じている年代（二〇～三〇歳代）に対しては、就職問題や奨学金の返済問題（二〇二二年度は、このことで一〇人も自死しました。『朝日新聞』二〇二三年六月一八日付）などに対する対策がほとんどありません。

第三に、「孤独」を抱えている人の居場所づくりも遅れています。

小括

わが国においては、イギリスに次いで世界二番目に「孤独・孤立担当大臣」が任命され、特別な対策が立てられるほど、「孤独・孤立」問題が深刻な問題です。しかし、なぜ「孤独・孤立」がこれほど深刻な問題になったのか、その原因についてはあまり深められていません。また、「孤独・孤立」問題を、当事者の視点に立ってきめ細かく考えていくという視点もかなり弱いです。このようななかで、例えば、阿比留久美氏の『子どものための居場所論』(二〇二二) が描いているように、今日高まる「同調圧力」の下で奪われる「多様な居場所」を、当事者が主体となって「異なることが豊かさになる」ことを証明することが、主な理論的・実践的課題になります。

三　子ども・若者の「自死」について

日本の一〇歳から三九歳の子ども・若者の死因のトップは、自死です。[6] このような国は、世界中を見渡しても一つもありません。極めて異常な事態です。

本節ではまず、その極めて異常な事実を確かめます。次いで、その極めて異常な事態がなぜ生じているのか、また、政府はどのように対応しようとしているのかを確認し、批判的に検討します。そして最後に、今後の実践的・理論的課題を明確にします。

1　子ども・若者の自死の実態について

日本人の自死数は、一九九八年から二〇一一年にかけて、三万人を数えました（実際のところ一〇万人を超えていたことは前述の通りです）。その後、徐々にその数は減少し、コロナ前の二〇一九年には二万人を割りそうな数まで減少しました。しかし、その間も一五歳から三五歳の若者の死因のトップは自死でした。こうした事態はＧ７のなかでも日本だけであり、若者の自死数については、ずっと高止まりでした。

コロナ禍の二〇二〇年には年間総自死数が一一年ぶりに増加に転じ、二〇二〇年の子どもの自死数は七七七名と、過去四〇年間で最悪になりました。また、小学生～高校生の自死数を見ると、二一世紀以降は一〇〇名を少し上回る状態だったのが、二〇一一年頃から二〇〇名を上回るようになり、二〇一八年からは、三〇〇名台になります。そして、コロナ禍に入ると四〇〇名を超えるようになり、二〇二一年は五一四名、二〇二二年は五一三名という、大きな数になってしまいました。

こうした状況について、専門家からは、「子どもの自殺は、他の世代に比して経年的に悪化傾向にあり、コロナ禍の２０２０年には過去最多の自殺者数・自殺率となっており、**日本の自殺問題の優先課題である**」（太刀川二〇二一、三〇八頁、ゴチック：引用者）と言われています。

さて、コロナ禍と若者の自死の増加の関係について、本格的な分析を行った土井隆義氏は、『親ガチャという病』（池田ほか編二〇二二）のなかで、興味深い指摘をしています。[7]すなわち、土井氏は「若年層で深刻化する自殺問題」を、「生きづらさの果てにあるもの、その**究極の形態の一つが自殺**と言えるでしょう」（同、八頁、ゴチック：引用者）としています。そして、「近年の推移を見てみると、高齢者の自殺率は減少傾向を示す一方で、その犯罪率は高止まりです。それに対し、若年層の犯罪率は大幅に下がる一方で、その自殺率は高止まり」（同、九頁）であることを指摘しています。

また、厚労省の過去一〇年間の統計によると、「成人の場合、ずっと『健康問題』が第1位ですが、20歳未満ではその割合が年々減少し、代わって『学校問題』が第1位となっています。また、小中学生を中心に『家庭問題』も増えており、20歳未満全体で見ると、『健康問題』と『家庭問題』がともに第2位で拮抗して」（同）いると言います。

また土井氏は、「若年層の自殺では、健康問題や経済問題よりも、人間関係に関わる問題の比重が大きい」（同、一〇頁）とし、「このように考えると、人間関係に関わる問題に通底しているのは、孤立状態の深刻さであるといってもよいでしょう」（同、一一頁）と言います。

そして、次のように述べて、自殺の背景に「孤立」の問題があることに注目しています

たとえば、スマートフォンを持っていなければ一人きりでいてもさほど、つらくないのになまじ持っているばかりに一人きりが大変つらくなるのと、それは同じことでしょう。誰かとつながることができる状態にいるはずなのに、誰にもつながってもらえない、この

時ほど**孤立**感が深まることはないはずです。今日、多くの自殺の背後には、このような人間関係に関わる問題、とりわけ**孤立**という問題が潜んでいます。

(同、一三頁、ゴチック:引用者ならびに著者)

また、コロナ禍における自死者については、その増加率がとくに激しかったのが女性である点にも注目するべきです。自死が最も増えた一〇月は、前年同月と比べて、男性では二一・七%の増加だったのに対し、女性では八二・八%もの増加となっていました。

児童生徒の自死の内訳においては、小学生一四人(男四人、女一〇人)、中学生一三六人(男七四人、女六二人)、高校生三二九人(男一九一人、女一三八人)でした。コロナ禍の二〇二〇年度は、前年比一四〇人も増加しています。これらの事態について、『東京新聞』(二〇二一年八月一七日付)は次のように報道しています。

2020年3月から今年6月にかけ、新型コロナウイルス感染症が流行した影響により国内で増加した自殺者は約8000人に上るとの試算を東京大などのチームが17日までにまとめた。最多は20代女性で、19歳以下の女性も比較的多かった。チームの仲田泰祐・東大准教授(経済学)は「男性より非正規雇用が多い女性は経済的影響を受けやすく、若者の方が行動制限などで孤独に追い込まれている可能性がある」としている。(中略)

年代別では20代が1837人と最多で、この年代の自殺者の約3割を占め、新型コロナの影響の大きさをうかがわせた。女性は1092人、男性は745人だった。19歳以下でも約2割にあたる377人に上り、このうち女性は282人だった。人とのつながりが少なくなると孤独を苦にした自殺が増えると言われており、チームは行動制限の影響もあるとみている。

例えば、日本少額短期保険協会による「第6回孤独死状況調査」（二〇二一年六月）においても、「自殺者の割合が高いのは、20代までの女性」（自死全体のほぼ四割）であり、このことは、「賃貸住宅居入者特有の問題である可能性が指摘されてい」ると述べられており、ここでも家族のいない女性の「孤独＝孤立」が自死と結びついている可能性があります。

コロナ禍においては、貧困による生活困窮などの理由により、女性の「風俗」等への参入が増えました。この実態については、中村淳彦氏や雨宮処凜氏の一連のルポが明らかにしています[8]。また、本章五節2項でも詳しく扱いますが、「彼女たちは、家でも街でも孤立していて、行き場所も居場所もありません[9]」と言われています。ここでも、キーワードは孤立です。先述の土井氏は、「自殺は孤立の病であると言われる」（二四頁）とも述べています。

2　子ども・若者の自死と新しい問題

今日、とりわけコロナ禍以降、子ども・若者の自死に関して、新しく究明すべき課題が生まれています。

それは、第一に、虐待が急増する虐待と自死の関連についてです。また、第二に、自傷行為と自死の関連について。さらに、第三に、子ども・若者の性暴力被害の増加と自死との関連についてです。

これらの理論的・実践的課題については、後ほど詳述します。

3　「SOSの出し方に関する教育」について

私はこれまで、大学における授業や講演などで、様々な問題を抱えて苦しい時には、身近な人や専門家に「助けて」ということ、あるいは「SOS」を出すことが必要だと強調してきました。また、「登校拒否・ひきこもり」の問題についても、「自立」とは、助けてもらえる人や専門機関をたくさん持つことであると強調してきました。

しかしながら、今日、「くじけるのはダメな人間」「弱音を吐いたらダメ」という価値観が広がっています（松本編二〇二三b、一二頁）。また、周りの人に「SOS」を出すと迷惑をかけるので、なるべく我慢するという「自己責任」イデオロギーの影響も広がっているようです。

このようななかで、政府・文科省は、増え続ける子ども・若者の自死の対策として、子どもたちに「SOSの出し方に関する教育」を徹底するよう、教育委員会や学校長に指示していま す。実際に、文科省は「SOSの出し方に関する教育」のモデル校や授業案なども作成し、全国的に普及させようとしています。しかし、「SOSの出し方に関する教育」は、多くの専門家によって批判的に捉えられています。批判の要点は以下の通りです。

例えば、太刀川弘和氏は論文「『SOSの出し方教育』と自殺予防教育」(二〇一九)において、この「SOSの出し方に関する教育」の授業案等の作成過程には「教育学、精神医学、心理学の専門家はほとんど作成に関与していない。加えて今のところ特に教育効果のエビデンスは得られていない」(四三頁)と指摘しています。それにもかかわらず、この教育を全国で行うように細かく指示が出された点について、「自殺総合対策大綱でエビデンスのない教育手法について全国展開を強く推奨する国の姿勢には、疑念を禁じ得ない」とし、「さらに、ここ最近続いている若者のいじめ自殺事件では、SOSを出しているのに教師が学級経営や公平性の観点から、あるいは自殺リスクを適切に評価できずSOSを見逃して自殺に至っている事例が少なくない。SOSの出し方教育だけでは不十分なのである」(四六頁)と結論づけています。

また、高橋聡美氏は次のように述べています。

子どもたちに対する「SOSの出し方教育」を四年間やってきましたけど、国の指導力のなさもあって、全国的にはまだ軌道に乗っていません。そもそも、受け止める素地を作らずしてSOSを出すことを子どもだけに要求することは無謀で、自殺対策として**失策**と考えます。

（松本編二〇二一、二〇三頁、ゴチック：引用者）

あるいは、大空幸星氏は次のように述べています。

一貫して子どもや若者の自殺が増え続けているなかで、なんら有効な支援策を示せずにいた人たちの一部が、いまさらのように「SOSの出し方教育」などと言っている時点で、「誰かに頼ることは恥ずかしいこと」などの内向きなベクトルのスティグマを強化する可能性があるし、そもそも誰かに頼ることのハードルを上げている。

（大空二〇二二、一七七頁）

最後に、再度、松本俊彦氏の言に耳を傾けましょう。

文部省が「SOSの出し方教育」を推進するようになった2017年辺りから、むしろ、自殺件数の上昇の傾きが大きくなります。（…）単に子どもたちにSOSを出そうというだけで、SOSを受け止める体制が強化されていない結果ということができると思います。

（松本編二〇二一、九六頁）

2018年、国は学校における自殺予防教育として「SOSの出し方教育」を実施する方針を打ち出した。しかし、そんな教育で簡単にSOSを出せるようになる程、子どもたちは無邪気ではないし、安心してSOSを出せるほど社会が安全ではないことも知っている。(…)

自殺予防教育を提供すべき相手は、子どもではなく、子どもを支援する大人の方だったのかもしれない。

実際、「あのぅ……」というおずおずとした小声の訴えや、一瞬だけ小さく手を挙げるといったしぐさを見逃さず、救助希求として感知できる大人は、ここ数年で一体どれだけ増えただろうか？　あるいは、リストカットや市販薬のオーバードーズを単なる「厄介な問題行動」「人騒がせな無法行為」と見なすのではなく、子どもなりの自己救済の試み、もしくは、SOSのサインとして受け取ることのできる大人は、いまの社会にどれだけいるだろうか？（中略）

子どもの支援だけでは足りないのだ。これまでの自殺対策に欠けていて、そして、いま現在必要とされているものは何か？　それは、子どもを支援する大人への支援であろう。それが欠けてきたからこそ、「SOSの出し方教育」以降、皮肉にも子どもの自殺がますます加速してきたのではあるまいか？

（松本編二〇二三b、一～三頁）

いずれの専門家の意見ももっともな意見です。私たちは、子ども・若者の自死をなくすためにどうすればいいのか、真剣に考えたいと思います。

小括

今日の子ども・若者問題のなかで、最も緊急性を要するもの、あるいは問題の焦点の一つが「自死問題」です。政府はこの問題について、表面的には重要な問題だと言っています。しかし、その対策は「SOSの出し方教育」に典型的なように、的が外れていると言わざるを得ません。

第一に、子どもがなぜ助けてと「言えない」のか、あるいは「言わない」のか、その背景および原因をきちんと把握していないからです。今日では「自己責任イデオロギー」が社会のなかに広がっており、また「よい子」が増え、助けてと言うと親を苦しめてしまう、あるいは助けてと言うのは弱いことで恥ずかしいことであるという、「よい子」の囚われに苦しんでいる子どもが少なくないことを押さえることができていません。

第二に、子ども・若者が「SOS」を発しても、受け取る側である教職員や親などの大人の時間的余裕が奪われているなど、「SOS」を受け取る側の感受性が摩耗している場合があることを認識する必要があります。これは終章（下巻）でも詳しく触れますが、大人自身が人間的な生活環境で暮らす条件を奪われ、新自由主義的な生活のなかで、その人間性=人間的感性を育てる環境を奪われていることにも大きな関連があるでしょう。

ですから、子ども・若者と大人に共通して、人間的な成長の環境をいかに作り直すことができるのかという、社会的な実践および理論的な課題が残されています。

四　登校拒否・ひきこもり問題について

現代社会において、子ども・若者をめぐって様々な問題が生じています。登校拒否、ひきこもり[10]、いじめ、自死、性的逸脱および性暴力の被害、虐待、少年犯罪、発達障害などです。これらをどのような問題としてとらえるか、また、その背景や要因を追究することは、重要な理論的課題です。本節では特に、コロナパンデミック以降の登校拒否問題について論じます。とりわけコロナパンデミック以降において、学校や社会がどう変化したのか。そして、その変化と登校拒否問題がどう関連しているのかを明らかにします。

1　登校拒否の激増と深刻化について

登校拒否問題等について

コロナパンデミックに伴う登校拒否問題について、次のような変化が指摘できます。

①子ども・若者の自死が増え、社会的な問題になっていること

とりわけ、女子の自死が増えています。日本の子ども・若者の死因のトップは自死であり、

G7でも際立って高いことは周知の事実です。また、二〇二一年以降、一〇～一四歳の死因のトップは、それまでのガンや不慮の事故に代わって自死となっています。

②登校拒否・ひきこもりが激増していること

これまで、登校拒否は「中一ギャップ」の問題を中心に、主に中学生の問題とみられてきました。しかし、二〇一二年度から二〇二二年度にかけての一一年間では、中学生の登校拒否数の伸び率が二・三倍となった一方で、小学生の伸び率が五・五倍であることにみられるように、小学生の増加数が中学生を大きく上回っていることが注目されます。

小中学生全体の伸び率も凄まじく、ここ数年でも、毎年五万人以上増えています。また、ひきこもり数も二〇一九年には一一五万人であったのが、二〇二二年には一四六万人へと、やはり激増しています。

③いじめ問題についても小学校での発生件数が多くなっていること

小学生における登校拒否やひきこもりの増加に加えて、やはり中学生中心の問題だと言われてきたいじめ問題についても、現在ではその発生件数が最も多いのは小学生低学年です。このことと関連して、小学生低学年には「学級崩壊」が多発しています。すなわち、小学校低学年に、今日の学校教育問題の矛盾の一つの集中点があることがわかります。

以上の事実から導き出される理論的課題は、主に以下の四点です。

第一に、以上の諸問題を生んでいる背景・原因は何かという点です。この点の究明について政府はこれまで、曖昧にしてきたか、あるいは非科学的な分析にとどまっていました（前島二〇二〇、第四章）。

さて、子ども・若者が感じている「閉塞感」を生み出す背景には何があるでしょうか。従来では、学校などの教育現場においては「競争と管理」（「しばる管理＝受験競争」と「しばる管理＝校則・体罰」）が子どもたちにストレスを与えるとともに、「閉塞感」をもたらしていると主張されてきました（国連子どもの権利委員会勧告など）。しかし、私は3Ｋ（競争・管理、空気＝同調圧力）の問題を指摘したいと思います。すなわち、登校拒否やひきこもりの問題においても、今日では「空気＝同調圧力」の影響による息苦しさが特に影響しているのではないかと考えています。また、問題を周りに表現・表明できない状況、すなわち「『助けて』が言えない子ども」（松本編二〇二三b）の問題も広がっています。

以上から、第一の理論的課題として、登校拒否やいじめなどの「問題行動」（＝「問題提起行動」）を生み出す背景および原因として、この「同調圧力」の問題をどう位置づけるかという点を挙げたいと思います。

第二に、登校拒否とひきこもりの（内的）関係について、新しい事実を踏まえて、新しい理論的実践的課題が生まれているという問題です。

私は、ひきこもる人の激増について、登校拒否からひきこもりへの移行はおよそ二割弱であるという仮説を述べました（前島二〇二〇、第四章）。とりわけ登校拒否児の親にとって、登校拒否からひきこもりに移行することは大きな不安の種です。ですから、この点について立ち入った研究を行うことには多少ブレーキがかかってきたようです。

しかし、先日発表された、二〇二三年一一月の国の調査結果において、注目すべき実態が明らかになりました（二〇二三年四月二〇日付『朝日新聞』朝刊）。

まずは、ひきこもり数が、前回調査の一一五万人（二〇一九年）から一四六万人に激増したこと。そして、約七割が男性だと言われてきた男女比について、今回の調査においては約六割弱が男性、約四割強が女性であったこと。さらに、四〇～六四歳に限れば女性のほうが多く、五二・三％と半数を超えたということです。この点についてKHJ全国ひきこもり家族連合会は、「主婦や家事手伝いなど伝統的な役割分担の価値観の中で声を上げられずにいた女性たちがSOSを上げ始め、顕在化したといえる」と分析しています。

また、同調査においては、ひきこもりになった理由について、次のような回答結果となりました。一五～三九歳では「退職したこと」が二一・五％、「人間関係がうまくいかなかった」が二〇・八％、「中学時代の不登校」が一八・一％、「新型コロナが流行したこと」が同じく一八・一％、「学校になじめなかった」が一二・五％となっています。

「中学時代の不登校」と「学校になじめなかったこと」の合計は三〇・六％にものぼります。さらに、「人間関係がうまくいかなかった」（二〇・八％）との回答は、基本的に学校関係での人間関係を中心に指していると思われます。そのなかには、いじめ、教師からの体罰や叱責なども一定の割合を占めているでしょう。そうすると、広義の登校拒否からひきこもりへ移行する割合は、**四割前後**となります。

登校拒否の四割前後がひきこもりに移行するという事実は、これまでの常識を大きく覆すとともに、登校拒否に対する対応のあり方の修正を迫ります。この点、先述のＫＨＪは次のように述べています。

「これは、高年齢化が注目を集めている現状にあっても、中学生、高校生から20代の好発期における予防的対応は変わらないことを示していると考えられる」（「オンラインを活用したひきこもり支援の在り方に関する調査報告書」二〇二三年三月）

今まで、政府も私たち研究者も、どちらかといえば登校拒否とひきこもり問題を分けて考える傾向がありました。しかし、今やその二つの問題が大きく接近し、関係性が深まっているという認識を持つ必要があります。登校拒否からひきこもりへ移行することへの不安や混乱を回避し、解決するうえでも、どうすれば登校拒否からひきこもりへの移行を予防することができるのか、あるいは、もし移行しても、人間的発達を保障できる制度や関係性をいかに創造できるのかなどの問題を究明することが求められています（『登校拒否・ひきこもりからの〝出発〟』（前島二〇二〇）は、その点での一つの試みです）。

私たちは、「信じて、任せて、待つ」あるいは、「登校拒否をしきる」ことを重視してきました。「啐啄同時」という言葉があるように、登校拒否の子どもが十分に登校拒否をしきったうえで、そろそろ外に出ようかな、あるいは学校に行ってみようかなと自ら思った時に、親は子どもの意志を最大限尊重しながら、そっと背中を押してやるその微妙なタイミングが大切なのです（前島二〇二〇、一三四～一三六頁）。

第三の理論的課題は、今日の社会的・教育的矛盾の集中点が、なぜ、小学校低学年に現れているのかについての究明です。

そして第四に、どういった「制度」が、子ども・若者の「閉塞感」に対処できるのかという点です。

「よい子」の登校拒否について

いわゆる「よい子」による登校拒否とひきこもりの増加の問題については、「はじめに」で挙げた、フーコーの『生政治』が行われる社会では、人々の『生』が高度に画一化され、管理されやすくなる」ことと関連が深まっているようです。つまり、「規律権力」の問題です。

これは、私の教え子による次の指摘と関連しています。現在熊本県で私立高校の社会科の教師をしている教え子は、現在フーコー研究にはまっているとの私の言葉に、次のように語っています（「旧交を温める会」のメーリングリストより）。

フーコーは、高校の倫理でも扱います。監獄の歴史、学校も同様の構図で描かれます。

規律権力ですね。近代の監獄は、監視者に常に見られていると思わせることで、囚人の中に監視者の眼差しを作り出し、自発的に従わせる機能がある。

学校では、いいことをすれば褒められ、宿題などを忘れれば叱られる。このアメとムチによって、子どもは進んで規律を内面化して、自発的に従うようになり、大人に従う「よい子」が作られる。

学校の先生がこの典型で、「よい子」が先生になり、規律を内面化した教員が、同様なやり方を学校文化として「学年として統一」するという言い方で、クラスにも介入してくる。[11]

（傍線：引用者）

この教え子は、フーコーのいう「規律権力」の内容と学校における実態をリアルに掴んでいると思います。特に「よい子」の登校拒否は、拙著（二〇二〇）で紹介した学生の例でも、あるいは、様々な研究者の研究の例でも、増えているようです。[12]

2　登校拒否の増加に伴う様々な指標の変化

登校拒否の増加に伴って、様々な支援組織と活用する児童の数はどのように変化したのでしょうか。

①フリースクール

フリースクールの数は、四七四箇所（二〇一五年文科省調査）から、五〇〇箇所（二〇二一年フリースクール全国ネットワーク調査）にやや増加。このことは、フリースクール等への財政支援が遅れていることの結果でもあります。

②通信制高校数と生徒数

通信制高校に通う生徒の数は、一八万五五〇〇人（二〇一三年度）から、二六万四七九七人（二〇二三年度）へと、一〇年で七万九二九七人増加しています。全高校生数に占める通信制高校生の割合は、二〇一三年度では六％以下だったのが、二〇二三年度は八・三％と、大幅に増加していることがわかります。

その内訳について、二〇一三年度は公立の通信制高校在学が七万五〇〇〇人、私立が一一万五〇〇〇人だったのが、二〇二三年度では、それぞれ五万七二五五人、二〇万七五四二人となっています。つまり、公立は一万七七四五人減、私立は九万二五四二人増となり、私立の割合は七八・三％にものぼります。私立のなかでも、カドカワドワンゴN高およびS高だけでも二〇一〇年開校時に一四八二人だった生徒数が、二〇二三年三月三一日には二万四六四二人へと約一七倍になっており、全体のおよそ一割を占めています[13]。

なお、通信制高校の大学進学率は約一八％です。この割合は、普通高校と比べても約三分の一以下です。通信制に通う高校生が大学等の高等教育に進学する割合をいかに増やすかという課題も残っています[14]。

③夜間中学数
三一校（二〇一七年度）から四四校（二〇二二年度）へ増加しています。
④登校拒否の児童生徒で何らかの支援を受けている児童数
三万四〇九六人（二〇一七年度）の七六・三％から、二万一二一四人（二〇二三年度）の六一・二％へと、約一五ポイントも大幅に低下しています。このことは、登校拒否児童生徒の激増に対して、支援の体制づくりが追いついていないことを如実に示しており、とても憂慮すべき事態です。

以上、この五、六年を見ても、特に登校拒否児童生徒への支援が低下していることが見えてきます。財政支援を含む、登校拒否政策の抜本的見直しが必要であることがわかります。

さらに、登校拒否体験が自死につながっているという調査もあります（日本財団18歳意識調査「第3回自殺意識調査」二〇一八年一一月）。この点も今後の重要な理論的課題の一つです。

3　登校拒否・ひきこもり問題解決の道を求めて

激増する登校拒否・ひきこもりについて、政府は、基本的に既存の学校や社会のあり方を変えないままに、「児童生徒一人一人の個性の発見とよさや可能性の伸長と社会的資質・能力の発達を支えると同時に、自己幸福追求と**社会に受け入れられる自己実現を支える**」[15]（ゴチック：

引用者）という、生徒指導の目的を追求する姿勢を変えようとはしません。こうした姿勢は、登校拒否・ひきこもり当事者の願いや問題提起にまったく学ばない、悲しいほどの官僚的、あるいは、支配者的な発想です。

一方で、こうした発想とは基本的に異なる意見もあります。例えば、「不登校に関する調査研究協力者会議」（第六回、二〇二三年二月一四日開催）において提出された斎藤眞人氏（立花高等学校校長）の意見は、とても参考になります。

斎藤氏は、学校に登校すべきだ、すなわち「学校復帰前提」の考え方が相当根強いのではないかと主張します。斎藤氏の問題把握の在り方は、「定義や対応策が全て大人目線で語られていて学校の主役は誰なのかという大前提が欠落しているのではないか」というものです。そのうえで、登校拒否などの行動化を、「問題行動」ではなく「問題提起行動」として捉えるべきだとします。すなわち、「『同調圧力』が今日の学校を息苦しくさせており、教師が圧倒的なカースト上位の立場に立ち、素直で従順な子どもたちを『従わせる』構図を、今ここで学校教育に携わる」者が正すべきである、との考えです。

斎藤氏は、「不登校という勇気ある決断で自らの命や自尊感情を守った子ども達より、今日も笑顔で従順に、歯を食いしばって理不尽に耐えている子ども達のほうがよほど心配」だと言います。そして、一番肝心なのは「子どもたちの意見に耳を傾ける」ことであり、「彼らの意見は大人から見たら稚拙かもしれません。しかし主役の声を聞かずして大人が勝手に支援を語ることの方がよほど稚拙です」と述べています。
以上をふまえて、「特例校を特別ではなく基準にして良い」というのが斎藤氏の意見です。それぞれ、とても重要な意見であると思います。
私も、拙著（二〇二〇）を執筆するにあたり、当事者の意見に徹底的に耳を傾けました。当事者の学校批判および社会批判にも大いに学ぼうという意図です。そのなかで、ひきこもりを経験した小説家、旭爪あかね氏による次のような指摘も取り上げました。

急がせられる子どもたち
子どもたちが小さいころからずっと追い立てられ、「他人に評価されること」に慣らされて育つ様子が推測され、痛ましい思いがします。受験や評価されることそれ自体が悪いという意味ではなく、自分で自分自身のことを知る余裕もないままに、他人からの評価や期待に合わせて行動することを急かされているような気がするからです。親が子どもに期待するのは、当たり前。それが悪いのではなく、子ども自身に、その期待を裏切る力が育っていかないことが問題で、なぜそうなってしまうのかを考えていく必要があるのではないかと思うのです。
（旭爪二〇一四、六〇頁、前島二〇二〇、四九頁）

働き盛りの年齢の人たちが定職を得られなかったり、働かせられ過ぎたりすることと、学校や社会に出ていけずひきこもってしまう人たちがいることとは、違うかたちを持って現れた、おなじ一つの根源を持つ苦しみではないだろうか、と私は考えています。

一つの根源とは、人間を人材としてだけとらえて扱う、役に立ちそうな人材と立たない人材を分ける考えです。**人間さえもお金儲けのための材料としてしか扱わないこの国では、ほんの一部の人たちの金儲けのために、戦争の準備さえも始められようとしています。**

（旭爪二〇一四、一七五頁、前島二〇二〇、五一頁、ゴチック：引用者）

小括

以上のように、今日ますます増加している登校拒否・ひきこもりの問題に対して、当事者や当事者の親たちの願いに学び、解決することが切実に求められています。その際、登校拒否・ひきこもりが、ある意味では積極的な行動であるという捉え方をすることが重要です。

そして、今日の新自由主義社会を変えるうえでは、登校拒否やひきこもりの当事者が、学校や社会を変える主人公になることに大きな意味があるという視点はとても重要でしょう（糸賀一雄「この子らに世の光をではなく、この子らを世の光に」）。

また、今日ようやく政策的な課題になってきた「ひきこもり支援法」と、問題が多い「教育機会確保法」を根本的に変える、「登校拒否の子どもの生存と発達の回復に関する基本法」（世取山洋介、拙著二〇二〇、一六七頁）の制定を、国民ぐるみで進めることが求められます。

最後に、残された理論的課題として、酒井直樹氏の『ひきこもりの国民主義』(二〇一七)に触発された問題についてふれておきます[16]。この酒井氏の本の帯には、次のように書かれています。

「『パックス・アメリカーナの終焉』に直面してもなお、アメリカの『下請けの帝国』の地位にしがみつこうとする日本」「アジアに背を向け、『ひきこもる』その精神構造を暴く」

日本はかつて、中国に侵略し、「鬼畜米英」をスローガンとして「日独伊防共協定」を結び、ドイツ(ヒットラー)、イタリア(ムッソリーニ)、日本(天皇)が独裁者として君臨することを前提に、アメリカやイギリスなどを敵として一五年戦争を戦いました。そして、自国と他民族の国民に塗炭の苦しみを味わわせた歴史を持ちます。

ところが戦後、日本は敗戦を「終戦[17]」として国民を欺く言葉として使用するとともに、戦前には「鬼畜米英」と呼んだアメリカとはほとんど唯一の同盟を結び、アメリカの事実上の「従属国」として歩んできました。そして、本来唯一の被爆国であり、平和憲法を持つ国として、世界中から核兵器をなくすために文字通り先頭に立つ責任があり、平和憲法、とりわけ憲法九条を生かした外交をする責任があるにもかかわらず、その責任を完全に放棄してきました。

これらの経緯を指して酒井直樹氏は、「ひきこもりの国民主義」と言ったのです。私には、こうした政治体制をとっている日本国と、そうした政治体制を選んだ国民、そして日本中で爆発的に増えている「登校拒否やひきこもり」の問題について、関連づけて考えようと問題提起しているように思えてなりません。[18]

五　「トー横キッズ」等と自傷行為をめぐる問題

今日、子ども・若者の「生きづらさ」＝「閉塞感」はますます強まっています。こうしたなかで、「トー横キッズ」と呼ばれるような新しい現象が、全国の都市部を中心に広がっています。また、同時に、様々な「自傷行為」も広がっています。

この二つの新しい現象を、どのような性格の問題として捉えるべきか、また、相互の関連をいかに捉えるべきか、さらに、こうした現象の背景にある問題を克服するためにはどうすればよいのか、論じます。

1　「トー横キッズ」について

「トー横キッズ」の他にも、全国的には次のような名称での少女を中心とする集まりが有名です。「トー横キッズ」（東京）、「ビー横キッズ」（仙台）、「ゼブ横キッズ」（横浜）、「どん横キッズ」（名古屋）、「グリ下キッズ」（大阪）、「P横キッズ」（広島）、「警固界隈キッズ」（福岡）等。その後、埼玉（「大宮界隈」「上尾界隈」「川越界隈」[19]）、千葉、栃木、茨城、和歌山などにも広がっているそうです（『ＳＰＡ！』三月四日配信記事）。おそらく、このような動向は今後も続くでしょう。

「トー横キッズ」は、二〇一八年頃から、東京都新宿歌舞伎町の高層ビル「新宿東宝ビル」周辺の路地裏でたむろする少年少女たちの集団を総称するようになったものです。この「トー横キッズ」の動向は、次の点などで注目されます。[20]

一つは、「トー横キッズ」たちは、その多くが生きづらさを感じており、家出してきたり、深夜までたむろしたりしているということ。また、少女たちのなかには、風邪薬などを大量に飲んでOD（＝オーバードーズ）する者も少なくありません（このことを少女たちは、「パキッちゃう」と言います）。

「全国の精神科医療施設における薬物関連精神疾患実態調査」によると、二〇一二年には危険ドラッグや覚せい剤、睡眠薬が主流だったのが、二〇一六年には二五％、二〇一八年には四一％、二〇二〇年には五六％。そして二〇二二年には六五％と、風邪薬などを使用する割合が激増し、主流になっています。

少女たちに流行するODについて、松本俊彦氏は、①つらい気持ちを忘れるためのもの、②生きるための手段、③ネットに居場所を求める現象、として分析し、次のように述べます。

SNSが原因とは言いたくないのですが、SNSで共有されている〝ある種の文化〟が、中学生だけでなく、小学生の間でも共有され始めている可能性があります。たとえば、市販薬の乱用（オーバードーズ）が実は小学生の間でも流行しているといったようなことです。そこに死にたいと思っている人たちが集まり、死に対するハードルを下げる現象が起きているんじゃないでしょうか。

（Ｙａｈｏｏ！ニュースオリジナル特集編集部／監修：松本俊彦、二〇二四年七月一八日）

こうした分析を裏付ける報道として、例えば、『東京新聞』は、次のように報じました。

東京都目黒区の小学校で市販薬を過剰に摂取した女子児童２人が体調不良を訴え、救急搬送された。詳しい事情は分からないが、多幸感を得るため風邪薬やせき止め薬などの市販薬を過剰に服用する「オーバードーズ」と関係が疑われる。

若者を中心に広がりをみせる「オーバードーズ」に対し、政府も市販薬の大量販売を規制する方向で検討しているそうだが、魔の手はすでに小学生にまで伸びつつあるのか。多幸感と書いたが、過剰摂取の果てに待っているのは身体への恐ろしい害と依存症という不幸にほかなるまい。

スマートフォンなどでこの手の怪しげな情報が子どもにあっという間に広まる時代なのか。北風がいっそう冷たく感じられる。（二〇二三年一二月二九日付『東京新聞』朝刊「筆洗」）

松本俊彦氏は、市販薬などの「依存症」からの回復の方法について次のように述べています。

私はかねてより、依存症は「孤立の病」であり、依存症からの回復には、さまざまな支援者や仲間との「つながり」が重要と主張してきました。しかし、コロナ禍の出口の見えない今日、そのつながりは危機に瀕しています。

（Ｙａｈｏｏ！ニュースオリジナル特集編集部、前出）

また、この「トー横キッズ」の現象について、現地で当事者に伴走している開沼博氏は、彼女らは「事実上自助グループとなっている」と述べています（開沼二〇二一、二五三頁）。

この点は、寮美千子氏の『名前で呼ばれたこともなかったから』（二〇二四）の次の詩と、寮氏の解説文を読むと理解が深まります。

時流

サンタさんはいない　より／おとうさんはいない　を早く覚えた／いつ帰ってもだれもいない家には／知らぬままであるべきことが　散らかっていた／ありがとう　より／ごめんなさい　を多く使った／求められているものを　持っていなかった／母だから　こんなぼくでも　許してもらえる／愛してもらえる　とは限らない／自分の命を背負うには

まだ若すぎた／孤独を嫌う者で　群れをなし／寝床を探して　恥をさらし／腹を空かして
見境をなくした／わたしは　あの日から大人になった／いまは　家族と呼べる人がいる／
わたしは　どんなときでも　わたしでしかないが／いまのわたしを　必要としてくれる人
がいる／だから　わたしは　どこでも幸せだ／いま　過ちを犯しても　待ってくれている
人がいるから／あの日から　遠くなればなるほど／おかえりなさい　が聞きたくて

「母は芸者でした。なにをしても怒られるばっかりで、ぼくは、いつもいつも謝っていました。家族って思えなかった。でも、いまは家族と呼べる人がいます」

結婚して、家族を持ったのかな、と思ったら、違いました。母子家庭の子がビルの屋上や空き地に集まり、コンビニで盗んできたお弁当を分けあって暮らしていたそうです。「その時の仲間が、ぼくの本当の家族です」とEくんは胸をはりました。

（同、四五～四六頁）

この、寮美千子氏がともに学びあった「奈良少年刑務所」のある少年が出会った仲間たちは、まさに「トー横キッズ」と同じ、「自助グループ」なのです。「トー横キッズ」たちを警察が取り締まって「補導する」、すなわち「家に帰らせる」だけでは、彼女らの抱えている問題は解決するどころか、かえって悪化する可能性があります。

『東京新聞』では、「トー横の悪い大人たちは、子どもの声をよく聞いてくれる」という少年の声も報じられました。この記事では、「この街で起きていることは、大人の身勝手さ、子どもたちへの向き合い方を映しているのか」との問いかけがなされています（二〇二四年五月五日付『東京新聞』）。

以上から、いくつかの理論的に検討すべき課題が出てきます。

第一に、「トー横キッズ」などが、「トー横」などを「居場所」としており、また、そこに集まる少年少女たちが「自助グループ」を形成している現実をどう考えるかという問題です。

現在、警察等は「トー横キッズ」を取り締まりの対象として「補導」しています。すなわち、基本的に家に帰すという取り組みをしています。しかしながら、少年少女たちが帰る家では、「虐待」や「ＤＶ」、「貧困」等が待っている場合が少なくありません。そうすると、彼らは再び「トー横」に舞い戻って来ざるを得ないか、あるいは、「自死」等を選ばざるを得ません。

このような構造的な問題をなんら解決せずに「補導」しても、かえって彼らを困難な状況に追いやる危険性があるのではないかということです。すなわち「困った子どもたちは、実は困っている子どもたち」なのです。この点が、第一の理論的・実践的な課題です。

さらに、もう一つの重要な理論的・実践的な課題として、これまでの「少年非行」等に対する、政府や警察の取り締まりの方針があります。これは、本格的に歴史研究[21]等を行う必要がありますが、歴史的に見て「少年事件や少年非行」は、今日まで大幅に減少しています。

例えば、これまで少年少女らの社会や学校、あるいは家庭に対する不満は、「校内暴力」や「暴走行為」等で表出されてきました。しかし、それらの行為は、基本的に警察力等で取り締まられ、押さえつけられてきました。その結果、少年少女は、表面上はおとなしくなるとともに、登校拒否・ひきこもりやいじめ及び自死が激増してきました。

この点について、内田良氏は次のように述べています。

> かって、学校には荒れ放題の時代があった。1970年代から1980年代頃における「校内暴力」全盛期の時代である。校舎の窓ガラスが割られるのは日常茶飯事で、ニュースにもならない。生徒が学校の敷地に原付バイクで乗り込む、校舎内でたばこを吸う、教師を殴る、これらの出来事も、学び舎の日常風景であった。卒業式には、私服警官が保護者に混じって待機していた。
>
> 学校や大人に対する攻撃性を抑えるべく、学校の校則は強化された。頭のてっぺんからつま先まで、生徒の身なりや日常生活を隅々まで厳しく統制することで、刑務所のようにして生徒＝囚人を抑え込むことが目指された。[22]
>
> それから半世紀が経過しようとしている、時代はずいぶんと変わった。

2020年にはじまるコロナ禍（新型コロナウイルスの感染拡大にともなう様々な困難や危機）のもと、学校で子どもたちはマスクの着用、会話の制限など多くの規制を受けながら、日常を送ってきた。きっとストレスフルな生活がつづいてきたと推察する。だがそれでも、コロナ禍の息苦しさを他者に対する攻撃に転嫁することはほとんど見られなかった。

ただ一方で、確実に顕在化してきたのが、先のとおり、自殺や不登校の件数の増加である。コロナ禍がどこまで影響しているのかは、わからない。ここ数年の観察から言えるのは、今日に子どもは、自身の苦悩を他者に向けることはない。学校から離脱する、この世の中から離脱することを、子どもたちは選択している。苦悩の矛先は、外の大人ではなく、自分自身に向けられていくのだ。

（内田二〇二三）

子どもたちの反抗し怒りを表出する力が奪われた結果、その力は捻じ曲げられ、内向し、現実の問題から逃避し（登校拒否・ひきこもり）、身近な他人への攻撃となり（いじめやホームレス襲撃事件）、さらに、自らへの攻撃に向かう（自死や摂食障害、リストカット、オーバードーズなど）ということです。

この事実を見つめ、子どもたちの健全な「良性の攻撃性[23]」に基づいて、いじめを自治的に解決したり、社会的現実を集団的に変革したりする力へと、いかに転嫁できるのか、真剣に追究する必要があります[24,25]。

なお、最近の「トー横キッズ」補導における最年少は、小学六年生だったそうです（『東京新聞』二〇二四年四月七日付）。さらに、「トー横キッズ」などの実態を詳しく紹介した文献[26]では、ある一五歳の少女について、「初めて歌舞伎町に来たのは小学四年生（一〇歳）のころ」（二五頁）と書いてありました。少女らは必死で「つながり」と「援助」を求め、生命を維持していると言えます。

一方で、仁藤夢乃氏が次に述べるように、危険な実態にも目を向ける必要があります。

そうした少女の辛さが爆発したとき、より危険な行為や自殺未遂に発展することもある。例えば、動脈を狙って首を切る、お腹に包丁を刺すなどである。オーバードーズする人も少なくない。（…）

少女たちがSNSで「死にたい」「家にいたくない」とつぶやくと、10分もあれば20人ほどの男性から「泊めてあげる」「サポートします」「うちに来たら？」などと連絡がある。孤立した少女たちを探し、つながろうとするのが、手を差し伸べようとする大人たちではなく、彼女たちを利用しようとする大人ばかりなのが現状だ。

（仁藤夢乃「困難を抱えた女子中高校生の支援の現場から」松本編二〇二一、一一四～一一五頁）

最大の問題・課題は、このように少女を性欲の対象として、あるいは商品としてしか扱わない男＝大人をどうしたら減らせるかという、かなり困難な課題であると言えます。この点は、終章（下巻）において本格的に論じます。

2 「自傷行為」について

「トー横キッズ」と呼ばれる少年少女たちは、その多くが「生きづらさ」を抱えています。そして、何らかの「自傷行為」[27]を行う場合が少なくありません。

ここでは、たくさんある「自傷行為」のなかで、①OD（＝オーバードーズ）、②リストカット、③摂食障害、④性の商品化の四つの問題を取り上げます。

子ども・若者はなぜ「自傷行為」を行うのか

「自傷行為」については、松本俊彦氏の一連の研究成果[28]がとても参考になります。松本氏は、「子どもたちにとって、自傷はしんどい中で生き延びようとする孤独な努力なのだということを理解する必要がある」（松本編二〇二三b、二五頁）とし、次のように述べています。

虐待、ネグレクト、家庭内の暴力や家族の精神疾患のような子ども時代の逆境体験の数が自傷のリスクになることは広く知られており、逆境体験の数が積み重なるほど、自分を傷つける子どもが多い。こうした環境に置かれると、子どもたちは気分の落ち込み、自責の念、世の中へのネガティブな認識、イライラや体調不良など様々な症状に悩まされることになる。過去・現在の体験や環境に振り回され、無力感に苛まれるうちに、自分のこころ・身体・感情の制御すら失っていくようになる子どももいる。こうした調整不全の状況において、**唯一自分がコントロールできる手段として、自傷が機能することも少なくない。**
（同、二六頁、ゴチック：引用者）

また、自傷そのものが「依存症」的になることもあります（本章九節参照）。

OD（オーバードーズ）について

これまで、薬物を使用する子ども・若者は、歴史的に、「シンナー」「ガスパン」「覚醒剤」「大麻」「危険ドラッグ」「睡眠薬・抗不安薬」などを使用してきました。その後「市販薬」の使用が現れ始め、二〇一四年には「覚醒剤や大麻」の使用が大半を占めていました。例えば、二〇一四年二五・〇％を占めます。この「市販薬」というのは、一般的な咳止めや風邪薬などです。「市販薬」の使用は、二〇一八年には四一・二％、二〇二〇年には五六・四％と過半数を超え、二〇二二年には、なんと六五・二％と、約三分の二を占めるようになります。

ここで、最近の「薬過剰摂取」に関する調査結果を紹介します。

二〇二三年一二月発表の総務省消防庁と厚生労働省による調査結果「オーバードーズによる救急搬送について」によれば、過去五年間と二〇二三年のODによる搬送人員を比較すると、二〇一八年から二〇二二年までの平均値が六〇・八人であったのに対して、二〇二二年および二〇二三年（一一月二九日時点）には約一五％の増加がみられたとのことです。

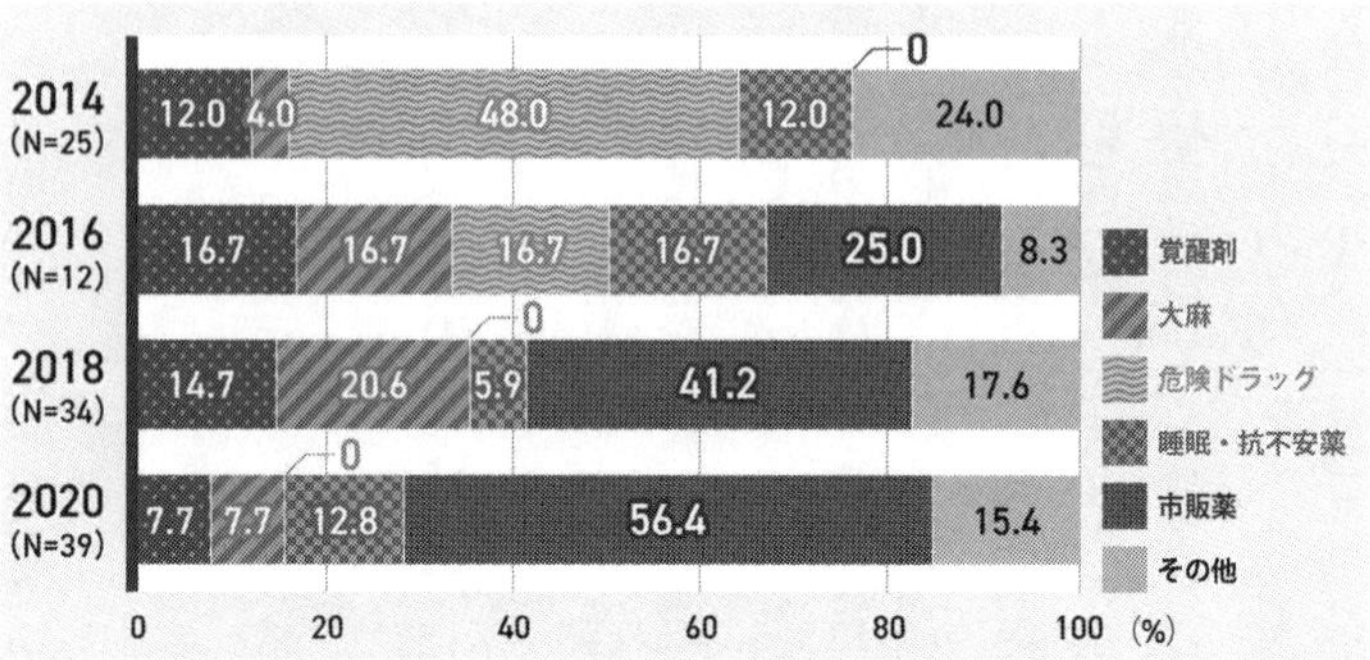

図２－１　ASPAD-J：国内外における青少年の薬物使用の実態

また、同調査では次のようなことも明らかになりました。

①男女別の救急搬送人員

男女別の搬送人員を見ると、男性が七四人（二三・六％）であるのに対して、女性は二三九人（七六・四％）と、女性が圧倒的に多いことがわかります。

②年齢区分別の救急搬送人員

年齢区分別の搬送人を見ると、「二〇歳から二四歳」の区分が四六人で最も多く、次いで「四五歳から四九歳」の区分が三八人、「二五歳から二九歳」の区分が三六人と続きます。多くが一〇代後半から三〇代前半、または四〇代で搬送されており、平均年齢は三九・〇歳で、最年少は一二歳でした。

③傷病分類別の救急搬送人員

傷病分類別の救急搬送人員を見ると、風邪薬等の過剰摂取による「その他医薬品中毒」が一三七人（四三・八％）で最も多く、次いで「鎮静薬・睡眠薬中毒」が一二八人（四〇・九％）、「薬物依存」が二一人（六・七％）と続きます。

また、『東京新聞』は増加する市販薬のODについて、次のように報じています。

市販薬を過剰摂取するオーバードーズ（OD）が原因と疑われる救急搬送者が、昨年1～6月で5625人に上ったことが、総務省消防庁と厚生労働省の調査で分かった。20代が最も多く、10代の846人と合わせて半数近くを占めた。女性が4132人で全体の7割だった。

風邪薬やせき止めなどを大量に服薬するODは、一時的に気分が高揚することもあるが、意識障害や呼吸心不全を引き起こす危険がある。厚労省は、依存性がある成分を含む市販薬を20歳未満に販売する場合は、小容量製品1個に制限するといった制度の見直し案をまとめ、医薬品医療機器法改正を目指している。

調査は各都道府県や政令指定都市など計52消防本部を対象に、2020年1月～23年6月の救急搬送に関する活動記録に「オーバードーズ」「薬」「過剰」などが含まれる事例を集計した。

薬の誤飲なども含まれている可能性があるとして、厚労省は参考値としている。

結果によると、20年9595人、21年1万16人、22年1万682人で増加が続いており、22年と20年を比べると10代は1・5倍、20代は1・2倍に増えていた。**10歳未満も毎年30**

人前後いた。

（二〇二四年一月一六日付『東京新聞』夕刊、ゴチック：引用者）

以上、特に一〇代から二〇代の女性にODが広がっていること、また、その傾向は一〇歳未満の小学生にまで広がっていることがわかります。まさに、「息苦しさ」、「生きづらさ」が、一〇代の女性を中心に広がっている可能性が示唆されています。

ここで、過量服薬をしている二人の女性の例を紹介します（事例紹介：森治美――福岡県警察少年サポートセンター）。

Aさん（一七歳、女性、通信制高校）

・小学校三年生の時両親が離婚。
・離婚をきっかけに、母親は昼夜を問わず仕事をするようになり、この頃からAさんおよび妹に身体的虐待が始まる。顔に痣を作ったが、登校時には「遊んでいて壁にぶつかったと言え」と母親に言われた。そのため、虐待を疑われたことはなかった。
・中学校に入り、虐待はさらにエスカレート。精神を安定させるためにリストカットを行い、家では喫煙、飲酒をするようになった。
・一六歳で家出をした際、友人から「嫌なことを忘れられる」「ぐっすり眠れる」と、市販薬（ブロン、レスタミン）のODを教わる。ODすると、幻覚（水色のコバエ）が見えるようになった。

Bさん（一七歳、女性、通信制高校）

・一六歳の頃、友人から「変わった煙草があるよ」と勧められたのが大麻だった。頭がフワフワする感じは、友人からもらった精神安定剤（市販薬のこと）と同じだった。

・市販薬や大麻は私の精神安定剤。精神安定剤が必要なのは、ママとの関係がとても悪いからだ。私は、本当は寂しがり屋で、ママが好きなのに、仲良くしたいのに、上手くいかない。薬物を使い、何も考えられない状態を作らないと眠れない。

・これがないと、精神安定ができない。楽しみたいし、頼りたい。でも、止めたい気持ちもあり、精神科とダルクに行った。そこで見つけた絵本を見て、「これなら止められるかもしれない」と思った。そこで紹介されたのが、少年サポートセンターだった。

厚生労働省が公開している資料「わが国における市販薬乱用の実態と課題」（嶋根二〇二三）によると、青少年が過量服薬をする理由は、「ひどい精神状態から解放されたかったから」（七二・六％）、「死にたかったから」（六六・七％）、「どれほど絶望的だったかを示したかった」（四三・九％）、「誰かに本当に愛されているのか知りたかった」（四一・二％）などです。

一般的に、ODをする青少年の一定数が虐待経験者だと言います。それらの青少年は、虐待のトラウマを消すためにODをします。第一に、そうした経緯を理解することが必要です。そのうえで、第二に、薬物依存症になっている青少年を救うための専門機関を利用することが必要でしょう。

リストカットについて

私自身、在職中には学生のレポート等から、特に女子生徒のなかでリストカットを行いながら悩んでいる学生がいることは知っていました。今日、「生きづらさ」がますます進行するなかで、リストカット等の自傷行為の問題も、その深刻さの度合いが増しているようです。

松本俊彦氏は、二〇一六年の教育講演「自分を傷つけずにはいられない！　その理解と対応のヒント」のなかで、次のような報告を行いました。

松本氏らの調査によれば、中学生・高校生の約一割（男子七・五%、女子一二・一%）が、刃物で故意に身体を切った経験があるということです。この点に関し、松本氏は別の講演で次のように述べています。

この1割という数字から我々は何を想像しなければならないかというと、10人に1人ということなんです。これが200人に1人とか、1000人に1人というもっと稀な現象であれば、そのような子どもを見つけた場合には、直ちに専門医に紹介しましょうというふうな話で、もう結論が出てしまうわけです。ところが10人に1人です。**若者たちの10人に1人が精神科に通っている国というのは、何か国として終わっている感じもありますし、精神科医にそこまでのキャパシティがあるとは思えません。**[29]

（『自分を傷つけずにはいられない！　自傷行為の理解と対応』一一～一二頁、ゴチック：引用者）

私たちも、この問題が極めて深刻な事態を迎えているという認識を持つ必要があります。

一方、「保健室利用状況に関する調査」（日本学校保健会、二〇〇八年）においては、学校側が把握しているリストカット等の自傷をする生徒の割合は、わずかに〇・三三～〇・三七％と報告されています。すなわち、養護教諭等の大人が気づいている自傷行為は、現実に存在するもののうちわずか約三〇分の一でしかないということです。残り三〇分の二九の子どもたちは、放置されて危険な状態にあります。

この点に加えて松本氏は、リストカットほど多くの誤解と偏見にさらされている行為もないと述べています。

リストカットへの誤解と偏見について、典型的なものには「誰かの気を惹くために行われる、一種のアピール的な行動である」、すなわち「誰かにかまってほしい」「気づいてほしい」「なんとか救ってほしい」という願いに基づく行動だという認識があります。

しかし、自傷行為を行う当事者の約九六％は、誰にも見られない密室で自傷行為を行っています。今日の子ども・若者は、周りに「助けて」と救いを求めない、あるいは求められない状況に置かれているということです（詳しくは松本編二〇二三b）。

ではなぜ、彼らはリストカットなどの自傷行為をするのでしょうか。この点について、松本氏は論文「自分を傷つけずにはいられない！　自傷行為の理解と援助」（二〇一八）において、次の二点を挙げています。

第一に、「自傷を繰り返すものの大半は怒りや絶望感といった感情的苦痛を緩和することを意図」して行っているということです。「自傷を繰り返す者は、周囲へのアピールどころか、むしろそれとはまったく反対に、誰かに助けを求めたり相談したりせずに、孤独に苦痛を解決しようとしていることを意味する」と言います（同、五五頁）。

そして第二に、「自傷には、『心の痛み』に対する『鎮痛薬』としての機能がある」ということです。研究によって、「自傷を繰り返す者では、自傷直後に脳内における内因性オピオイドの分泌が急激に高まる」ことが明らかになっており、このことは「自傷が感情的苦痛を変容させている可能性を示唆する」ものであり、「その意味では、自傷を繰り返すものがしばしば語る、『切るとホッとする、気分がスッキリする』という安堵感や開放感の言葉が実に的確な表現であると言えるのである」と言います（同、五五〜五六頁）。

松本氏はさらに、この二点に「二つの深刻な問題」を指摘します。

一つ目は、自傷行為はいわばその場しのぎの行為だということです。苦しくなってリストカットをしても、その時は一時的に「切るとホッとする」かもしれません。しかし、自傷行為に対して「困難に対する根本的、建設的な解決がなされなければ、長期的には事態の困難さはむしろ深刻化して」しまいます。

二つ目に、「自傷行為は、繰り返されるうちに麻薬と同じく耐性を獲得し、それに伴ってエスカレートしてしまいやすい」という点です。

これらを踏まえて松本氏は、「自傷とは、『その瞬間を生き延びるために』繰り返されながら、逆説的に死をたぐり寄せてしまうしまうという意味で、『死への迂回路』ともいえる行動なのである」と警告しています。そして、「実際、10代においてリストカットや過量服薬といった、致死性の低い自傷の経験者は、そうでないものに比べて10年後の自殺既遂によって**死亡するリスクが数百倍高くなる**ことが知られている」と言います（同、五六頁、ゴチック：引用者）。

松本氏は報告を、「背景にある問題を解決するためには、どのようなサポート或いは福祉的な支援が必要なのか。それを考えることが大事であって、直ちに自傷をやめさせることが一番大事ではないことは理解してほしいと思います」（同、一三頁）と締めくくっています。


ここで、私が大学の授業で出会った女子学生のレポートを紹介します。

私は、『登校拒否・ひきこもりからの〝出発〟』（前島二〇二〇：引用者）の中から第2章登校拒否・ひきこもり当事者に学ぶ――当事者は何を考え、何を望んでいるか――についての感想を述べたいと思います。

私は正直なところ、この授業を受けていてつらくなるタイミングが多々ありました。特に、第2節の文章を読んでいるときは過去の自分を思い出しつらくなりました。

自分についての話になってしまいますが、私は「よい子」からの堕落を経験しました。中学1年生までの私は、定期テストで学年1位を取ったり、学級委員をしたりと周りから「何でもできてすごいね」と言われることが多かったタイプでした。両親も褒めてくれることが多かったですが、何かを成し遂げるとさらに上を目指すように言われてしまいました。それだけ期待してくれていたのでしょうが、私にとっては大きなプレッシャーでした。しかし、プレッシャーはありましたが親に喜んでほしいという気持ちが強かったので今以上に頑張らなくちゃいけないと思っていました。

しかし、中学2年生の頃からだんだんとその期待に応えられなくなりだしました。テストでは10位以内にいるものの1位は取れなくなりました。また、生徒会長になるための選挙は落選し生徒会の役員にもなることができませんでした。努力はしていました。塾に缶詰め状態になって勉強をしていました。それでも報われず、当時は〝人生終わった〟と思うくらいのレベルで落ち込みました。人生で初めて経験した敗北感でした。悲しい・悔しいという感情の次に親になんと言われるのか、失望されるのかという不安でいっぱいになりました。そして、高校受験では第1志望の高校の推薦入試に落ちてしまい第2志望の高校へ進学しました。中学3年生になると受験勉強と合格できるのかのプレッシャーが大きなストレスとなり、気持ちが落ち込み、食欲もなくなってきました。学校に行けない日も多々ありました。行けたとしても周りを見ると辛くなり、「どうして私はこんなに弱いのか、周りは頑張っているのにどうして同じように頑張れないのか」という気持ちに襲われ保健室で泣くばかりでした。結局、第1志望の高校には行けず、もう自分は親からの期待に応えられない人間なのだと思いました。死にたくもなりました。すべてがうまくいかなくかなくなった中学2年生の時から**リストカット**がやめられなくなりました。今でも完全に断ち切れたわけではありません。

高校生になった私は、親に反抗し始めました。「もう期待には答えられないなら好きなようにしたい、縛られたくない」と思っていました。軽音部に入り、バンドの活動を始めた私は家に帰りたくなくて、夜遅くまで練習をしていました。今までとは真逆で、勉強ではなく部活に力を入れ、成績は最下位付近にいつもいました。テストの結果が出るたびに親とはよく言い合いをしました。「死ね！　ほっといてくれ」と暴言を吐き、壁を殴ったり蹴ったりとにかく手当たり次第に当たり散らしました。気持ちが落ち着くと、親への申し訳ない気持ちに押し潰されそうになり、**なんども手首を切りました**。そんなことを3年間繰り返し、迎えた大学受験は第1志望から第3志望まで全て不合格でした。第4志望の東京電機大学も前期では受からず、後期になんとか合格しました。もうこの時には私は「よい子」ではありませんでした。周りに迷惑ばかりかけるクズ人間でした。今まで生きてきた中でこの当時の自分が一番嫌いです。

大学に入りなんとか友達ができました。その友達たちは推薦入試で合格した子たちでした。私だけが一般入試で入学していて、「頭いいんだね！　すごいね！　勉強教えて！」とたくさん言われました。私はまた、中学生の時のような堕落を繰り返すのではないかと怖くなりました。「思ったよりバカじゃん、一般入試で入ってきたのに」と思われないために、その友達の前では「勉強のできるよい子」を演じました。一生懸命に勉強しました。お金の使い方、トイレに行くタイミング、笑いのツボまで合わせ優しくて気の合う子になりました。しかし、苦手な数学のテストでは周りの友達より低い点数ばかりとっていました。こうして私はまた、体調を崩し、食欲も失せ半年で体重は8キロも減少しました。友達間関係に悩む私を見て、両親は私に期待するような発言を自然としなくなりました。

この経験から、私は人間と関わるのは必要最低限にしようと決めました。もう自分以外のために生きたくないと思い、なるべく一人でいる時間を増やしました。そうすると自然と気が楽になりました。誰からも期待されないというのは自分にとってすごく良いことだと感じました。当事者は何を望むのかという問いに答えるなら、私は放っておいてもらえる時間と答えます。教科書（前島二〇二〇：引用者）にもあったように親や周りが自立することの重要性を強く感じました。私は世間でいう典型的なおちこぼれです。何一つとして、目標を達成できたことはありません。それでも私には、教員になりたいという捨てきれない夢があります。過去の自分のような子どもを救いたいし、「よい子」の仮面を被った子どもたちが増えて欲しくないと切に願っています。

（二〇二〇年度受講生、Eさん（女性）、ゴチック：引用者）

この学生の文章には、「親の期待」という言葉が何回も出てきます。私は、この時の授業では、「親の期待」とは何かを考えさせることをしました。そうすると半分以上の受講生は、「親の期待＝暴力」（芹沢俊介氏、斎藤学氏）だと言いました。また、「偏差値」という一本のモノサシに価値観が縛られている状態も批判しました。斎藤学氏も述べているように、「偏差値」や「学歴厨」、さらに「世間様教[30]」というモノサシから自由になっている当事者は、本当に少ないでしょう。

Eさんのレポートでも触れられているように、今日の学校では「同調圧力」がますます強まっています。

菅野仁氏は『友だち幻想』（二〇〇八）のなかで、次のように述べています。

「同調圧力」という言葉を私の研究室のゼミで使った時、教え子の女子学生がこう言いました。「先生、私の高校時代は、まさに〝同調圧力〟に悩まされ続けた三年間でした！」。

（同、五二～五三頁）

「同調圧力とどう折り合いをつけるかが私のテーマだったんだと、いまはっきりわかりました」と、彼女は長年の胸のつかえがとれたように言いました。

（同、五三頁）

Eさんも凄まじい「受験競争」と「同調圧力」に苦しめられ、その苦しさを少しでも癒すためにリストカットを行っていたのではないでしょうか。

最後に、もう一人、私が受け持った学生のレポートを紹介します。

私はテキスト17頁（前島二〇二〇：引用者）を読み、日本の若者の死因トップが自死で、極めて深刻な問題であることを知った。そのとき真っ先に一人の友人の顔が浮かんだ。その友人は彼氏がガールズバーに行ったり、夜に地元の女の人とドライブをしたり、久しぶりに会っても素気ない態度を取られるため、耐え切れず、気持ちを楽にしたくて、リスカやアムカ等の自傷行為、ODを頻繁にしているのだ。自傷行為をしていたら本当の死に繋がり、結果的に自殺となるリスクが高いので、他人事ではないと思い、自殺を試みる心理について深く考えていくことにした。まず、テキストに何度もでてくる「自死」と「自殺」の違いが分からないままでは、深いところまで掘り下げられないので使い分け方を調査した。

殺という文字が命を粗末にした、勝手に死んだという意味になり、更に遺族を追い詰める事になるので遺族や遺児に対しては「自死」。一般的に自殺防止というように、自死防止だとオブラートに包まれて望ましくないため、行為を表現する時は「自殺」。と社会の人が使い分けているとのこと。

心理に近づくため、死の直前までいった東京電機大学D男の手記を読んだ（前島二〇二〇、一一七～一一九頁：引用者）。そして疑問が生まれた。大学受験に命懸けで挑んだが悲惨な結果になったD男、彼のボロボロになった姿を見て何故先生と親は声をかけなかったのか、がっかりする暗く重い空気を感じ、追い込まれていく彼に先生と親から励ましの言葉はなかったのだろうか。この文だと、センター試験で惨敗した彼はもう第一志望の国公立大学に入れないので、後がないから声もかけず突き放したのだと思える。まだ受験は残っている彼にこんな時こそ、人生の先輩である先生と親が相談に乗り、励まし、次の受験にむけ対策を練るべきだというのに、何故それを怠ったのか。それは、今の日本は、良い（一般に高学歴と呼ばれる）大学に入学して良い（社員数の多い大手企業）会社に勤めて良い給料を貰うことだけが「よい子」であり、これ以外は邪道であると、考えている、型にとらわれた大人が非常に多いからだ。その考えであった先生と親も、D男がセンター試験で惨敗し「よい子」で無くなった瞬間に見放し、その孤独がD男を自殺直前にまで追い込んだ。彼が死んだ後の身の回り人のことを考えずに飛んでいたら、この手記は存在しないし、D男も存在しないと思うとゾッとする。

D男の手記の最後で、自殺を止めるには親や友人、先生の言葉が大切だとわかった。メールでも手紙でもLINEでも口頭でもなんでもいい、大丈夫？ と一言声をかけるだけで、実はね…と悩んでいる事を少しずつ話してくれるかもしれない、話を聞いて一緒に解決ができるかもしれない、話を聞くことによって解決ができなくても心が軽くなるかもしれない、相手のことをしっかり受け止めることが、死にたいを生きたいに変えられるチャンスである。しかし、悪影響を与えることもある。最近あった女子プロレスラーの木村花さんがネットで匿名の大量の誹謗中傷を受けて自殺した様に、心に酷く傷を負わせ死に追い込んでしまうこともあるので言葉は慎重に選び、使わなければいけない。

冒頭に記述した様に、私の友人の一人がリスカやアムカ等の自傷行為、ODを頻繁にしている。一度止めないの？ と聞いてみたことがあるがどれも自分を守るためだから止められないらしい。左手首にはなん十本もの痛々しい切り傷、OD後に電話をかけてきて変な言葉を喋る、彼氏につけてもらったという痣と根性焼き。SNSで〝リスカ〟や〝OD〟と検索すればゴロゴロでてきて、多くの中学校～大学生の女性がしていることが分かるが、一人の友人として、身近な所で見ていると、これ以上自分の身体を傷つけないでほしい、刃物を全て取り上げたら命を絶つ可能性だってあるが、止めてほしいと思ってしまう。自傷行為をしている年齢別の割合は、警察庁が出している年齢別の自殺死亡率と似ている。自傷行為＝自殺ではないが、いつもより切りすぎた、摂取量を間違えて自殺になってしまった人も自殺者数に含まれているため、割合が似ているのであろう。ちなみに、自傷行為や大量服薬を繰り返し行う人たちをメンヘラと呼ぶことがある。個人的にメンヘラといえば黒髪ストレートで前髪がパッツンの女の子でよくＳＮＳで自撮りをあげ承認欲求を満たしているというイメージがついている。彼女らは自傷行為で自分を傷つけることで他人の気を惹こうとしたり、気分の起伏が激しかったりと、恋愛では一筋縄ではいかないところがある。それとメンヘラは可愛いお洋服とサンリオが大好きだ。友人の部屋はマイメロちゃんで埋めつくされている（笑）。

話が少しずれてしまったが、テキストを読んで、あなたのことが大事だと言葉にすることで救われる命がいくつもあるということを忘れてはいけないと学んだ。まずは、元気？　最近何してる？　等、何でもいいから声をかけてみることから始めよう。それが出来てからどのように原因のもとを解決していくかが今後の課題だ。

（二〇二〇年度受講生、Ｆさん（女性））

私たちは、以上のような事実をしっかり認識するとともに、子ども・若者が頼れる医療機関の充実をはかりながら、子ども・若者を「生きづらく」させている問題の構造を把握し、政治と社会構造を変えるために国民各層と力を合わせて努力しなければなりません。この点も終章（下巻）で詳述します。

今日の摂食障害の動向と危険性について

近年、摂食障害はどのように増減しているのでしょうか。大きく、次の二つの傾向が見られます（『朝日新聞』二〇二三年六月七日付）。

①一九八二年と二〇〇二年を比較すると、拒食症は、〇・一一％から〇・四三％、過食症は、〇％から二・三二％に増加しました。全摂食障害は、一・一八％から一二・七％と、すべての病型で顕著に増加しています。

②コロナ禍の二〇二〇年は、二〇一九年に比べ、摂食障害の割合が約一・五倍に増加しました。同様に、二〇二一年は約一・八倍に増加しました。ＳＮＳやメディアの報道（コロナ太りなど）などが、一〇代女性に大きく影響したと考えられます。

摂食障害は、コロナ禍においても、また歴史的にも、増え続けています。特に、思春期の女子にその影響が現れています。若い女性が摂食障害を患うと、将来ホルモンバランスが崩れ、身長が伸びなかったり、初経の遅れや無月経の要因となったり、あるいは妊娠しにくい身体になる危険性もあります。また、腎機能障害、脳の萎縮の危険性もあります。

「よい子」の摂食障害について

私は、熊本大学在職中に出会った、病院で点滴を打ちながら這うようにして私の授業を毎回休まず受講していた、ある女子学生を忘れることができません。その女子学生の身体は、ガリガリに痩せていました。私はそのことから、「摂食障害」にも関心を持ち何冊かの専門書を読み、授業でもその問題について取り上げ、学び合いました。その授業のまとめとして、以下のようなレポートが提出されました。

「よい子」について

熊本大学工学部　B子（1999年入学）

私がこの授業を受講しようと思ったのは、「よい子」という言葉が私の胸にずきっときたからです。

「よい子」が抱えている問題は、何もいじめだけではありません。「不登校」や「オカルト信仰」、「摂食障害」など、現在起こっている問題全てに「よい子」は関わっていると思います。ただ、その子供がどの方向に転がり込んでしまうかで「いじめ」とか「オカルト」とかに枝分かれしているだけであって根本にあるのは、どの問題もどの子もほとんど変わりはないのではないでしょうか。そう考えると「よい子」の問題を解決しない限り、他の全ての問題もなくなりません。子どもの誰もが「よい子」になり得ると思うと、この問題は根が深い上に、一部ではなく社会全体の問題なのだなと改めて実感しました。

私は「よい子」でした。でも当時私は死の直前に至るまで自分の中にある「よい子」の壁を崩せませんでした。

私は高校2年生の時、神経性食欲不振症、つまり拒食症になりました。身長は161センチ、体重は31・8キロ、死んでいないのが不思議でたまらない、そんな身体でした。実際私は、死んでいないということは自覚していたけれど、身体の方は限界に達していて、脳も萎縮してしまったこともあり、「生きている」という実感はあまりなかったように思います。ぼんやりと、「生きているのがしんどい。明日が来なかったらいいのに。」そう考えていたこともあります。私は今でもその頃のことを振り返ると涙が止まりません。なんでそこまで自分を追い詰めたんだろう。何が私をあんな姿にさせたんだろう、と自分で自問します。今でも時々、「これは夢なんじゃないのかな？　現在の私が夢の中の存在だったらどうしよう。」と考えてしまいます。大学に行ってやりたかったことを勉強して生活している自分は夢の中にいて、本当は、現実は私が高校2年生のまま進んでいなくて、ある日突然目を開けたら、そこにいるのは痩せて小さくなった身体を横たえている私だったらどうしよう……。そんなありえないことまで考えてしまうのです。

中学・高校と私は優等生でした。成績はいつもトップクラス、部活も中・高両方キャプテンをしていました。真面目というよりは、完璧主義者だったように思います。成績順位は一桁は当たり前、部活も、部内で一番上手でなくちゃいけない。そう思い込んでいました。いつも自分を厳しい条件の中に追い込んでいました。親も、私の成績が上位であることがあたりまえだと思っていたため、誰も私の完璧主義の危険さに気づかず、私はどんどん自分を追い込んでいっていました。自分でもそれがあたりまえだと思っていたために自分を止められませんでした。また、心から自分を自分でほめることもできませんでした。自分で自分をほめてしまうと、自分がダメになってしまう気がしたのです。

そんな自分を追い立てていたため、また自分を許したりほめたりしてあげられなかったため、私は自分にいまいち自信が持てず、またそんな自分にイライラしていました。

身体がやせると、最初のうちは大丈夫ですが、そのうち集中力がなくなってきます。「いつもの成績をキープしなくちゃ」と焦ってがんばろうとするのですが、集中できず、ますます焦ってしまうばかり。親にがっかりされるのも、すごく怖かったです。私の環境全てが悪循環となり、私は精神的におかしくなりそうでした。そしてその時、もうダメだと感じるようになった頃、やっと自分を受け入れてあげるという事を知ったのです。どん底にきて、もう変なプライドとか全て捨てたからこそ、自分を受け入れてあげようという気になれたかもしれません。

親の考えも、私がどんどん衰弱して、痛々しい身体になるにつれ、変わりました。「成績なんてどうでもいい。B子が笑ってくれるなら、生きていてくれるなら、それでお父さんもお母さんも幸せなんだよ。」この言葉は親として当たり前の言葉かもしれないけど、私の両親は、私が拒食症になって以来、子供の人生にとって大切なのは成績じゃないんだと心から思うようになったそうです。

ただそういう考え方になってくれてよかったと思うけれど、子どもが死に直面するまで気づいてくれなかったのはとても残念です。私は今、もう死んで存在していなかった可能性があるのです。

私はなぜ成績に固執したのか。それは自分の変なプライドによるものも大きいけれど、「親の存在」もかなり大きかったと思います。親は私のよい成績を当たり前と思っていたため、手放しで喜んだりせず、「次回も頑張らないとね。」ともう次のテストに私を向けさせる言葉をよく私にくれました。私は、きっと親の喜ぶ顔が見たくて勉強していたという部分もあるだろうと思います。親に誉めてもらいたくて……。そんな考えは幼い、それは分かっています。でも、今考えると確かにそうだったのです。あまり親に誉めてもらった記憶がないように思います（幼い頃）。

私は拒食症を経て、「生きる」という素晴らしさをひしひしと感じます。「生きる」ということに比べれば、「優等生のよい子でいる」事なんてちっぽけなことにおもえます。「生きていることは素晴らしいんだ。」そう思います。でも現実は……。私は優等生では決してないけれど、やはり自分に自信が持てなかったり、みんなに合わせようとしてしまいます。

こう考えていくと、「よい子」でない子どもなんていないと思います。誰もが「よい子」から抜け出したいと思っているはずなのに。

これからは学歴なんかよりも個性が尊重される、とよく言われるけれど、今の学校の教育体制や進学システムが変わらない限り、子どもや親たちは学歴を優先してしまうと思います。今の社会は競争社会です。個性は「競争」することなんてできません。競争には必ず優劣がついてきます。結局親は子どもを「優」のグループに入れるべく、「いい学校」に行かせようとするのです。私たちも競争社会に洗脳されているため、子どもができた時、自分が育てられたように子どもを育てるでしょう。しかし、ここでこの講義を受講したからには、この授業で話し合ったこと、得たことはきっと役立つはずです。この講義を受けることは「よい子」の問題解決の第一歩になったと思います。

（前島二〇二〇、一一四～一一六頁）

ここには、「摂食障害」という女性特有の問題を通じて「よい子」になっていくプロセスが余すところなく描かれています。特に、女性がいわゆる見られる性としての苦しみも抱えているだけに、叙述には説得力があります。

もう一人、学生の文章を紹介します。

前島先生について

N・K（再春荘看護学校43期生）

教育学の授業は私にとって本当にのびのびできる時間でした。私の一番好きな時間でした。私が小・中・高・今と受けてきた授業の中で、やっと好きな授業が二つとなりました。その一つは高校1年のときの美術です。それはとても好きな時間でした。

そして二つ目は前島先生の時間です。自分を押し殺さないで、自分の考えを堂々と言える、こんな自分の考えでもおかしくないんだ……と心が豊かになります。毎日がこんな時間ならいいなと思いました。環境問題や中絶、いじめなど自分の気持ちにも気づけ、人の考えもわかることができる時間で、すごく勉強になりました。

暇があれば、また先生とお話がしたいです。

過食症、まだ全然なおらないけど、いつかはなおる日がくるかな。赤ちゃんを産むときまでにはなおしたいです。今はなんか自分でない自分が自分になっているけど、時間がかかってもいいから、本当の自分を見つけ出したいです。ありがとうございました。

（前島二〇二三、七五～七六頁）

この学生も「よい子」の苦しさを抱えた学生だと思います。以上の二つの例は、ともに「よい子」の摂食障害の例として考えられるでしょう。

性の商品化について

今日、若年女性の「性の商品化」については、これまでの「援助交際」などとは異なり、新しい様相を見せています。

第一に、いわゆる「パパ活」と言われる問題の広がりです。元当事者による調査（三〇〇〇人、二〇二二年実施）によると、二〇歳代での「パパ活」経験者は約一四％、すなわち同世代女子の七人に一人は経験しているそうです[31]。

この問題に関連して、かなり前のものですが、私の教え子の経験を紹介します。

熊本大学教育学部　C子（1999年入学）

前島康男様

私の親は愛情たっぷりに育ててくれました。両親のこと好きです。先生は親の愛情が足りなくて、とか言ったけど私は違います。他の人はそうだと思います。なんか親を悪く言われたような気がしたので、これを書きます。

高校生ってなんか悪ぶっているっていうか、いい子でいるのがいやなんです。そんで万引き、たばこしました。仲よしのグループの中の私と思う一人だけのことですが、2人でいつもつるんでいました。友だちは高1から、ウリしてて、私も聞いていると全く罪悪感がなくなって、そして高2のときテレクラにTELしました。ラブホに行くまでの車の中では、殺されませんようにちゃんとお金もらえますようにとしか考えられなかった。んで、おわってみたら、けっこういい人で、なーんだこんなもんかってかんじだった。

こうかいはずっとあとからで、なんかかくさないといけないカコが、友だちに言えないことが、親にももうしわけないことがあるってことがいやになって、そんでどんどん考えるようになった。ハゲもできた。けど、大学へ入って、あのことは忘れようとして、あれは他人のように思えて、罪の意識がうすくなったけど授業でアンケートして、なんか、うそかくの嫌で、かいてしまったら、また、高校の時みたいに思いだして、すごく今くるしい。

でもきえるわけでもないし、これが自分の犯した罪の重さです。このことは中学の友だちに一人、高校の友だち、大学で一人さっき話しました。また思いつめそうで、思い切って話しました。
なんかうまく書けないので、今度話しにいきます。
どうかこの苦しみがうすれるアドバイスください。
（前島二〇二〇、二〇〜二一頁）

この女子学生は、後ほど私のところに泣きながら相談に訪れました。私は、どのように相談に応じたか、確かな記憶はありません。

竹内常一氏は、「親の愛情をもとめながらもそれを得ることができず、さらにまた、同性・同年輩の友達の友情も得られないものの中から、急激に性的逸脱へとのめり込んでいくものが出てくる」[32]と述べています。私も授業内で、性の商品化に絡め取られる一因として、親の愛情不足があると述べたのかもしれません。また、私が受け持った別の学生からは、将来教員志望だが「パパ活[33]」をしている、それでも教師になれるかという相談もありました（二〇二〇年度受講生）。

その後、「性の商品化」について仁藤夢乃氏[34]や橘ジュン氏[35]などの著作に学びながら深めてきましたので、今ならもう少し彼女の気持ちに寄り添って、丁寧に相談に乗れた気がします。

若年女性の「性の商品化」について、第二に、「トー横キッズ」などの少女たちが「性の商品化」に巻き込まれる事態の広がりがあります。

この点について、長らく当事者の少女たちに伴走してきた仁藤夢乃氏は、次のように述べます。

「売春」を自傷行為のように行う人もいる。虐待や性暴力を受けた人にとって、自分が被害を受けたと認めるのはつらいことである。自分を責め自暴自棄になって、不特定多数と避妊をしないセックスをするようになったり、父親からの性虐待を「たいしたことない」と思うために自ら「売春」を繰り返すようになる少女もいる。そうすることで「寂しさが一瞬埋まる気がする。孤独感が一瞬でも和らぐ」と語る少女は少なくない。しかし、そうした経験を持つ人のほとんどが自殺未遂も経験している。

（仁藤夢乃「困難を抱える女子中高校生への支援の現場から」松本編二〇二二、一一四～一一五頁）

また、自己肯定感が低く、自分には価値がないと思い込んでいる若い女性にとっての「性の商品化」における意味について語る経験者もいます。

いつも人に嫌われたくないっていうのが心の中にあってさ。苦しいの。嫌われるくらいならなんでもするってなってしまうでしょ。自分が嫌いって悲しいよね、優しくできないんだもん。風俗も**自傷行為**だと思うよ。でもね、ハマってしまったの。だって価値ないって思っていた自分にお金出して必要としてくれる人がいるんだよ。

何もしていないのに、ただいるだけで「死ね」って言われていた過去の自分に比べたら、風俗の仕事中だけは自分に価値があるって思わせてくれるんだよね。

（橘二〇一六、一三六頁、ゴチック：引用者）

さらに、やはり当事者の少女たちに伴走してきた小児科学・小児精神科医の山口有紗氏は、次のように述べます。

狭義の自傷は身体の表層を傷つける（切る、焼くなど）に限られているが、定義によっては、過量服薬や摂食障害など間接的に自分を傷つける行為を含む場合もある。**安全ではない性行動**や夜間の家出など、みずからを危険に晒す行動も、筆者は**広い意味での自傷行為**のように思われる。

（山口有紗「『助けて』の代わりに自分を傷つけてしまう心理――『自分でなんとかしなくては』から『言葉にならないままつながれる』への転換」松本編　二〇二三b、一六頁、ゴチック：引用者）

「性の商品化」をめぐる第三の変化として、特にコロナ禍以降急速に広がった「立ちんぼ」あるいは「ホス狂」と呼ばれる事態があります。この問題はマスコミでもかなり数多く取り上げられていますし、何冊かのルポルタージュの著書も出版されています。[36]

ここに取り上げた「性の商品化」は、今日の格差、貧困の進行のなかで、あるいは、高等教育の教育費がますます高騰するなかで生じているとも言えます。この貧困の問題についてもいくつかのルポ等が出版されています。[37]例えば、中村淳彦氏の『女子大生風俗嬢』（二〇二一b）には、次のような事実が描かれています。

大学や短大、高専を中途退学した人の中退理由の1位は「経済的理由」（2014年文科省調べ）だった。学費が払えないで退学する学生は、退学者全体の約2割を占める。また、東京私大教連の調査では、親元を離れて通う首都圏の私立大学学生の1日あたりの生活費は実に897円だ。900円を割ったのは調査開始以降初となった。1990年には2500円に届く金額だったのが、なんと6割以上も下落している。（七頁）

私も大学教員としての在職中、授業後、昼食にカップラーメンを食べている学生の姿を見ることが少なくありませんでした。また、ある時には、トイレを清掃している方から「先生、女子トイレの個室でカップラーメンを食べて、汁の入ったカップを置いていく学生がいて困っています。学生に注意してください」と言われたこともありました。その後、授業で注意しましたが、学生の貧困の現状には内心忸怩たる思いだったことを覚えています。

なお、二〇二二年度に奨学金の借金が払えずに自死した若者は一〇人にものぼります。このことは、貧困の問題がますます激化していることをあらためて考えさせます。[38]

さて、この項目の最後に、もう一人実際の体験者の手記を紹介します。

パパ活について

E子（2019年度入学）

私は今、パパ活をしています。

前期に生徒指導論の授業を受けて、40年間の大学教員生活において、売春をしていた生徒に何人も出会ってきた前島先生ならお話ができる、私の今の状況を打破してほしいと思いテキストを読んだ感想と意見を交えながら書きます。

高校2年生の秋でした。友達と「楽にお金を稼ぎたいね」と話したのがきっかけで、一緒にパパ活を始めました。最初のパパ活は、カカオ掲示板で知り合った40代のおじさんと高級お寿司屋さんでお食事、その後ホテルでプチ（挿入なし）をして、2万円貰いました。おじさんの愚痴や自慢話を聞きながら笑顔でただ相槌を打って全て肯定し、ボーっとして話を聞いているだけで、安くても1時間に5000円は貰えるなんて楽勝だなと、浅はかな考えで、私はこの楽さにズブズブはまっていき、パパ活とファミレスのバイトを高校3年生の夏くらいまで繰り返し続けていました。3年生の夏から高校卒業までは受験があったのと、何をしていただろうと我に帰ったのでお休みしていましたが、大学で埼玉に出てきてからは、普通のバイトだけでは生活費と学費を賄えず、今はコールセンターとパパ活を掛け持ち（?）しています。都内は地元と比べて富裕層が多く、お茶やお食事だけでも1万円以上くれるパパがたくさんいるので、地元にいた頃よりパパが簡単に見つかるし、稼げます。パパ活のメリットは、自分の好きな時に稼げる。パパにおねだりすれば好きなものを買ってもらえる。上限なくいくらでも稼げる。こうしてみると、お金が貰えて、美味しいご飯が食べられて、パパ活は楽しいだけのものに見えます。しかしデメリットが（あります：引用者）、知り合いにバレるとまずい。体の関係を持ちたがるので線引きが難しい。金銭感覚が狂う。心が荒れて、ストレスが溜まる。おじさんとのデートなので視線が痛い。友達にご飯に誘われても、お金が貰えないから行きたくなくなる。稀にドタキャンや冷やかしもいるので、待ち合わせ先にパパが現れなくて時間を無駄にする。**等の、メリットよりデメリットが圧倒的に大きいし、普通のバイトに比べてパパ活はかなりの額を短期間で稼げますが、両親や友人にも言えないのでやるかやらないかは自分次第になります。私は後悔しています。**本当は、健全に普通のバイトだけで稼ぎたいし、バイト先の子と仲良くなって遊びに行ってみたいです。皆は普通のバイトで頑張ってお金を稼いでいるのに私は……。と毎日鬱になります。おじさんとばかり話している日々がしんどいです。パパ活の周りの視線が耐えられません。**けれどパパ活がやめられないです。**お金がなくなるのは嫌です。こんな楽な稼ぎ方をして、将来普通の職業につけるかも不安です。ましてや、生徒のお手本である先生に私なんかがなってはいけない気がします。私はどうすれば救われるのでしょうか、今は実家に帰って心の休暇をしていて、学校には当分いけないと思うのでメールでお返事いただけると幸いです。（…）

（ゴチック：引用者）

私はその後メールで丁寧な返事を送信しました。

ここでは、「パパ活」（＝性の商品化）も、ある意味での「依存症」を生み出す点を指摘したいと思います。

小括

以上、今日の子ども・若者、とりわけ若年女性は、大変な「生きづらさ」「息苦しさ」を抱えています。なかでも、社会の貧困や家庭と学校における親や教師の対応が、それぞれの子ども・若者を一人の人間として尊重してくれないという辛さを抱えています。

「トー横キッズ」たちの多くは、そうした状況のなかで、自らの「苦しさ」を吐き出すことができ、同時に共感してくれる仲間を求めて集まっています。また、様々な「苦しさ」から逃れるために、「**唯一自分がコントロールできる手段として、自傷が機能することも少なくない**」（松本二〇一八、二六頁、ゴチック：引用者）ために、様々な「自傷行為」に走ります。

私たちには第一に、子ども・若者の「生きづらさ」の現実に共感する能力を持つことが求められます。私たち自身が、いわゆる「強者」としての感覚や「上から目線」で接している限り、子ども・若者は、「苦しさ」を語ってくれません。また、子ども・若者と出会うことはできません。[39]私たちが、どうすれば子ども・若者と出会うことができるのかが、最初の理論的・実践的課題です。

また、今日の子ども・若者が、「自分が自分であって大丈夫」という「自己肯定感」をどうすれば持つことができるのか。この点を明らかにすることが、第二の理論的・実践的課題です。なお、今日の「生きづらさ」が、特に女性に現れている点については、本章七節で詳しくふれます。

六　子ども・若者の性をめぐる問題

二一世紀に入ってから、子ども・若者の性被害についてはとりわけ大きく問題になってきました。また、特にコロナ禍以降は、さらに大きな社会問題の一つとして浮上してきました。それは、第一に、次節で検討する教職員等による性被害が大きな社会問題となり（二〇二一年）、法律も制定されたことと関連します。また、第二に、前節で検討したように「トー横キッズ」等の子どもの「居場所」にも性被害の影があったこと、第三に、一〇節で検討する「虐待問題」のなかにも肉親等による性的虐待の問題が含まれていたことなども関連します。

このように、子ども・若者の性被害については、いくつもの問題が重なっています。ここではまず、性被害の実態をできるだけ客観的に明らかにします。そして、今日、なぜ性被害が増加し、問題になっているのか、その背景および原因についてふれます。さらに、性加害の背景において、どのような「認知の歪み」等が性加害を合理化しているのか、また、性加害を許容してきた文化的・政治的および教育的な文脈を明らかにします。最後に、性加害をなくすための取り組みの方向性について触れます。[40]

1 子ども・若者の性被害（性暴力）の実態について

虐待の増加と性暴力

今日、虐待はうなぎのぼりに増えています（二〇一一年：五万九九一九件、二〇二二年：二一万四八四三件＝四・三倍）。その詳しい検討は一〇節で行いますが、内容は一般的に以下の四種類に分類されます（こども家庭庁「令和四年度児童相談所における児童虐待相談対応件数」）。

①身体的虐待：二万一九四二件→四万九四六四件（二・二五倍）
②怠慢・拒否（ネグレクト）：一万八八四七件→三万四八七二件（一・八五倍）
③性的虐待：一四七〇件→二三九三件（一・六四倍）
④心理的虐待：一万七六七〇件→一二万八二四件（七・三倍）

ただし、児童相談所が把握した「性的虐待」の数にも、表面化しない数＝「暗数」がかなり含まれていると言われます。

ちなみに、二〇二二年度に児童相談所が把握した「性的虐待」の中身と加害者の内訳は、以下のようになっています。

強制性交：一四二人（実父：五三人、養父・継父：五六人、母の内縁の夫：一六人）
強制わいせつ：一八七人（実父：五八人、養父・継父：七九人）
児童買春・児童ポルノ禁止法違反：三二人

加害者はすべて、実の父親や養父・継父など、極めて身近な**親族の男性**です。

教職員等による子どもへの性加害＝性犯罪

子どもたち、特に若年女性の「生きづらさ」の背景として、近年急速に浮かび上がってきた問題に、教職員等による「性加害の問題」があります。[41] また、幼児教育に携わる保育士や障害児・者の養育に携わる専門家の間でも性加害が多発し、問題になっています。

政府は、教職員等による性加害＝性犯罪が増加していることを問題視して、「性犯罪に関する施策検討に向けたワーキンググループ」を設置し検討を続けるとともに、二〇二一年に「教育職員等による児童生徒性暴力等の防止等に関する法律」を成立させました。

これらの点については、いくつもの論文が執筆されていますが、いずれも教職員による性加害が近年増加していることを指摘しています。私が検討した論文等[42]を総合すると、以下のことが言えます。

教育職員等による性加害は、最近の一〇年間のうち、多い年で二八二件（二〇一八年）です。これは、全教職員の〇・〇三％です。ただ、性加害があっても申し出ない「暗数」が相当あると言われています。この数は、一般的な性加害と比べると、二〇〇〇年から二〇一五年の平均の約一・四倍にあたります（浅井二〇二〇、八四頁）。

NHKの二〇二〇年のアンケート調査「性暴力を考えるVOL.107――教員からの性暴力149人の声」によると、さらに次のような実態が明らかになりました。

①最初に被害を受けた時の年齢→一〇歳（二〇件）、一四歳（一九件）、一三歳（一七件）、一一歳（一六件）

②加害した教員→男性：九七・三％、女性：二・七％

③加害教員との関係→教科担任：四三・一％（九一件）、クラス担任・ゼミの教授：三六・五％（七七件）、部活動の顧問：一〇・四％（二二件）

④教員からの性暴力、最初の被害の状況→授業中（三一・五％）、授業と部活以外の学校の時間（二七・一％）、教師から特に用事を告げられずに呼ばれた（一〇・三％）、教師に勉強・人間関係・体調などを相談に行った（八・九％）、教師から勉強・人間関係・生活指導などで呼ばれた（八・二％）、部活中（七・五％）
⑤最初の被害のとき「被害」と認識できたか→認識できた：二二・一％、認識できなかった：七七・九％
⑥いつ被害だと認識できたか→一〇年以内：二六人、五年以内：一四人、一五年以内：一二人、三年以内：一一人、一か月以内：九人、二〇年以内：八人、二五年以内：八人、三〇年以内：七人、四〇年以内：八人

被害にあった状況でもっとも多かったのは授業中でした。性被害者の一人である石田郁子氏は、次のように述べています。

「例えば授業中に、国語の授業などで何か性的な言葉を書かせられる、教師の性的な体験を聞かされる、体育の授業で指導するふりをして触られるという内容だった。性暴力は密室で行われるというイメージが強いと思うが、学校では大勢の前で行われる実態が見えてきた」（同）

また、被害者が被害を認識できるまでに、とてつもない長い時間が経っているということがわかりました。この点についても、石田郁子氏は次のように述べています。

「先生の言うことを疑わないし、まして先生が犯罪を犯すとは思っていないのでただ先生の言うことを聞いていた。成長してそのことを受け入れる準備ができたときに、やっとその出来事を見ることができる。それまでには、数十年という長い時間がかかってしまう。被害が起きていても発覚せず、ちゃんと教員が処分されていないケースは、本当はもっとあると思う」(同)

また、アンケートに回答した一四九人のうち、友達や親、他の教師に相談できたと回答したのは、わずか一七件とごく少数でした。一七件の「相談結果」についても、「話を聞いて共感してくれた」「他の教師や校長が再発を防いだ」といった、解決の積極的・相談者に肯定的な反応は少ない傾向で、多くは「まともに取り合ってくれなかった」「信じてもらえなかった」など消極的・否定的な反応だったとのことでした。

二回以上被害が継続した人へ「継続した被害がどのように終わったか?」という質問に対しても、「保護者や警察、他の大人が介入して教師の加害をやめさせた」は五件にとどまりごくわずかです。

これらの点に対しても、前述の石井郁子氏は次のように憤っています。

「大人の対応があまりにもひどい。性暴力の被害に遭ったらすぐに相談するように〝子どもに性教育しよう〟と言われているが、子どもが助けを求めて大人に言っても、その大人が適切な対応をしなければ解決にならない、大人が介入して解決につながったケースは少なく、加害をした教員の話になり、学校現場で性暴力が蔓延しているのではないか。変わるべきは大人だと思う。すべての子どもにとって学校が安全・安心な場となるように、そして真面目にやっている教員のためにも、一刻も早く対策をしなくてはいけない」（同）

以下に、同アンケートへの自由記述を紹介します。教員による性加害の酷さがわかります。

〈何とかして（50代女性）〉

特別支援学校の教員です。男性同僚教師が、リハビリの指導として、女子生徒の胸などの身体に触り、女子生徒が身体を硬直させ声も出せず耐えている現場に気づき、腕を掴んで行為をやめさせ。校長に訴えました。しかし、校長は事実を矮小化し、被害がなかったことにしてしまいました。生徒が被害を語れない状態にあることを悪用したのです。校長を飛び越え、教育委員会と教育委員長に訴えましたがやはりもみ消され、次第に告発する私が、管理職から嫌がらせを受けるようになりました。自治体の長にも訴えましたが黙殺されています。被害にあった生徒のケアは行われませんでした。加害教員は、今も特別支援学校に勤務し、しかも、昇格しています。被害者の心を考えると、大っぴらには動けない。校長と教師は事件を伏せる方向で利害が一致し動きます。表に出るのは氷山の一角です。私は教師を辞めました。

〈くるみと（60代女性）〉

小学校5年生の時、授業中に音楽の先生に呼び出され、一人だけで音楽室に行って、喘息を治す祈りをすると言われて胸を触られた。感触が残っているくらいショックだった。60歳になっても忘れられない嫌な思い出です。

なぜ、教育職員による性加害が起きるのでしょうか。この点について、大沢真知子氏は『「助けて」と言える社会へ』(二〇二三)において、教員は「信頼と権力の濫用」が可能であり、また、「被害者への接近が可能となる条件」として、「被害者の抵抗を奪う手なずけ」を行える立場であることを示しています。大沢氏によれば、「性暴力を行う教員」は、「信頼と権力のある関係性、子どもに接近できる条件と密室をつくりやすい学校の構造、子どもを熟知しコントロールするスキルを悪用」する(同、三頁)と述べます。

また、被害者は、次のような意識の変化を伴うと言います。

(1) 性的感情と性的認識の混乱…教員からの性暴力は、自分の想像を超えた出来事が猛スピードで進んでしまう。「自分の気持ちが置き去りにされてコントロールされてしまった」、「性的な道具とされた」、「私はそういう価値のない人間なのか」、「性的関係とはなんなのか」とその混乱は著しい。

(2) 罪悪感、自責感または汚れてしまったという自尊感情の低下。

（3）信頼の裏切りによる打撃。

（4）無力感。

（同前）

なお、二〇二三年、政府は「こども関連業務従事者の性犯罪歴等確認の仕組みに関する有識者会議」を設置し、教職員だけでなく、学習塾、予備校、スイミングクラブ、技芸等を身に付けさせる養成所等の事業者における「性犯罪」を取り締まる報告書を提出しています。

それだけ、子どもに対する性加害が広がっているということです。今後、なぜ教職員や子ども関連の事業者が性加害を起こすのか、その背景や原因を明らかにすることが重要な理論的課題として残っています。

一般社会人による性暴力について

一般社会人による性加害・性暴力も近年増加し、大きな社会問題になっています。その数は、『犯罪情勢』（警察庁、二〇二三年）によると、以下のようになっています。[43]

不同意性交　二〇二〇年：一三三二人↓二〇二三年：二七一一人（一三七九人増加）
不同意わいせつ　二〇二〇年：四一五四人↓二〇二三年：六〇九六人（一九四二人増加）
合計　二〇二〇年：五四九七人↓二〇二三年：八八〇七人（三三一〇人増加）

また、内閣府が二〇二二年に行った一六～二四歳の性暴力被害の実態に関するオンライン調査では、回答者六二二四人のうち、四人に一人の一六四四人（二六・四％）が、何らかの性暴力被害にあっていたと答えています。被害の中身は、言葉による性暴力被害（一七・八％）、身体接触を伴う性暴力被害（一二・四％）、インターネットやスマホなどの情報ツールを用いた性暴力被害（九・七％）、性交を伴う性暴力被害（四・一％）となっています。

それぞれの性暴力の中身については以下の通りです。

言葉による性暴力被害：言葉で性的に嫌がらせを受けた、体の特徴についてからかわれた、いやらしいことを言われた等。

視覚による性被害暴力：相手の裸や性器を見せられた等。

身体接触を伴う性暴力被害：体を触られた、抱きつかれた、キスをされた、相手の体を触らされた、服を脱がされた・脱がせられた、性器を押し付けられた、体液をかけられた等。

性交を伴う性暴力被害：相手の身体の一部や異物を無理やり膣や口、肛門に挿入された、避妊などなしに性交された等。

情報ツールを用いた性暴力被害：インターネット・携帯電話・スマホなどで性的に嫌な体験をした、見たくない画像や動画を見せられた、下着や裸を撮影された、下着姿を撮影された、下着や裸の写真を送るよう強要された、なりすました相手から性的な嫌がらせを受けた等。

これらのうち、「身体接触を伴う性暴力被害」の遭遇率については、女性が一五・〇％、男性が五・一％、そのうち一六～一九歳が九・九％で、二〇～二四歳が一三・六％です。

また、「性交を伴う性暴力被害」の遭遇率については、女性が四・七％、男性が二・一％、そのうち一六～一九歳が二・二％、二〇～二四歳が五・〇％です。その加害者は、学校・大学の関係者（教職員、先輩、同級生、クラブ活動の指導者など）が約三割、（元）交際相手が約三割、SNSなどインターネット上で知り合った人が約二割でした。

ここで注目したいのは、それぞれの被害に遭った、最初の年齢です。

「身体接触や思考を伴う性暴力被害」について、被害者が最初の被害に遭った年齢は次の通りです。

〇～六歳（未就学児）：三・六％
七～一二歳（小学生）：一三・七％
一三～一五歳（中学生）：二〇・三％
一六～一八歳（高校生）：三五・九％
一九～二〇歳：一五・八％

二一～二四歳　　　　　　　　　　：一〇・六％

また、「性交を伴う性暴力被害」については、以下の通りです。

〇～六歳（未就学児）　　　　：三・〇％
七～一二歳（小学生）　　　　：八・四％
一三～一五歳（中学生）　　　：一二・六％
一六～一八歳（高校生）　　　：三八・九％
一九～二〇歳　　　　　　　　：二四・六％
二一～二四歳　　　　　　　　：一二・六％

以上から、〇～六歳の未就学児や七～一二歳の小学生に対しても性暴力が一定割合行われていること、特に、「身体接触を伴う性暴力被害」に遭った回答者の三五・九％、および、「性交を伴う性暴力被害」に遭った回答者の三八・九％は一六～一八歳の高校生であることに留意する必要があります。

さらに重要なのは、二〇一八年（コロナ禍前）を起点とすると、二〇二二年の「強制性性交等罪の認知件数」は、全体的に一二七・六％も増えているということです。なかでも、〇～一二歳が最も増えており、一四三・〇%にものぼります。

二〇二二年度のワンストップ支援センターの相談者の被害時の年齢を見ても、約半数を一〇代以下が占めており、中学生以下に限っても三割に上ることが明らかになっています。

なお、同調査内における「性交を伴う性暴力被害による生活の変化」（複数回答）では、「異性と会うのが怖くなった」（三二・九%）、「誰のことも信じられなくなった」（三二・三%）、「夜眠れなくなった」（二九・九%）、「自分に自信がなくなった」（二六・三%）、「生きているのが嫌になった・死にたくなった」（二五・一%）、「加害者や被害時の状況を思い出させるようなことがきっかけで、被害を受けた時の感覚がよみがえる」（二一・六%）、「外出するのが怖くなった」（二一・〇%）といった回答結果になっており、極めて深刻な影響があると言えます。

このことは、これまで述べてきたように、様々な「行動化」（いじめ、登校拒否、自死、及び性の商品化）や「自傷行為」などが、高校生から中学生や小学生レベルにまで及び、また、低年齢化していることの一環と考えられます。

最後に、NHKが二〇二二年三月から四月にかけてインターネットで行った調査を見てみましょう。この調査は、「性被害にあった人やその家族」を対象とした実態調査です。[44]ここに寄せられた三万八三八三件の回答のうち、三万七五三一件が被害にあった本人からの回答、八五二件が本人の代理で家族などからの回答でした。

実際に性被害を受けた後に起きたことは、次の通りです（三万八三八三件中、複数選択）。

・気持ちが落ち込む：約二万二〇〇〇件
・自分を責める：約一万三〇〇〇件
・自分は汚れてしまったと思う：約一万一〇〇〇件
・自分には価値がないと思う：約一万件
・死にたいと思う：約一万件
・ＰＴＳＤ以外の精神疾患（解離性障害・双極性障害など）と診断された：約三五〇〇件
・ＰＴＳＤと診断された：約一〇〇〇件（三・一％）

「ＰＴＳＤと診断された」と回答したのは、わずか三・一％でしたが、ＮＨＫがＩＥＳ－Ｒというアメリカで開発された指標を用いて当事者の声を分析すると、実に半数以上の五四・一％にあたる一万九〇九〇件が「ＰＴＳＤの診断がつくほどの状態である可能性がある」とされました。その一万九〇九〇件の被害者は、以下のような被害を挙げています。

・服を脱がされた：七五・六％
・性器や体の一部を自分の口、肛門、膣に挿入された：七四・七％

・唇や舌などを体に当てられた：七二・五％
・盗撮された：六七・一％
・加害者に自慰行為を見せられた・手伝わされた：六六・四％
・体を直接触られた：六五・三％
・加害者の性器、胸などを触らされた・押し付けられた：六四・九％
・からかいなど、性的な言葉をかけられた：六二・八％
・加害者の性器、胸などを見せられた：五八・三％
・衣服の上から体を触られた：五五・〇％

（複数選択で回答された被害内容のうち、上位一〇項目について集計）

以上から、「加害者の性器や体の一部を挿入される被害に遭った」という人では七四・七％、「盗撮の被害に遭った」という人では六七・一％について、ＰＴＳＤの状態が疑われる被害者が存在することがわかりました。この点について、いくつかの自由記述欄を見てみましょう。

〈小学生の頃見知らぬ人に衣服の上から体を触られるなどの被害にあった30代の女性〉

被害後は夜道、人気のない場所が怖くどこかでずっと警戒しています。男性を好きになれず、私は普通のコミュニケーションも取れず恋愛も結婚もできないおかしい人間だと落ち込み、私が悪いわけじゃないのに、普通に生きられない自分が劣っていると感じてしまう。

〈職場の上司・先輩から無理やり性交されるなどの被害に遭った20代の女性〉

仕事を失い、あるはずだった未来も、私の居場所もなくなりました。この先の人生に希望が持てず、生きるということに、この先に人生がまだ続いていくことに絶望します。この痛みを抱えて生きてゆかねばならないことがどうしようもなくつらいのです。

なお、ＰＴＳＤの症状が被害から何年ほど続いたかについて、回答は次の通りでした。

・被害から一年未満　：七一・八％
・被害から三年未満　：六六・二％
・被害から五年未満　：五九・三％
・被害から一〇年未満：五四・九％
・被害から二〇年未満：四九・三％
・被害から二〇年以上：四八・七％

性被害から一〇年経過しても、被害者の過半数がＰＴＳＤを抱えて苦しんでいる、極めて深刻な事実を知る必要があります。身近な人が性被害等で苦しんでいると知ると、私たちはつい「時間が解決するよ」などと言いがちです。しかし、この事実を知れば、そうした言葉が大変無責任であるとわかるはずです。

さらに、何人かの自由記述を紹介します。

〈10代のころ見知らぬ人から自慰行為を見せられる・手伝わされるなどの被害に遭った40代の女性〉

20数年たっても忘れられません。（被害の詳細は）覚えていますが、書けません。いままでも加害者が生きているかもと、怒りと恐怖しかありません。

〈10代のころ教師から下着を脱がされ性器を触られるなどの被害に遭った60代の女性〉

友達（同級生）は、皆結婚し、孫もいて、幸せに生きていますが、私はあのこと（被害）がトラウマの一つとなり、セックスや結婚について、いまだ不信感のようなものが拭えずにいます。〝お前は、男嫌いで、女が好きなのか？〟と言われるなど嫌な思いをいっぱいしてきています。自分では、よく今日まで生きてきたと自負していますが、亡くなった両親には親不孝ばかりかけ、申し訳なく思っております。

〈10代のとき、年上のきょうだいから無理やり性交されるなどの被害にあった20代の女性〉

性の問題、特に性暴力に関する出来事は自分ごとにならないと関心を持ちづらいテーマだと思います。私自身も自分ごとになるまでは、気にも留めずに生きていました。でも本当は、そうやって意味を持たない社会全体の知識不足や、強いバイアスこそが、問題の原因になるのだと思います。性暴力がなぜ、どうして起こるのか、それが何を意味するのか、たくさんの人に知ってほしいです。

〈20代のとき高校時代の同級生から体を直接触られるなどの被害に遭った40代の男性〉

性被害はどんな種類であっても語りにくいと思うし、ましてや今現在のように〝被害者にも落ち度がある〟[45]と言う世の中では語ることが難しい。男性でも性被害に遭うことを知ってほしい。誰にとっても起こりえることだと思う。

〈指導者（塾・部活・習い事などの先生や職員）から無理やり性交されるなどの被害に遭った20代の女性〉

性被害者のその後について多くの人に知ってほしい。心も人生も壊れることを知ってほしい。将来が描けなくなることを知ってほしい。尊厳を奪われ、人権を侵害された人の、その後の生活と、一生背負っていく心の傷を、一人一人が自分ごととして思いやり、考えられる社会になることを願います。

〈おでん（30代女性）〉

小学生の時に兄から性暴力を受けました。最初は何をされているかもわからなかった。大好きな兄だったので事実を理解した時は言葉では言い表せない感情に襲われました。数ヶ月後に親に打ち明けて家族はばらばらになりかけました。自分のせいで家族は壊れてしまった、自分が汚れてしまったと感じました、思春期になってからは親にはまともに恋愛できるとアピールし、実際は色々な人と身体を重ねてきました。虚しさ、嫌悪感は消えず苦しかったことを覚えています。今は結婚しありがたいことに普通に働いて生活していますが、時々兄と関わらなければならなかったりするとフラッシュバックの回数も増え夜も眠れません。夫にも心配をかけてしまうのが申し訳ないです。兄とは距離を置いていますが家族なので完全に絶縁できていません。一生この苦しみから逃れられないかと思うと怖いです。

〈rescue ra…（40代男性）〉

娘はいま、不登校で医療機関や支援等にもかかっています。

彼女にとって、また他のサバイバーのみなさんにとってだと思いますが、一番の前提は「安心できる環境を担保されること」ではないでしょうか？　あえて被害に触れないのではなく、被害にあった方の現実を理解し、「加害は断じて許されない」「被害者の甚大な影響への理解」「被害者への配慮の必要性」を公教育で明確に社会に置くことこそ、被害にあった方々が少しでも心穏やかに生きていこうとできる第一歩になると考えます。

このNHKによる調査では、性被害にあった時の年齢について、一〇歳未満：二〇・三％、一〇代：五四・三％、二〇代：二一・三％、三〇代：二％、四〇代以上：〇・三％となっています。ここでも、一〇歳未満から一〇代の被害者がとても多いことがわかります。平均は、一五・一歳です。また、性被害の内容は以下のようになっています（複数選択上位一〇項目）。

・衣服の上から体を触られた：六五・七％
・からかいなど、性的な言葉をかけられた：四〇・〇％
・加害者の性器、胸などを見せられた：二九・二％
・加害者の性器、胸などに触らされた・押し付けられた：二六・一％
・唇や舌などを体に押し付けられた：二〇・九％
・性器や体の一部を自分の口、肛門、膣に挿入された：一八・六％

・脱がされた：一六・四％
・加害者に自慰行為を見せられた・手伝わされた：一〇・八％
・盗撮された：八・九％

このうち、「性器や体の一部を自分の口、肛門、膣に挿入された」について被害者の性別は、全回答：二二・二％、女性：二一・一％、男性：二九・一％、Xジェンダー：二二・三％となっており、男性が挿入を伴う性被害を受けた割合は、女性やXジェンダー（自分のことを男でも女でもない、または男でも女でもあると感じる人）よりも高くなっています。

性被害に関する自由記述をさらに見てみましょう。

〈アリエル（女性）〉

10月24日痴漢にあいました。エスカレータに乗っていたら身体に違和感を感じてお尻と背中が…ピッタリおじさんの身体が私に密着していました。振り返り「えっびっくりした」と小さい声で言ったら凄い勢いで隣のエスカレータに移り逃げて行きました。動揺して防犯ブザーもならせなかったです。痴漢は偶然を装い判らない感じでやってきます。やっぱりオカシイと感じて追い掛けましたが見つけられなかったです。女性の同意なしに身体に触れるのは痴漢です犯罪です。他の方の投稿を拝見しても私も勇気を出して書かせて頂きました。コロナが緩和されてから痴漢が戻ってきたみたいです。今年になってから何度も痴漢に遭うようになりました。**対策はしていますが痴漢の方がそれを上回って来ます。**

いつもはエスカレータに乗って身体を横にしていますがその時は普通に乗っていました。痴漢はそんな隙を縫ってやって来ます。皆様もこんな変態に遇わない様に。

（ゴチック：引用者）

この方は、「対策はしていますが痴漢の方がそれを上回って来ます」と書いています。こうした加害者の心理について、鈴木伸元氏は『性犯罪者の頭の中』（二〇一四）において、次のように述べています。

10件以上の性犯罪を繰り返したA受刑者は、30年の懲役刑を受け、刑務所で服役中である。残忍な犯行は、逮捕時に大きく報道された。

そんなA受刑者に、筆者は「何故そこまで性犯罪を繰り返したのか」と質問した。

すると、こんな答えが返ってきた。

「自分の体と頭脳をフルに活用して犯行を計画していく過程は、ゲームに通ずる感覚かもしれません。あらゆる手がかりを探り、様々なケースを推察・想定したり、環境を十分に把握してシミュレーションしたりして、自分の能力を使って犯行の絵を描いていくわけです」（…）

「様々なケーススタディにより、人の行動や生活様式が読めてきたり、自分の行動が効率化・ブラッシュアップされたりしていくのです」

「ロールプレイングゲームにおいて情報収集をし、犯行がエスカレートしていくにつれて〝経験値〟が増え、自分が〝レベルアップ〟していく感がありました」（三〜五頁）

性犯罪は、「性欲を満たすため」になされるものとして捉えられがちですが、実際には様々な背景があることがわかります。性犯罪者の心理については後ほど詳しく論じますが、ここでは、いわゆる「俗論」も批判的に検討する必要があることを述べておきます。

さて、先述のＮＨＫによる調査から、被害者の声にもう少し耳を傾けましょう。

〈野良猫（50代女性）〉

私は5歳から8歳にかけて叔父から性被害を受けた。今でもはっきり感触等覚えている。親には言うなと言われ私の世界のカラーが変わった。気づかれないように両親の前でもあった。

自分が何をされたのか認識したのは高校生になってから。女であることが嫌で自殺未遂もあった。この頃からアルコール依存症、薬物依存、摂食障害、鬱、睡眠障害、過呼吸やパニック発作があり今も続いている。法的には何もできず自分だけが何十年も苦しんで加害者に対して憎しみしかない。

加害者は子供も孫もいて退職して普通に生きている。結局泣き寝入りするしかない。都合のいいおもちゃにされ魂を殺され一生苦しむしかない性被害者。誰にも言えず自分は汚い自己評価が低く心理テストでも男性に対する恐怖心があるとされた。もっと性被害は犯罪なんだと報道してほしい。その後の人生まで破壊される犯罪です。

〈T（20代男性）〉

今回、このアンケートでは少ない割合でしたが、僕は男の被害者です。今月であれからもう18年経ちますが、未だにその当時の光景は忘れられません。まだあまり認知されていないと思われますが、男の性被害も実は起きているということを理解していただきたいです。やはりあの時のことはなかったことにはできないと思ったので、今回初めてアンケートに参加させていただきました。[46]

〈さくら（40代）〉

私は、性暴力被害者です。被害者が声を上げることはとても勇気がいることです。私は、後遺症がどれだけ酷なものかを知って欲しくて声をあげました。
私自身後遺症、フラッシュバックと毎日戦っています。多くの方が「もう過ぎたことでしょ」と言います。それは違います。被害者はくるしんで、生きづらさを抱えているのです。どうか知ってほしいのです。

以上の自由記述を読んだだけでも、性被害の身体や人生等に対する影響がとてつもなく大きいことがわかります。ちなみに、私は涙なしには読めませんでした。これらを踏まえて、性被害がなぜ起こるのか、あるいはなぜ増加しているのか、そして、どうしたら防げるのか等について論じていきます。

2　いまなぜ、性暴力が増加しているのか

いまなぜ、性暴力が増加しているのでしょうか。この点を本格的に解明した著書および論文等は、私が見る限り少ないようです。そこで、私なりに要因と考えられる一一の事実を挙げてみたいと思います。

①男尊女卑社会の温存[47]
②日本の文化的背景（エログロ文化、アダルトサイト）、悪しき「常識＝認知の歪み[48]」、「据え膳食

わぬは男の恥」ほか

③日本は子ども・若者ばかりでなく、大人の「自己肯定感」もかなり低いこと

④SNSを利用する子ども・若者の増加と、「オンライン・ハラスメント」の発生[49]

⑤「虐待」(「性虐待」を含む)の激増

⑥「依存症」(「性依存症[50]」を含む)の増加

⑦コロナ禍による「孤独・孤立」の問題化(一〇代の妊娠中絶の増加[51])

⑧「トー横キッズ」等の広がりおよび「性被害の増加」

⑨学校における「包括的性教育」の取り組みの遅れ[52]

⑩貧困の進行および教育費の高騰[53]

⑪性暴力を取り締まる法律(刑罰等)とその取り組みの遅れ

この一一の要因が相互にどう関係しあって、性加害の増加に影響しているのか、その点を明らかにすることも今後の重要な理論的課題です。

3　政府の性加害対策をめぐって

政府も性加害を深刻に捉え、それなりに真剣に対策を立ててきました。特に、コロナ禍以降は継続的に性加害対策を立て、実行に移しています。政府の性加害対策は、大まかに以下のよ

うに行われてきました。

①「こどもの性的搾取等にかかる対策に関する関係府省連絡会議の開催について」（二〇一六年四月八日、以降二〇二四年八月まで計一六回開催）

②「性犯罪・性暴力対策強化のための関係府省会議について」（二〇二〇年四月二日関係府省申し合わせ）

③「性犯罪・性暴力対策の強化の方針」（二〇二〇年六月一一日性犯罪・性暴力対策強化のための関係府省会議）

④「性犯罪・性暴力対策のさらなる強化の方針」（二〇二三年三月三〇日、同上）

⑤「こども・若者の性被害防止のための緊急パッケージ」（二〇二三年七月二六日、同上）

これらの政府の取り組みは、大まかに以下の三つの取り組みに集約できます。

一つ目は、問題に対する法的な対応です。この間制定された関係法令には、以下のものがあります。

①「教職員等による児童生徒性暴力等の防止に関する法律」（「教育職員性暴力防止法」二〇二一年六月四日）

②「パワハラ防止法」（二〇二二年四月）

③「AV出演被害防止・救済法」（二〇二二年六月一五日）。正式名称は「性をめぐる個人の尊厳が重んぜられる社会の形成に資するために性行為映像制作物への出演にかかる被害の防止を図り及び出演者の救済に資するための出演契約等に関する特則等に関する法律」（二〇二〇年法律第七八号）

④「個人情報保護法改正」（二〇二二年四月）

⑤「困難な問題を抱える女性への支援に関する法律」（旧「売春防止法」の改正、二〇二二年五月二五日）

⑥「児童福祉法の一部を改正する法律」（二〇二二年六月：児童生徒性暴力等を行った保育士について、登録取り消しや再登録の制限など資格管理の厳格化に関する規定を整備）

⑦「民法改正」（二〇二二年一二月一〇日：懲戒権の削除ならびに体罰などの禁止を定めた民法等の一部を改正する法律案が参議院本会議にて可決され、成立）

⑧「こども基本法」（二〇二三年四月）

⑨「性的な姿態を撮影する行為等の処罰及び押収物の記録の消去等に関する法律」（「盗撮防止法」二〇二三年六月一六日）

⑩「孤独・孤立対策支援法」（二〇二三年五月三一日）

⑪「性的指向及びジェンダーアイデンティティの多様性に関する国民の理解の増進に関する法

律」（「ＬＧＢＴ法」、二〇二三年六月二三日）

⑫「刑法及び刑事訴訟法の一部を改正する法律」（二〇二三年六月、「いわゆる性交同意年齢の一三歳から一六歳への引き上げ」等）

⑬「こども性暴力防止法（学校設置者等及び民間教育保育等事業者による児童対象性暴力等の防止等のための措置に関する法律）」（二〇二四年六月一九日）

以上に見られるように、性加害や性暴力の増加に対して、様々な法律の制定や改正が行われました。このこと自体には、確かに一歩前進の面があります。しかし、「仏作って魂入れず」ではありませんが、その現実的な効果については、かなり限定的だと思います。その理由は、以下述べる二つの課題等についても、取り組みがかなり不十分だからです。

政府による取り組みの二つ目は、各種相談センターや相談員の整備です。これは、各自治体などで一定程度進められました。また、スクールカウンセラー等の増員[54]も図られました。

しかし、そもそも直接子どもたちと接している教職員が極めて多忙な状態に置かれている（教師の精神疾患は約六〇〇〇名を超え、増え続けています）ことは改善されていません。また、教育予算はＯＥＣＤ最下位レベルに据え置かれたままです。すなわち、どちらかといえば相変わらず「厳罰主義的対応[55]」で問題を乗り切ろうとしていると言えます。

政府による取り組みの三つ目は、いわゆる「性教育」のあり方の改革です。そのうち、「生命（いのち）の安全教育」の内容について、批判的に論及します。

政府は、「性犯罪・性暴力は、被害者の尊厳を著しく踏みにじる行為であり、その心身に長期にわたり重大な悪影響を及ぼすことから、その根絶に向けた取り組みを強化していく必要があります」というメッセージとともに、この「生命（いのち）の安全教育」を展開しています。「生命（いのち）の安全教育」について、文科省は、幼児期、小学校期、中学校期、高校期、高校卒業前、大学、一般、特別支援教育に区分しつつ、教材および教職員向け指導書を作成しています。例えば、「こども・若者の性被害防止のための緊急対策パッケージ」（二〇二三年七月二六日）の「(4) 児童・生徒等への教育啓発の充実」では、以下の五点が挙げられています。

①すべてのこどもたちを対象に、その発達段階に応じて、同意のない性的な行為は性暴力にあたることや、被害者は悪くないこと、被害に遭ったときには信頼できる大人や関係機関に相談できることなどを分かりやすく指導するため、こどもたちを性犯罪・性暴力の加害者、被害者、傍観者にさせないための「生命（いのち）の安全教育」について、これまでの取り組みを加速させ、全国展開を推進する。幼稚園、小・中・高等学校、特別支援学校等の様々な学校種において参考となる実践事例を公開し『生命（いのち）の安全教育全国フォーラム』を実施して、関係者のネットワークづくりを推進する（文部科学省）。

②小学校・未就学児やその保護者等に対し、「生命（いのち）の安全教育」の教材の活用により、

プライベートゾーン等について、分かりやすく、親しみやすい形での啓発キャンペーン活動を実施する（こども家庭庁、文科省）。

③今般の刑法改正等の趣旨・内容について、いわゆる性交同意年齢に関する知識も含め、中高生向けおよび大学向けの啓発資料を速やかに作成・配布するなど、生徒・学生や教職員への学校現場における周知を行う（法務省、文部科学省）。

④学校や保健所等において、性に関する科学的知識に加え、性情報への対処や互いを尊重し合う人間関係など様々な観点から、産婦人科医や助産師等の専門家を外部講師として活用する等により、性と健康に関する教育等を行う（こども家庭庁、文部科学省）。

⑤SNSの利用に起因する児童買春・児童ポルノ禁止法違反等の被害児童数が高水準で推移しており、小学生が被害に遭うケースの増加傾向が見られることを踏まえ、e-ネットキャラバンにおけるこども・若者の性被害防止に資する講座内容に関する情報提供を広く行い、青少年への啓発を強化する（総務省）。

この「生命（いのち）の安全教育」をどのように評価すべきか、いくつかの論文や書籍を参照し、[56]以下検討します。

村瀬桃子氏は、論文「文部科学省『生命（いのち）の安全教育』に関するノート」（二〇二一）において、「〝人間と性〟教育研究会」による指摘として、以下の六点を挙げています（四頁）。

①性のポジティブなあり方に全く触れず、子どもたちに性に対するネガティブなイメージを植え付けている。
②性が人権と不可分であることが示されていない。
③その人に固有の境界線（バウンダリー）が性の権利、からだの権利であることに全く触れていない。
④同意のないバウンダリー侵害行為は暴力（性暴力を含む）であり、犯罪であるということを明確にせず、「心と体の距離を保つ」という「心がまえ」の問題に収れんさせている。
⑤性暴力の例示の仕方も異性愛主義であり、リアリティに欠ける。
⑥誤った性暴力理解と対処の仕方を教えることにより、子どもたちを危険にさらす可能性もある。

また、同協議会幹事である浅井春夫氏は、論文「社会問題をセクソロジーする(23)」（二〇二一）において、「『方針』（「性犯罪・性暴力対策の強化の方針」：引用者）の出発点」は「『性犯罪・性暴力対策』に位置づけられた内容」であり、「むしろ教育方法としては教え込み的な道徳教育に吸収されていく可能性が大きい」と警鐘を鳴らしています。道徳が教科化された現在において、注目すべき指摘と言えます。

また、近藤凜太朗氏は、論文「『生命（いのち）の安全教育』とは何か?」（二〇二二）において、より深く問題点を捉えています。本論文の要約には、次のようにあります。

本論では、文科省「生命（いのち）の安全教育」モデル教材の内容をフェミニズム理論の視点から分析し、その論理体系を明らかにした。本教材は、DV・性暴力の被害者を非難する神話を問い直す点で一定の意義を有しながらも、家父長制や異性愛主義といった権力構造を不問に付していた。そうした両義的性格は、「男女共同参画」という政策概念自体に由来すると同時に、国家的人口対策としての少子化対策にも矛盾なく接続されるものである。（一頁）

そして、同論文では、次のことが明らかにされています。

①二〇〇〇年代以降、新保守主義的なバッシング勢力によって性教育実践全般は著しい後退を余儀なくされ、性暴力に関する豊富な記述を含んだ厚生労働省の副教材『中学生のためのラブ&ボディBOOK』（二〇〇一年）も回収に追い込まれた。

②「寝た子を起こすな」論に基づく禁欲主義的道徳の影響で、「はどめ規定」と呼ばれる制

約が学習指導要領に書き込まれており、包括的性教育への大きな足枷となってきた。
③「生命の安全教育」の命名者である上川陽子前法務大臣は、「性教育」を連想させる名称を採用すると「要らぬ議論を喚起する恐れがある」ことを懸念していた。ここにはかってバッシングを主導した保守派議員への忖度があるという。日本の公教育史上初めて本格的に「性犯罪・性暴力対策」に踏み込んだ「生命の安全教育」もまた、異性愛主義的家族道徳を礼賛する政治勢力の意向と決して無縁ではない。
④本教材は、一方では被害者非難の神話に批判的立場をとり、被害者支援の歩みを一定程度反映している。しかし他方で、性的同意の前提となる基礎知識を欠落させているばかりか、異性愛主義とジェンダー中心主義を教材全体に浸透させ、社会全体の権力構造を批判的に捉える回路を封じてしまう。
⑤しかし、本教材はあくまで参考資料であり、包括的性教育への関心が高い教員であれば、「生命の安全教育」の名目のみ便宜的に借用した上で教材を改変して（あるいは別の教材を用いて）、子どもの現実に即した自由な学習を展開することもできる。その意味で今回の政策は一定の突破口になりうる。教材が抱える限界に自覚的でありさえすれば、その論理体系から距離を保ってそれに抗う実践を紡ぎ出すことは不可能ではない。

以上、保守派による性教育への攻撃によって性教育実践が著しく遅れた現状がわかります。

私たちは、今日の性をめぐる状況を踏まえて、子ども・若者に、科学的で人間的な性に関する知識と教養を身につけられるよう努力する必要があります。そのために「包括的性教育」[57]に学び、実践することは、すべての専門家や国民の喫緊の課題です。

私は、「性教育」が、一人ひとりの子ども・若者が、人権が保障された人間として生きていくうえで、ある意味最も必要な「教養」[58]であり、そのために必要な学習課題だと考えてきました。

そこで、熊本大学在任中は、青年期教育として「文化＝絵本の世界」、「からだ＝身体を拓く」、「性の世界」の三科目について、特に重視して取り組んできました。[59]また、二〇〇〇年に東京電機大学へ移籍後も、「生徒進路指導論」などの科目で、「性の世界」の授業を行ってきました（全十五回中五回）。

そうした授業における学生との対話を通じて、学生たちは性について、「暗いもの、恥ずかしいもの、避けたいもの」というマイナスイメージを持っていること、また、人を好きになっても振られて傷つくのが怖いという「傷つきやすく、消極的な姿勢」を持っていることなどがわかりました。すでに触れた通り、摂食障害、リストカットなどの「自傷行為」やパパ活などの「性の商品化」に一定程度の女子学生が取り込まれていることなども、これらの授業を通して学びました。[60]

なお、「性の世界」の授業内で、いわゆる「従軍慰安婦」問題を取り上げた際、ある学生から「どうせあいつら売春婦だろ」、「お金が欲しくて訴えているんだろ」といった言葉が出たことに大変驚いたこともありました。私は「それでは、私は直接韓国の『ナヌムの家』に行ってお話を聞いてくる」と言って、実際に「ナヌムの家」を訪問し、授業で報告したこともありました[61]。

さて、今後の性教育のあり方については、浅井春夫氏による『包括的性教育』（二〇二〇）にも学ぶ必要があります。この点については、終章（下巻）で詳しく触れることとします。

小括

今日、子ども・若者は、「性暴力・性加害」の渦中に置かれています。こうしたなかで、「性暴力・性加害」の事実をきちんと把握し、この問題が当事者に深刻な影響を与えていることを踏まえて、なぜ問題が発生するのか、どうすれば防げるのかについて論じてきました。

ここで最も重要な点は、教職員や私たち大人についても、性に関する科学的な知識や教養が不足しているということです。また、性に関する科学的な知識や教養が、国民レベルで必要だということを押さえて、今後の教育改革等に生かしていく必要があります。その点で、「包括的性教育」等の先行研究や、それにもとづく教育実践や世界の性教育[62]にも旺盛に学ぶ必要があります。

七　「女子の生きづらさ」をめぐって

コロナパンデミックを経て、子ども・若者問題がさらに顕在化するなかで、新たな問題も見えてくるようになりました。本節では、なかでも「女子の生きづらさ」[63]に焦点を当てて論じます。

1　コロナ禍とマスク依存

コロナ禍では、「マスク依存」への大きな社会的注目が集まりました。私は、コロナ禍前から、特に女子学生などが日常的にマスクをしていることが気になっていました。二〇一九年一月に「国連子どもの権利委員会」の傍聴に行き、その後、スイス、ベルギー、フランス、オランダの四か国を一〇日間訪ねましたが、その間に出会った約三万人の人々は、驚くことに誰一人マスクをしていませんでした。以来、日本の女性、とりわけ若年女性はなぜマスクをするのか、という問題意識を持って学習してきました。

コロナ禍において、マスクは「顔パンツ」とも言われるようになりました。また、ある女子高校生の次のような新聞投書が大きな社会的話題となりました。

マスク外すのが怖い

高校生　太田さくら　15歳（千葉県成田市）

私は学校でマスクを外すのが怖い。コンプレックスだらけの顔を見られたくないからだ。中学校入学時、新型コロナウイルスはなかった。マスク生活が始まって、体育の授業でマスクを外すのにちゅうちょはなかった。

しかし、高校は違う、マスクをつけたまま入学し、クラスメートのほとんどが私の素顔を知らないのだ。そのような環境で体育でマスクを外すのは恥ずかしい。外している生徒はみんな顔が整っていて余計やりづらい。マスクを外して周りから幻滅されたり、自分の顔に自信があるように思われたりするのではないかという不安が私を襲う。

このような考えの人も少なくないと思う。今後マスクを外すことが可能になったら、日本人の何割がマスクを外せるのだろうか、そもそもマスクを外せる時が来るのだろうか。これからの人生に不安しかない。

（二〇二二年九月九日付『東京新聞』）

コロナ禍以降もマスクが外せない子どもの割合は、一〇代の女子で六一・四％、男子で五〇・七％にものぼりました（二〇二三年五月一〇日付『東京新聞』朝刊）。

私はこの点について、男子に比べて、女子のほうが「つながり不安」や「つるんで行動する」傾向、すなわち「同調圧力」64および「見られる性」としての意識が強いのではないかという仮説を持っています。例えば、以下に紹介するのは、熊本大学時代の授業内で学生が作製した手作り絵本からの引用です。

わたしが　わたしで　あるように

作・絵　山本裕貴子

わたしのはなし／ちょっとだけきいて。／きのうまでのわたし。／なかよしグループのみんなが、／おそろいのあおいバックをかった。／わたしも、あわてておなじのをかった。／ほんとは、あかいのがすきなのに。／きのうまでのわたし。／たいいくのとき、みんながバスケット／のグループにはいったから、わたしもはいった。／ほんとは、テニスがしたかったのに。／きのうまでのわたし。／ともだちが、「トイレついてきて」／わたしは、トイレのまえでまっているだけ。／ほんとは、いきたくないのに。

きのうまでのわたし。／ほうかご、ともだちが／「そうじとうばんかわって」だって。／よみたい　ほんがあるのに。

きのうまでのわたし。／みんながみてるテレビ、みなきゃ。／だって、あした　はなしのなかまに／はいれなくなるもん。／ほんとは、ほかに　みたいのあるけど。

きのうまでのわたし。／みんなでいったレストラン。／みんな、ハンバーグたべるってい
うから／わたしもたべた。／ほんとは、オムレツのほうがよかったな。
きのうまでのわたし。／ともだちが、Kさんのことを／「みんなとちがう」っていった。
／わたしも　おもわず「そうだね」っていった。／ほんとは、ひとりでなんでもできる／
Kさんのこと、わたしとちがって／かっこいいなっておもってたのに。
きのうまでのわたし。／「みんなといっしょじゃないとイヤ」／「なかまはずれはイヤ」
／でも…／わたしって、なんだろう？／ともだちって、なんだろう？
みんなといっしょなのに、／いつも　ふあんで　ソワソワして、／ちっともたのしくない
んだ。／みんなとは　ちがうわたし、／みつけたいな、ってちょっとおもうの。
わたしのすきな　サクランボ。／よくみると、みんなちょっとずつ／ちがうんだ。／サク
ランボは、いつでも　サクランボ。
木は　木であるように、／はなは　はなであるように、／そらは　そらであるように、／
おひさまは　おひさまであるように、そして　きょうからは、／わたしは　わたしである
ように。

なお、作者の山本さんは、この絵本のあとがきで次のように述べています。

この話は、私がこれまで友達と一緒にいる時に感じていたことをもとにして創作しました。こういう気持ちの人がきっと他にもいるのではないか、と思います。

〝いつも自分自身でありたい〟。簡単な様で、難しいことです。でも自分が感じてきたことをこの絵本にまとめて、スッキリすることができました。

先日、この絵本をある学習会で読み聞かせしたところ、参加した女性からは、女性の「つながり不安」について、とてもよく描かれているという感想が寄せられました。

こうした若年女性の「つながり不安」は、「マスク依存」や「スマホ依存」にも現れているのではないでしょうか。この二つの現象について、社会学者の大澤真幸氏は、次のように説明しています。

この「規律権力」（フーコー）によっても、先ほど述べた、最近問題になっている、「マスク依存」は、「**いつも見られているのではないかという不安**」、また、「スマホ依存」は、「**いつも見られていないのではないかという不安**」、すなわち、スマホのラインから発する情報が、既読スルーにならないかどうか、あるいは、ライングループのうち何人が見てくれるか、さらには、返事をくれるかどうか、常に不安で仕方がない状態に置かれるということが説明できます。

（大澤二〇一三、一五五頁、ゴチック：引用者）

以上、「マスク依存」および「スマホ依存」には、「同調圧力」と「規律権力」の両方の作用が働いており、特に若年女性の行動を縛り、息苦しくさせていること、あるいは「孤独感」を高めていることがわかります。

2　女子といじめについて

先に引用した山本さんの絵本における「Kさん」に対する周りの女子の対応が典型的ですが、そうした、いわゆる「女子特有のいじめ」についても注目します。

この点は、私のこれまでのいじめに関する著書においても十分にふれることができていません（前島一九九五、同二〇〇三、同二〇一五など。私自身が三人兄弟の長男、私の子ども四人も男の子ばかりということも、女子の人間関係の作り方に問題意識がなかなか向かわなかった原因の一つだと思います）。

ここでは、近年の問題意識に沿って学んだ内容からいくつかご紹介します。

例えば、精神科医の水島広子氏は、『整理整頓　女子の人間関係』（二〇一四）のなかで、女子の人間関係の特性を一一点にまとめていますが、そのなかでは「すぐに群れたがる。『群れ』の中では均質を求め、異質なものを排除しようとする」（二頁）という特徴をあげています。

あるいは、吉野明氏の『女の子の「自己肯定感」を高める育て方』（二〇一八）には、「知っておきたい女の子の特性」として、次の七点が挙げられています。

①完璧主義傾向が強い
②失敗することを必要以上に怖がる
③女子ならではの集団形成の原理がある
④人前で叱ると「自己肯定感」が下がる
⑤人前で不用意に褒めてはいけない
⑥過剰に空気を読む
⑦「誰と一緒に頑張ったか」が成長を促す

以上の二冊のなかで描かれている女子の特徴は、いずれも先の絵本でも描かれた「女子特有のいじめ」の特徴を、的確に指摘しています。

また、アメリカの研究者レイチェル・シモンズ氏の『女の子どうしって、ややこしい!』(二〇〇三)では、女子のいじめについて次のように説明されています。

男の子の攻撃性やいじめの問題については山ほど論文があるのに、女の子について書かれたものはほんの一握りで、しかも役立ちそうなものはなかった。 (九頁)

いまや、もうひとつの沈黙に終止符を打つべきときだ。女の子たちの攻撃という隠れた文化では、いじめは独特で伝染しやすく、人をとことんまで傷つける。男の子の場合とはちがい、身体や言葉を使った直接行動はとられない。私たちの社会では、女の子が公然といさかいをおこしてはいけないことになっているので、女の子の攻撃は間接的なかたちをとり、表面に出ない。陰口をきき、のけものにし、噂を流し、中傷する。あらゆる策を弄して、ターゲットに心理的な苦痛を与えるのだ。

男の子の場合、いじめの対象は、それほど親しくない知り合いか外部の人間であることが多いが、女の子のいじめは、結束のかたい仲よしグループの内部で起こりやすい。そのため、いじめが起こっていると外部にはわかりにくく、**犠牲者の傷もいっそう深まる。**

女の子たちは、攻撃に、拳やナイフでなく、しぐさや人間関係を用いる。ここでは**友情が武器だ。**

これは、女の子と、非暴力的な衝突にテーマをしぼった初めての本であり、私が「**裏攻撃**」と呼ぶものの加害者と被害者の物語である。

（一四頁、ゴチック：引用者）

本書においてシモンズ氏は、女子のいじめについてもそろそろ本格的に研究すべきだと強調していますが、私もまったく同感です。

私はかつて、いじめで自死する子どもの多数派（約六割）が男児であることを踏まえて、このことは、日本の自死者のおよそ七割が男性であることと同じ原因があるのではないかと述べたことがあります（前島二〇一六、五〇頁）。

しかしその後、青森県の中学校二年生（当時）の女子生徒[65]のいじめ自死事件の第三者調査委員会に参加したり、北海道旭川市の女子生徒いじめ自死事件に注目したりするなかで、従来の枠組みでは、いじめ問題の本質を捉えきれないのではないかと考えるようになりました。コロナ禍において若年女性の自死が増えているだけでなく、「摂食障害」の九割が若年女性であり、マスク依存だけではなく、スマホ依存についても男子よりも女子のほうが深刻であるという事実（コロナ前はともに三時間半、コロナ禍では男子四時間半、女子六時間半に激増）、そして、リストカットについても女子のほうが圧倒的に多いという事実などを踏まえて、女子の抱える特有の問題に迫っていきたいと思います。

その場合、やはりキーワードは、拙著と同じ「よい子」の苦しさです（この「よい子」に注目する点は、先のレイチェル・シモンズも同じでした）。

ここでは、私の教え子のレポートから、いわゆる「毒親」（「教育ママ」）に苦しめられた事例を見ていきたいと思います（前島二〇二〇、一〇～一二頁）。

私と「よい子」と家族

熊本大学法学部　Ａ子（１９９９年入学）

私は、「よい子」についての講義がとてもつらかった。高校までの私はまさにそれだった。本当は私の人生なんて空っぽだったんだと悲しくなってしまう。大学に入り親元を離れることでようやく「よい子」の自分を壊そうと動き始めることができた。これからの自分つくりにつなげるためにも、「よい子」の過去を振り返ろうと思う。

私の家はいわゆる高学歴の一家である。両親とも進学校を卒業、そして大学を出ているし、祖母も名門高校を卒業している。親類も同じような高学歴だ。私は三姉妹の真ん中だが、三人とも地元の進学校に入り、そして姉は私と同じ熊本大学である。地元では「優秀な姉妹」として言われていたし、祖母は聞かれもしないのに私たちの学校のことを知人に話したりしている。小さい頃から三姉妹の中でも私が一番可愛がられていた。理由はいろいろあると思う。よく言うことを聞く、反抗しない、真面目、そして頭がいいことなどである。まさに「よい子」の典型だったように思う。私はと言うと親にほめられるのがうれしかった一方で、他の人に私のことを自慢げに話す親、特に祖母に嫌悪を感じてはいた。中学校まではほとんど努力しなくても成績がよかったが、高校に入って自分より頭のいい人が大勢いることを知ってショックを受け、とてもあせったことを覚えている。高校では中学の時にはなかった順位の張り出しがあり、それが余計プレッシャーになった。親は

「A子は実力があるから大丈夫。頑張って」ということしか言わなかった気がする。そして私は真面目に予習し、テスト勉強もちゃんとした。そしてだんだん順位が上がるにつれて、家では余計プレッシャーがかかってきた。「めざせ九大」である。このころ私は周りが見えていなかった。でも高校一年生の冬、友達関係がうまくいかなかったことなどもあり、家で爆発してしまった。「クソババア」「死ね」「殺す」。壁は蹴る、殴る。ドアは乱暴に閉めるなどとにかくあたりちらした。けれど、ここが私の「よい子」であった所だと思うが、私が荒れている理由を母たちに言うことができなかった。友達との関係が悪化していたからだろうと思っていたようだった。本当はプレッシャーが重荷になって仕方がなかったからである。あの時母親に「私に期待をかけないで」って言えていたら、本音で話していたら「よい子」から抜け出せたかもしれない。私にとって自分で切り開いていくきっかけをつかむチャンスだったと今、思う。でも私は恐ろしくてできなかった。私が反抗したら親が悲しむ、次第に「よい子」から「よい子」の仮面をかぶるようになった。「親を喜ばすためにいい点を取らなくちゃ」などというプレッシャーはなくなる一方、親への不満を感じるようになった。しかしこれらの不満は口には出せず、心の中にためこんで行った。仮面はかぶりはするものの、やはり「よい子」の域は脱せなかった。反抗したり、自分の意見を通したくても「反抗しちゃいけない。親に反抗しては」という心が勝り、何も言えず、何も変わらなかった。心の中ではこんな自分に対するイラだち、親への不満はつのっていった。**「殺したい」と思うことも何回もあった。**私は本当に殺したりするようなことはなかったが、親殺しをしてしまった「よい子」はこんな風に心の中に憎しみ、不満をためこみ爆発してしまったのではないかと思う。こう考えると「よい子」の自分に中途半端に気づいてしまうよりは、自分が「よい子」だと気付かず、全くの「よい子」でいる方が幸せかもしれないと思う。「よい子」の自分に気付き、それが嫌で抜け出そうと思っても、自分の「よい子」の部分が勝って反抗できず、自分へのいらだち、親への不満を心にしまって「よい子」の仮面を被ってしまう。それが悲劇につながってしまうのではないだろうか。私の場合はずっと心の中で**「死ね」「殺す」**などの言葉を言いつづけていたためか、これらの言葉に何の抵抗も感じなくなってしまった。普段の会話でも平気で使うし、ムカついた時は誰の前であっても言ってしまう。

「よい子」の仮面を被ることについて、私の経験で言えば親が大きく関わっているのは前に述べたとおりだ。**両親とのケンカは実はしたことがない。**叱られたことはあるが、お互い自分の意見を通そうとぶつけ合ったことがないのだ。親との付き合い方が「よい子」の私を形成し、そして未だに引きずることにつながったのだと思う。両親、特に父親は規律がきびしく、常に私たちを「子ども」として扱っている。……でも、いまだに親と本気で言い合いをしたことがない。あくまで親―子として接することしかできない。腹をわった話ができないのだ。私の「よい子」崩しはここで大きな壁にぶつかっている。本来はもっとそれが行われるべきだったと思う。まだ良心を一人の人間としてみることができない。一人暮らしをするようになって自分で考え、行動し、責任を持つことで私はようやく本当の自分をつくることができようとしているのだ。(…)

今の生活は今まで生きてきた中で一番楽しいし、初めて生きていることを実感している。以前は周りの反応が気になって仕方なかった。一人で何もできなかったのも結局は親の反応を気にして人に相談したせいだと思う。私が一人で決めてはいけないとさえ思っていた。私の人生は私のものだというこんな当たり前のことがようやくつかめた。**自分を初めて好きになった。**(…)

このレポートを書くことで自分が今どうしたいのか、どうありたいのかがみえた。「よい子」の過去を振り返るのも嫌だった。講義を受けなかったら自分が「よい子」であったこともわからなかったと思う。自分の今までいだいていた思いも「よい子」をキーワードに分析することができた。もし親元を離れていなかったら……と思うとゾッとする。両親の思うように生きてきた私はまさに「よい子」だった。そんな自分に気づかせてくれ、過去を振り返るきっかけを与えてくれた先生の講義を本当に受けてよかったと思う。自分づくりに欠かせないと思うからだ。本当の自分、なりたい自分になる為に「よい子」の仮面を脱ぐ努力をしたい。私が行動することできっと変わると思う。レポートを書いたことで改めて意志を感じた。こうやって「よい子」から抜け出し、自分作りを始めようとしている学生は多くいると思う。**救われたと言ってもいいかもしれない**。私のようにきっかけをつかんで変わろうとする人を少しでも増やして欲しいです。自分の人生は一度しかない。自分で歩んでいくものだから。生意気なことを言っているかもしれません。でも私は先生の講義を受けて本当によかったと思っています。ありがとうございました。これからも少しでも多くの人の心を救うきっかけをあげて下さい。

(ゴチック:引用者)

この学生は、多くの学生と同じように「教育家族[66]」のなかで、両親、特に「母親=教育ママ」の期待に応えるべく頑張るなかで、「よい子」になっていきます。しかし、次第にそのことに疑問を持ち始め、家から出る=下宿を経験し、やっと本来の自分自身を取り戻します。

この当時から、親の期待に応えようと受験戦士として必死で頑張る子ども・若者が目立つようになります。そして、学校における「しばる管理=受験競争」と「しばる管理=校則と体罰」により、学生には次のような心身への影響が現れます。

高校に入り、私は体の調子がおかしくなっていった。私の高校は管理教育の見本のようであったからだ。勉強が大変なのは覚悟していたが、そのほか日常の学校生活まで厳しく管理され、息が詰まった。そこでは成績と模範的な行動が全てだった。軍隊のようだった。私は大学に入るには他の全てを犠牲にしなくてはいけないと信じ込んでいた。第一勉強なんて、自主的にやるものだし、他の今考えると全く馬鹿げた校則も笑えるなあと思うのだが、当時は学校生活についていくのに必死だった。

そして、そういう生活の中で自分の「ある部分」が死んでゆくのがはっきりとわかった。中学生の時は爆発的にあった好奇心や夢や希望、頑張る気持ちだ。

（熊本大学法学部一九九四年入学の女子学生、前島一九九八、一七頁、ゴチック：引用者）

この「絵本の世界」の授業を受けている時、いつも自分がどういった人間であるかを考えていました。母に言わせると、わたしは外見もさながら中身も劇的に変わったということです。幼い頃は相当活発だったのが、いまでは何もしたがらないような、とても消極的な性格になってしまっているのです。

中学生活と聞いて思い出すのは、運動会や文化祭や友達などというものではなく、まっすぐにのびた廊下や校舎そのものでした。その中にいつもぽっかりと浮いた感じで授業を受けている私の姿があったのでしょう（クラスの中で浮いてたというわけではありませんよ）。

とりあえず、この中学生の私を描いてみると、「**色はないのです**」。

（熊本大学法学部一九九六年入学の女子学生、同、一六～一七頁、ゴチック：引用者）

以上の学生の意見からもわかるように、受験＝管理教育は、学生の人格形成に多大なマイナスの影響をもたらします。

なお、この当時の「教育ママ」との言葉は、現在では「毒親」と言われ、関連する著書も多数出版されています。[67]また、その「毒親」による虐待を「教育虐待」と言います。[68]

小括

以上、本節では、とりわけ若年女性の「生きづらさ」に焦点を当て、具体的には「マスク依存」や「スマホ依存」という現象をいかに説明できるのか、あるいは、女子特有の「つながり不安」＝「同調圧力」の問題、そして、女子のいじめにおける「裏攻撃」の問題などについて論じてきました。

今後の理論的課題として、女子の「同調圧力」の強さはいつ頃から顕著になったのか、その背景には何があるのか、どうすればその「同調圧力」に風穴をあけることができるか、などについて追究したいと思います。

八　いじめ問題をめぐって

いじめ問題は、戦後高度経済成長以降、特に一九八〇年代前後から、子どもたちを苦しめています。統計上でも、毎年一〇人近くの子どもがいじめを苦に自死します。とても悲惨なことです。こうしたなかで、いじめといじめ自死の大量発生に対し、二〇一三年に「いじめ防止対策推進法」（略称：いじめ防対法）が成立しました。しかし、この法律はかなりの欠陥法であり、また、政府の対策がほとんど的外れなこともあって、いじめは増える一方です。また、いじめ自死も絶えることがありません。私はこれまで、いじめ問題の解決を願い、いじめに関する多数の著書および論文を公にしてきました[69]。

さて、今日のいじめ問題は、子ども・若者をめぐる様々な問題のなかで、どのような位置にあるでしょうか。例えば、登校拒否・ひきこもり問題との関連でいえば、登校拒否・ひきこもり当事者が自死する場合に、その背景にいじめ体験があるという説が有力です（前島二〇二〇）。また、登校拒否やひきこもり当事者に限らず、いじめられた体験も、将来の自死とつながるという調査研究もあります（日本財団18歳意識調査第三回）。さらに、子ども・若者の「自傷行為」といじめ体験の関連も指摘されています。

このように、いじめ問題は、子ども・若者の様々な「行動化」と「身体化」との関連が指摘されています。その意味でも、いじめ問題の解明は、子ども・若者をめぐる様々な問題の解明と解決にあたって、とても大切な理論的課題になります。

なお、現代のいじめにおける新しい問題として、「ネットいじめ」と、小学校低学年でのいじめ発生件数の増加が指摘できます。ここではまず、前者について論じます、また、後者の問題については、本節の4項で論じます。

1　生活困難家庭のいじめについて

四〇年の大学教員生活において、生活困難家庭を理由にしたいじめ体験を語ってくれる学生に出会うことはほとんどありませんでした。ただし、比較的近年（二〇二一年一月）の学生のレポートに良い例があったので、紹介します。

「自分史」

ついにレポートもこれで最後となりましたね。今まで数々のレポートを書いてきました。今回はそのまとめということで「自分史」を書いていきたいと思います。私がどんな人生を歩んできたのか、中にはもちろんいじめもあります。そんなようなことを書いていきたいと思います。

私は、保育園に通っていてその頃からよくケンカをする人でした。自分の思った通りに物事がいかないとイライラしすぐ手を出してしまう。そんなような性格でした。小学校に入ってからも変わらず、一年生の時からよくケンカをして怒られるのが日常で、学校では問題児という一人に入っていたかもしれません。小学校低学年まではケンカでおさまっていましたが小学校高学年になるとそれが、いじめに変わっていきました。今考えれば、いじめだったのかな、と思うことが多くあります。記憶がはっきりとしているわけではないですが、話していきたいと思います。

小学校5年生の時、万引きというのがクラス内で流行し、放課後に毎日のように4、5人で万引きをするというのが日課でした。これが1、2カ月続き万引きしたものは、シャーペンなどの文房具類からお菓子や飲み物といったものまで色々なものを万引きしていました。クラスの男子生徒の半分は万引きを知っていましたがずっとバレることはなく、いけないことと分かっていてもバレないから大丈夫だろうと思い行っていました。そんなある日、後輩からポケモンカードをポケットに詰めるだけ詰めて万引きを行いました。そしてその後輩にコンビニでポケモンカードを万引きしてほしい、と頼まれ私は後輩のためにコンビニで後輩に渡しました。後輩はとても喜んでいてそのまま解散しました。お昼ぐらいに解散し、家に帰り夕方インターホンが鳴りました。インターホンのカメラ越しに見えたのはコンビニの店員と後輩の姿でした。後輩が罪悪感にかられコンビニに言いに行ったらしくそこですべてがばれました。親にもすべてを話しそこから学校にもばれ警察にも行くことになりました。そこから、裏切られたと感じた私はその後輩とは一度も口をきくのをやめ無視を続けるような形になっていきました。またその万引きがきっかけで、ほかの小学校の悪い人たちとも関係を持つようになり段々と悪い方向に人生が進んでいくようになりました。クラスの中でもよく悪さをする友達とずっと一緒にいることが多くその友達とよくいじめもしていました。小学校5年6年とクラス替えがなく友達もそのまま同じクラスで6年生になりました。その時2人の転校生が私のクラスに転校してきました。一人は外国人で日本語もうまく話せない男の子で、もう一人はちょっとおかしな女の子でした。転校生ということもあって私たちは転校生に話に行きました。男の子と話していると、日本語がうまく話せないのでそれをずっと真似してからかっていました。そうするとその子も怒り出しその子が怒るというのを楽しんでいました。また、その子が怒ると次には泣き出すことも多く泣き出すと机に大量の唾が垂れていることも多くそこから、クラス内でいじめられることがありました。私たちがからかい、その子が怒り泣き出し、唾が垂れクラスの人たちから避けられるというサイクルが生まれました。これ以上は何もしてないのですがこのようなことが一年間続きました。また、よくパシリとして使っている子もいて、その子なら何をしてもいいだろうという考えが友達の中であり、その子の家に行き、家には両親ともいない中で家の中のものを壊したり、家の中で花火をしたり、その子の自転車を燃やしたりなどしていて、その子もその時はやめてと言っているがニコニコしている部分もあり私たちは懲りずに続けていました。自転車も合計で4、5台は破壊したと思います。家に行くのも遊びの誘いで断られたら家に乗り込んだり、急に突撃して乗り込むということが多々ありました。その子は後に中学も同じで中学校でも同じようにいじめられていました。ここまでは**遊び半分**で友達と行っていたのが主な事柄です。友達と遊んでいたりすると嫌いな子や**むかつく**ことが多い子がぽつぽつと現れます。私は嫌いな子やちょっと嫌なことがあるとすぐにケンカを起こし、また自分の仲のいい友達が嫌いな友達と仲良くしているのを見るのが嫌で遠ざけようとする性格でした。それは今でも変わらないかもしれません。小学校では一人不登校にさせてしまったことがあります。下校中、何に怒ったのかは覚えていませんが、同じクラスメイトの子にいら立ち帰り道に、ボッコボコにしてしまったことがあります。その一件によりその子は、私が怖くて学校に行けないと言い不登校になってしまいました。学校でも問題になり、のちに謝りに行き解決はしましたが、クラスではホームルームの時間に1時間使いクラス全体での話し合いになりました。私が一人、教卓に立ち今回の全貌について明かしそれに対しクラスメイトから意見をもらうというものでした。その時に他にも喧嘩をし辛い思いをしたという生徒が続々と現れ、私自身は何も思わなかったのですが被害者は多く存在し辛い思いをしてきたということを知りました。私だけではなく同じクラスの中や、ほかのクラスの中でも喧嘩やいじめというのは色々なところであり、そんな学校だったので環境に染まってしまった部分もあるのかと思います。

そして中学生になり学年全体の人数も増え、また色々な小学校からいろんな人たちが集まりました。元々小学校から悪さをしていた友達とも中学校は同じで、ほかの小学校の悪い友達とも同じになり、ここからが本当にやばい学生生活の始まりでした。中学校生活が始まってすぐ、私の友達がいたクラスでは友達を筆頭にいじめが始まり、すぐに不登校になってしまいました。いじめになった原因は被害者側の清潔感に問題がありました。髪の毛がベタベタしていたり、ワイシャツの中に何も着ず汗でべったりしていたことなどから、**汚い**ということでビンタなどされており、不登校になりました。また私のクラスでもいじめが起きました。部活動に友達と入り、友達と部活動内でいじめを共にしていました。部活動の一人の同級生をいじめていたのですがいじめていた理由は特にありません。強いて言うなら、顔が気に入らないという理不尽な理由です。卓球部に所属しており、その倉庫に連れ込んでいじめをしていました。実際に何をしていじめていたのかは覚えていません。ですがそのいじめがあり被害者の親から事によっては裁判で訴えると言われるまで怒らせてしまいました。結局そこまでには至らなかったのですが、1カ月ほど時差登校、別室授業、時差下校というのが続きました。私とその子が同じ教室で生活することはできないとのことでこのような形になりました。そのあとこの一件は終わり同じ教室で授業受けることができるようになりました。小学校の時からそうだったのですが、何かと問題が起きると教員たちは私の名前を出し、F君のグループ、F君達といったように私を筆頭として扱われていました。なぜかはわかりませんが目立ってしまう存在であり、何でも自分のせいにされてしまう事に物凄く不安を持っていました。そして中学でもタバコ、喧嘩は変わらず続き先輩との関わりもあり、先輩にはうまく使われていたりしました。先輩の仲いいグループの中でも誰かが仲間外れにされたりというのはよくあることで私がいた同級生のグループの中でもよくあることでした。何か気に入らないことがあると仲間外れにされ、喧嘩をし、またグループに戻るといった感じでよくあることでした。そんな中で私もずっと遊んでいて、やんちゃなことばかりしていて教員に反抗したり、授業中に廊下を友達とぶらぶらしたりと完全に問題児グループの一員でした。ですが、このグループを抜けるかどうかという私にとっての人生の転機が訪れました。私は部活動とは別にサッカーチームに所属していて、問題児の時はサッカーチームの練習などにも参加せず、遊び呆けている毎日でした。ですが、サッカーチームの監督に練習にしっかり参加しろ、親に迷惑をかけるなということを言われ、サッカーか友達どちらかを選択しなければならないという状況になりました。サッカーを続けるならば、一緒に悪さをしていた友達とも遊べなくなりタバコなどもやめなければならない。友達を取るのならば、小学校から続けてきたサッカーというものを手放し、小学校の頃の監督、コーチなどを裏切ることとなる。その二択を迫られ私はサッカーを続けるという選択をしました。今ではこの結果がとても正しい選択だったと思います。もちろん、サッカーを続けると決めたので、悪い友達とはなるべくかかわらないようにしました。そしたらよくある話ですが、やはりその友達からのいじめが始まりました。今まで一緒に悪さをしてきた友達が急に縁を切るようになればそのようになるのはわかっていました。学校内では学校全体に色々な噂を立てられたり、教室に入ってきて嫌がらせを受けたりというのも日常茶飯事でした。その中で、今まで問題児として存在していた私が学校に助けを求め、私を守ってほしいと頼んだが学校は何も対応はしてくれませんでした。それも当たり前です。今まで散々迷惑をかけてきたのに急に助けてほしいと言っても無理な話です。なので自分でどうにかするしかないのですが私は時間がたつのを待ちました。すると次第に悪い友達も飽きてきたのかいじめられることが終わり、逆にまた仲良くなることができました。またその仲がいいも、一緒に悪さをするわけではなく、友達としての仲がいいになりました。このような形で悪さをするグループから抜けることはできたのですが結局、学校内での問題児というところでは変わりはありませんでした。簡単に言うと犯罪はしないが、学校では問題を起こすといった形です。私の中学校生活は本当に最悪の世代といっても過言ではないくらい荒れていました。窓から絵の具を投げ道路を汚したり、窓ガラスが割れることや教室のドアが壊れること、彫刻刀で人を刺すなんて事件もありました。授業中に廊下を生徒が走り回っていたり学校内でタバコを吸うなども当たり前のようなことでした。2年3年の時は毎日警察の方が1、2人学校にいる状態でした。実際悪さをしているそのグループだけの出来事だけではなくその陰で、そんな環境下にあるからなのか他の生徒も荒れていました。私のクラスではないのですが生徒が担任の先生に対していじめを行い鬱病になってしまったこともありました。その先生は若い先生で明るく気さくな先生でした。私自身は特にその先生を嫌っていることもなくむしろ好きなほうでした。ですが、その担任の先生のクラスではクラスのほとんどが先生に不満を持っていて、クラスの生徒たちがその不満を書いた紙を先生に渡し先生の言うことを聞かなくなり鬱病に至ったそうです。それからも各クラスでは1人はいじめにあい不登校になるというのが当たり前でした。特に多いのは女の子のいじめが多かったかなという印象があります。よくあるのが仲間外れにされ居場所がなくなり不登校になってしまう、また男子生徒から名前やコンプレックスなどをいじられ不登校になってしまうというのが多かったです。

ここから少し私の家庭環境についても話していきたいと思います。私は兄がおり4人家族でしたが、小学校5年生の時、親が離婚してしまい母親と兄と3人で暮らすことになりました。兄はいつでも自分中心に物事を考え、自分にやさしく人に厳しくといった最悪の性格でした。兄とのけんかも絶えず、何をするにも兄が先、兄はいいが私はダメ、といったことが多く、また離婚したことにより父親がいなくなって兄が1番強いといった考えを持っていたので本当に兄中心の生活で**私はストレスしかなかったです**。そんな環境にいたので小学校から中学校まで少し荒れてしまった部分があったのかもしれません。反抗期もしっかりとあり、中学校1年生の時には母親の胸ぐらをつかんだり、蹴り飛ばしたりということもありました。そして受験生になり、お金にあまり裕福な家庭ではなかったため公立の高校に入ることが親孝行の一つであると考え、1年間猛勉強をしました。今考えると人生で一番勉強した年かなと思います。元々あまり頭が良くなかったですが、偏差値を20

ほど上げ区内で一番頭のいい公立高校に進学することができました。

そして高校に進学し、全く知らない人ばっかりの環境になり高校生活が始まりました。クラスでは学級委員になり普段からクラスの男子をまとめ、昼食も全員で食べるといったくらい仲良くなれました。クラスの男子も私についていけば間違いないといったような感じで私の言うことには素直に受け入れてくれました。そしてそんな私を筆頭にいじめが始まりました。時代も変わり今では当たり前となったSNSアプリ、LINEでのいじめでした。クラス全員が参加しているグループで一日に約1000件もの活動のあるグループでした。毎日1000件ほどのやり取りをしていて鬱陶しく思った私はクラスの男子のみのグループLINEを作り一人の女の子を無視するよう促しました。そしてすぐクラス全体のグループでは男子が女の子を無視し、時々返事を返してしまう友達には、なんで返すんだよーと相手にも分かるように無視をしていました。すると、その女の子も無視されていることに気づき、そしてその発端が私ということもわかりタイムラインという要するにLINEの中のTwitterのような場所で、「F死ね死ね死ね……」といったような投稿をし、すごい怒ってるなーという印象があり楽しんでいる自分もいました。そして翌日、朝学校に行くと私の席にはその女の子が座っており、泣いていました。私はその女の子が嫌いだったので、「そこ俺の席、邪魔」と言ったら立ち上がり私が座ると、横で立ち尽くしていました。そして女の子は「殴っていい?」と言い、私は「いいよ」と答えました。そして女の子が殴ろうとした瞬間、担任の先生が止めに入りました。それからのことその女の子とは口を利くこともなく1年間過ごしました。高校ではサッカー部に入り人数は100人程度のチームでした。小学校中学校と、チーム内ではキャプテンを務めていましたが、高校ではそのような選手が多くキャプテンになることはできませんでしたが、まじめに練習に励んでいるのが認められ、後輩の育成係やスターティングメンバーに選ばれることができました。高校生活ではいじめというのは初めのころしかなく、そのほかでは平和に生活していました。中学校の時から数学が得意で高校では理系に進み、高校2年生の時の数学の先生がとても分かりやすくまた、すごく頭のいい人で、一言でいうなら完璧といった方でした。そしてそのような教員になりたいと思い数学科に進学し教員になることを目指しました。第一志望は立教大学の数学科でしたが思い通りにはいかず滑り止めであった東京電機大学に進学することになりました。初めは滑り止めの大学で大学を楽しもうという感情は全くなかったのですが、大学生活が4年間あるということを考えた時にこの4年間を無駄にしたくないということで、全力で楽しもうと思いました。大学に入学し、前島先生も知っての通りO君やI君と4年間仲良く大学生活を送りました。大学生活では、いじめなのかはわかりませんがサークルの友達や学系の友達との間でお酒の強要などがありこれも度が過ぎるといじめになるのかなと思うことは多くありました。

実際、私はいじめることもあればいじめられることもありました。どっちかというといじめることのほうが多かったのですが、いじめる側もいじめられる側もどちらの気持ちも理解できると思っています。世の中にはいろんないじめがあり、理不尽ないじめもあると思います。ですが、何の理由もなくいじめられることはそんなに多くはないと思います。いじめられるには原因が必ずあると思っています。確かにいじめる側ほぼ100％悪いと言えるでしょう。しかし、1％、0・1％は被害者には原因があると私は思います。被害者が実際に相談するときは自分を守って相手を悪く言うのが当たり前です。被害者を助けるというのも当たり前ですが心の中では事実というものをしっかりと把握し対応していくのも大事だと思います。また、今回のレポートを書いて私はいじめの記憶が細かく覚えていないということを感じました。またそれと同時に被害者は鮮明に覚えているだろうと思いました。そのことを踏まえながらこれからも社会人として頑張っていきたいと思います。

（東京電機大学理工学部二〇一七年入学のF君、ゴチック：引用者）

この学生は、ことのほか私を慕ってくれる学生で、私を「マブダチ」だと言い、私のことを「康男」と呼んでいました。友人も多く、授業でいじめ問題を扱った際には、映画『青い鳥』に感動を覚えたとして、できれば小中学校に戻ってやり直したいと言っていました。それは、彼の小中学校時代に、彼が加害者となったいじめによって、何人もの友人が登校拒否になっているからです。そのことを、彼は大変反省していました。70

この例に見られるような、生活困難家庭の子どものいじめについて、竹内常一氏は、次のように述べています。

> こうしたときのかれらのいじめの理由は、「臭い」とか「むかつく」とかいったものでしかない。外からみると、まったく理由にならない理由である。だが、かれらがこうしたことばで言おうとしているものは、みんなと違う異質性のことである。(…)
>
> しかし、その異質性は何も相手だけにあるのではない。「臭い」もの、「むかつく」ものは自分の中にあり、いつなんどき漏れだすかわからないものである。かれらは自身のうちにあるこの異質性を受け入れることができないばかりか、削ぎおとそうとして、相手をいじめていくのである。その意味では、かれらは相手をいじめることによって、自分をいじめ抜いているのである。つまり、かれらは互いに自分の影を、自分に似たものをいじめることによって、はてしなく自分を痛めつけているのである。
>
> (竹内一九八七、四八頁)

F君も、いじめる理由について、「むかつく」あるいは「汚い」などを挙げているので、竹内氏のこの指摘には当てはまる部分があると言えます。

また、いじめの一種と考えられる「ホームレス襲撃事件」も、加害者の少年たちが加害の理由として「奴らは汚いから」あるいは「臭いから」「掃除した」[71]と述べていることにも、同じ構造があると思います。

私は長年、授業内でいじめ問題を扱い、その成果を何冊かの著書として出版してきました。[72]そのなかでも触れましたが、前述のF君もそうである通り、いじめる側の子どもは、自分のいじめ行為を弁護するためか、「いじめられる方が（も）悪い」あるいは「いじめは人間の本能である」などと述べる傾向にあります。

授業内で、そうした加害者側を擁護する意見が出た際、ある学生は私への手紙として、次のように反論しました。

前島康男様
先日の講義の際に、「いじめられる子が悪い」という意見を聞き、どうしても言いたいことがあるのでお知らせしたいと思います。私は、幼稚園、小学校、中学校とそれぞれ転校を経験し、いじめられました。幼稚園、小学校時代、私はいじめから逃れようと、「いい子」になろうとしました。それは、親や教師に対する「いい子」だけでなく、クラスメイトに対しても「いい子」であるということです。誰に対してもできるだけ**いい人**でいて、勉強もスポーツもかなり無理をしていい成績をとることに執着しました。そうすると。大抵の人は尊敬の念を持ってくれます。不良っぽい子に対しても「私は優等生のフリしてるけど、本当はすごいことができるんだ」と、乱暴な振る舞いをして、「あいつは**ヤル**やつだ」と思わせようと努力しました。しかしそれにも限界があり、中学になると、そんなことでは済まされないようになりました。九州は方言色が強いため、話すたびに笑われますし、誰かが横切れば必ず「ブス・デブ」といった、おきまりの嘲笑を言われ、教室移動は私だけは知らされず、体育では一人で校庭へ行ってしまい、さらには塾でさえ、「よくこんな問題も解けないで生きていけるな」と教師に言われる始末でした。でも、私もただ黙っていたわけではなく、方言はその地方になじむよう必死に練習して、ブスと言われれば、美容雑誌を買い込み、デブと言われれば絶食しました。もちろん、「そんなことはやめて。いったい私のどこが悪いの?」と、大声で叫んだりもしました。でも、「お前の存在が悪い」「お前が生きていることが間違いだ」そう言われて、私はどうしろと言うのでしょう? 誰にも口を聞いてもらえないなら、コミュニケーションは成り立ちません。いじめられる子が死ぬのは競争社会の結果だと言うのなら、いじめられる子は、何の為に生まれてきたと言うのでしょう? いじめられて死ぬ為ですか? それでいじめる側は満足しますか? 傷が残ることもないのでしょうか? 弱肉強食の世界の掟に、「強者が弱者を殺した為に傷つき、社会的排除や制裁を一生負う」などと言うものがあるのでしょうか? 現代におけるいじめは、〝生死〟が絡んでいるのです。私は自殺をしかけて屋上に立っていたり、ナイフで血の出る手を見つめていたことがあります。いじめっ子の写真をナイフで切り刻んだり、ダーツの的にしたりもしました。これが単なる競争の一種だと言うのなら、日本は今、血の海になっているはずです。私は「いじめ」は一種の犯罪であると考えます。犯罪者が、そこに至るまでにさまざまな苦しみを抱え込むように、いじめる側もまた、一種の被害者であって、その苦しみや抑圧に耐えられないのだから、同時に弱者であるのではないでしょうか？　人間は誰かに依存しなければ生きていけない、弱い存在であって、競争社会は互いに弱者である自分を相手から遵守しようとする自己保存の上での結果だと思います。弱肉強食は実は**弱肉弱食**であって、それこそが「いじめ」の本質の一側面ではないでしょうか？

　だからこそ今、日本社会を「いじめ」という観点から変えていこうとすることが重要であり、必要とされるのだと思います。熊大に入学し、私は今、平穏な日々を送っています。そして今、思うことはただ一つ。「この平穏が夢でないように」これだけです。私は今でも、いつ起こるかわからないいじめの恐怖と共存しているし、これからもそうでしょう。

（熊本大学、J子、ゴチック：引用者）

ここには、教師を頂点とするいじめ構造の問題、いじめられる子どもの想像を絶する辛さ、いじめる子もいわば社会的弱者であるという大切な論点、そして、今日の社会と教育における生存競争[73]がいじめを生んでいるという重要な主張を読み取ることができます。

2　中流家庭の「よい子」のいじめ

1項では生活困難家庭のいじめを取り上げましたが、ここでは中流家庭の「よい子」をめぐるいじめについて、学生たちのレポート等を事例として取り上げます。[74]

私は、今日のM君の文章（序章の文章）を読み胸がしめつけられるようでした。私は実は小六と中二の時いじめっ子の方でした。いじめられたのは両方とも同じ学年の子です。小六の時、私はA君を徹底的にいじめました。いや私だけでなくクラス全員、男子も女子もいじめていました。A君をクラスの一員と認めるかどうかの学級会も先生承認のもとに開かれました。先生も敵に回るぐらいなのでA君自身も良くない性格を持っていました。だから私は、その頃「どう考えてもいじめられる方が悪い」と思っていたので、なんの罪悪感も持っていませんでした。

それから中学生になって、一年生の時はA君とクラスは別になりましたが、二年生になって、またA君と同じクラスになりました。私はその頃、いわゆる学年の不良グループの連中と仲が悪く、口げんかもあわせるとそれこそ毎日のようにバイオレンスな生活を送っていました。私は今では考えられないくらい殺気立っていて、ちょっと気に入らないことがあるとすぐ相手のえりをつかむという具合でした。また、私が所属していた部の練習が非常に厳しかったのです。これらの原因から、当時の私はかなり疲れやストレスが溜まっていたように思えます。多分それらを解消するために必要以上にA君にからんだのかもしれません。

しかし、そんな私を変える決定的な出来事が起こりました。ある日、私が部活動へ行くために道を歩いているとA君とすれ違いました。何と言ったのかは覚えていませんが、私は彼を侮辱する言葉を彼に浴びせました。すると彼は何か言い返してきました。彼は六年生の時はいくら打たれても、侮辱されても、ぐっとこらえていましたが、中二の後半ぐらいから結構文句を言い返すようになっていたのです。私を含めた、いじめっ子たちはそれが非常に気に入りませんでした。でもこの時、私は部活動に急いでいたこともあり、そのまま通り過ぎました。しかし、50mぐらい歩いて、私の中にみるみる怒りがこみ上げてきて、「ここできっちりしめとかないとなめられる」という考えが浮かび上がりました。私は、振り返り100mぐらい先のA君を追いかけました。そして、力づくでA君を振り返らせ首をつかみ後ろのコンクリートの壁にたたきつけました。「なんなめっとや、打たるぞ!」とすごんでみせた時、私ははっとしました。あの時のA君の憎悪に満ちた目は今でも忘れられません。あの時のA君の目はどんな憎しみの言葉よりも凄まじい怒りと憎悪を私の心に突き刺しました。彼はなんの抵抗もせず、ただじっと私をみすえていましたが、それが私にとっては最高の抵抗のように思えました。それから私は彼をほとんどいじめなくなりました。もちろん当時はここまで深く考えていず、ちょうどその頃偶然のきっかけから不良グループと半分和解したような形で彼らとけんかすることがほとんどなくなり、ストレスがなくなったからいじめなくなったと考えていました。しかし、今振り返ってみると私がいじめをしなくなった一番の理由は、彼のあの目のおかげで、自分がどれほど憎まれているかということが分かり、それほど憎まれている自分という人間を変えなければと心のどこかで考えたからだと思います。私のA君をいじめたという事実に対する罪悪感は今でも時折私を苦しめます。

（熊本大学法学部一年、男子学生）

いじめた経験は、いまになって思うとすごく恥ずかしくて、相手に申し訳なくて、私の今までの人生の中の汚点になっている。でも、そういう体験こそ、思い切って見つめ直して、そこから教訓を得ていかないと、同じことを繰り返すことになる。私が人をいじめた体験から得た教訓は、どんなに状況がつらくても、人をいじめるな、いじめるとあとで自分がすごくみじめになる、その部分だけ、自分の人生の汚点となって、一生ついてまわる、ということだ。**「いじめ」というのは仲間意識を強化するために、一人の人を排除する。**ある人を排除することによって、仲間にはきゅうくつな規制があり、それを守らないと、いつ自分がいじめられる側に立つかわからないのだ。だから、みんな抑圧されて、それがいじめられっ子に向かう。

（熊本大学法学部三年、女子学生、ゴチック：引用者）

この、「『いじめ』というのは仲間意識を強化するために、一人の人を排除することによって、仲間にはきゅうくつな規則があり、それを守らないと、いつ自分がいじめられる側に立つかわからない」という記述は、いじめの論理をかなりわかりやすく把握し、伝えています。

また、前者の事例におけるA君に対するいじめでは、教師がいじめの先頭に立っている点に注目したいと思います。こうしたいじめについて、竹内常一氏は、次のように述べています。

（このような「よい子」のいじめは：引用者）教師の支配的かつ差別的なまなざしにその原因があるのである。そのもとで、子どもたちはいじめを公然とおこなうのである。その意味で、かれらのいじめは、教師を頂点とする学校くさい迫害的ないじめである。[75]

（竹内一九八七、四〇頁）

ここで、もう一つ「よい子」によるいじめの例を紹介します。

いじめっ子が責められるのを聞くと。胸がチクチクします。小学生の時、私自身がいじめっ子だったからです。

田舎で、明治生まれの祖母と同居の両親は共働き、４人きょうだいの末っ子。祖母は嫁であり母をいびり、孫（上の姉）もいびり、姉は下にきつく当たりました。四六時中、とげとげした言葉のやり取りの中でストレスいっぱい、自尊心はズタズタ、しかし懸命にとんがっていました。

学校では何でもできる優等生でしたが、きょうだい仲のよい同級生に「ムカツキ」いじめていました。

いま思えば、子どもとしてはかなり苛酷な精神生活でした。もしあのころ先生が「お前もしんどいなあ。がんばってんねんなあ」と声をかけてくれていたら、どんなに救われていただろうと思います。

いじめをなくすことは「いじめっ子」をなくすことです。ですが、ただいじめっ子を排除するのではなく、いじめてしまう事情のある子どもの心に寄り添い、救いながら、いじめをなくしてほしいと思います。（全日本教職員組合発行『クレスコ』二〇一二年一二月号）

ここでは、第一に、「よい子」にはいじめる理由があること、第二に、「よい子」もいじめることによって苦悩を抱え込んでいることに注目したいと思います。これらを踏まえると、いじめる子は厳罰の対象にすべき、あるいは、道徳的に対処すべきという主張は、根本的な誤りを含んでいることになります（自民党や文科省の主張、あるいは、内藤朝雄氏の「いじめ加害者を厳罰にせよ」といった主張[76]）。

ここで、藤森毅氏『いじめ解決の政治学』（二〇一三）から、いじめ加害者厳罰論に対する次の二つの批判を紹介します。

人は自分の苦しみを理解してくれる人に出会って、やさしく生きることができる。いじめる子どもの多くは本当の意味で人にやさしくされたことが少なかった不幸な子どもである。他人を妬み、人が傷つくことを楽しみにする子どもに罰を科し、ねじれてしまった心をさらにゆがめ、憎悪や攻撃性をつのらせる。そんなことを子どもに行うことは、社会にとっても最悪の選択といわなければならない。（一四二頁）

厳罰主義を主張する人々は、厳罰をためらうのは子どもに甘いという。しかし、人間的に立ち直るプロセスを子どもにもとめることこそが本当の厳しさではないだろうか。「子どもをとっちめろ」というのは、自らの怒りにまかせただけの言葉にすぎない。大津の事件もそうだったが、多くのいじめ被害の遺族が怒りの感情を昇華させつつ、加害少年の更生を主張されていることに敬意を払いたい。（一四三頁）

なお、二〇〇六年にいじめで自死した森啓祐君のご両親は、その著書の中で次のように述べています。

いじめた子どもたちというのは、ある意味で被害者ともいえます。一昔前の子どもたちなら、校内暴力や非行というかたちでモヤモヤした気持ちを表現して、わかりやすかったのではないかと思うのです。いまの子どもたちというのは、自分の苛立ち生きづらさをいじめによって発散している場合が多いと思います。ですから、いじめた子には、その子が抱えている問題を聞いてあげて、一緒に考えてあげることが一番大切なことではないでしょうか。その子たちがこの世からいなくなればいいというような乱暴な話ではなく、抱えている問題がたくさんあると思うから、それを一緒に聞いて、おとなとして寄り添ってあげたいなと思っています。

（森順二・森美加二〇〇八、一一三頁）

いじめた子の事情に「おとなとして寄り添ってあげたい」という言葉が、とても深く心にしみます。しかし、文科省や全国の自治体においては、「いじめ撲滅やいじめ根絶」というスローガンが掲げられ、森君のご両親の願いとはかけ離れた道を歩んでいるように思えてなりません。[77]

以上、「よい子」はなぜいじめをしてしまうのか、あるいは、どうしたらいじめをしなくなるのかの追究が今後の課題です。

3　いじめ問題のますますの広がりと普遍化

本項では、いじめ問題がますます広がりを持つ問題になっている点、そして、全体主義（ファシズム）と関連がある点について触れます。

いじめ問題の広がり

国立教育政策研究所の調査（二〇一五年）によれば、小学生と中学生の在学期間九年間で、いじめの加害も被害もまったく経験していないという児童生徒は、わずか一割であったということです。すなわち、いじめが日常化していると言われ、いじめ自死が多発し始めた一九八〇年代から四〇年以上経過した現在においても、いじめはますます日常化し、広がり、いじめを経験しない子どもはごくわずかであるということです。

また、一九八〇年代以降しばらくは、いじめは中学生の思春期の子どもたちの間に多発していましたが、その数のピークは現在、小学校低学年に移行しています。なかには、幼稚園児までいじめの係争事案に含まれています。

この点と、今日小学校低学年において授業中に立ち歩く児童の数が増えていることが重なり、小学校低学年の「学級崩壊」が広がる原因になっているのではないでしょうか。

なお、連合による調査、「Z世代が考える社会を良くするための社会運動２０２２」（二〇二二年三月）においては、Z世代の約九割が社会課題に関心があるとして回答し、なかでも「身近に直面したことがある課題」への関心が高いと言います。そんな社会人Z世代の関心の第一位は「長時間労働」、第二位が「いじめ」、第三位は「医療・社会保障」でした。また、学生Z世代の関心の第一位は「ジェンダーにもとづく差別」、第二位は「いじめ」、第三位は「自殺問題」でした。

このことから、一五〜二九歳のZ世代の重要な関心事の一つとして、いじめ問題があると言えます。彼らにとっても、いじめ問題が重要な焦点となっていることがわかります。

いじめ問題と全体主義（ファシズム）

いじめがどのような意味を持つ問題であるのか考える際、全体主義（ファシズム）と関連させてとらえる立場があります。まずは、学生のレポートから「よい子」のいじめの例を見ていきましょう。

僕のいじめ体験

僕はいじめられたことがある。小学校5年から6年にかけてのことだ。クラス替えで、5年から新しいクラスメートができたのだが、その中のケンカ好きなA君に目をつけられてしまい、ことある度に殴り合いのケンカをしていた。そして、ケンカが嫌になった僕が負けを認めると、その後はいじめられる毎日が続いた。さらに、A君だけでなく、クラスで人気のあったB君までいじめを始めた。

A君は、クラスの嫌われものだった。それに対して、B君は、顔もよく、サッカーもうまくて、成績もよかったから、クラスで人気があった。A君のいじめは、僕の成績に対する妬みからくるものだとわかっていたし、ケンカというプロセスがあったこともあり、なんか、納得のいくものだった。いじめも単純な暴力や嫌がらせで、子供じみていた。一方、B君のいじめは、理由もわからず、突然に始まった。**B君は、冷笑しながら、僕を殴り始め、僕をバイキンのように忌避した。**僕は、自分がなぜB君にいじめられなければならないのか、どうしてもわからなかった。**B君は、いつも、冷たく笑って、人をいじめた。人をさげすんだ目で薄笑いを浮かべて。**僕には、それが、ものすごく恐ろしく思われた。自分を軽蔑する態度に、僕は自分の存在が否定された気がして、コンプレックスに悩まされることになった。

いじめは、僕の人格形成に大きな影響を与えた。周りを気にして何もできない。自分より優っている人への強いコンプレックスを持ち、そういう人とはうまく接することができない。目立つことを嫌う。これらは、いじめの時から強まり、今もその呪縛から逃れられないでいる。

（熊本大学法学部三年生、男子学生、前島一九九五、二二一～二二三頁、ゴチック：引用者）

これは、典型的な「よい子」によるいじめの例です。特に、「冷笑しながら、僕を殴り始め、僕をバイキンのように忌避した」、「いつも、冷たく笑って、人をいじめた。人をさげすんだ目で薄笑いを浮かべて」といった記述が重要です。

また、全体主義（ファシズム）との関連を考えるうえでは、「痛いっ、て叫んで顔をしかめるのが、おもしろかった」（前島一九九五、七三頁）なども、「よい子」のいじめに共通する、すなわちE・フロムのいう「サド・マゾ的傾向」（E・フロム『破壊』、四六七頁）の現れと見ることができるでしょう。

なお、子どもの問題について、丁寧な取材を通じた鋭い問題提起を長年行ってきた斎藤茂男氏は、いわゆる「おやじ狩り、おばん狩り」について次のように述べています。

最近、少年の非行・犯罪にかかわる現場で異口同音に指摘されるのは、普通の家庭の普通の子どもの暴力化・凶暴化である。少数のグループで、全く因果関係のない他人に、理由もなく暴力を振るい、時には頭蓋骨骨折など重傷を負わせる――いわゆるおじん狩り、おばん狩りなどと呼ばれる強盗傷害事件に、しばしば〝普通の子〟が登場するようになったのだ。カネを奪ってはいるが、むしろ「**（おばさんが）もがき苦しんでいるのを見て面白かった**」などと、まるで「世間」の代表者のような無関係の他人を攻撃することに快感を覚えているようだという。しかも犯行の事実関係をあまり鮮明に記憶しておらず、「えッ、ボク、そんなことやったんですか」と、自分の行為について離人感をもっているのも共通だという。

いったい、これは何を意味しているのか。臨床家たちの見解をつなぎ合わせてみると、どうやらいま戦後社会の子どもの変容要因が、総結集する形で、短絡的凶暴化現象になって噴出し始めたのではないかと思われてくる。(…)

それは現代社会に潜む攻撃性が次第に凝固して、暴力的な弱肉強食の**全体主義社会**へと昇華していく恐ろしさを予感させる。資本の大競争時代に向けて、企業活動全自由化路線への歯車が回転を早めつつある。(斎藤二〇〇一、三五一〜三五二頁、ゴチック:引用者)

この斎藤氏の文章のなかでも、「(おばさんが)もがき苦しんでいるのを見て面白かった」という箇所は、先のいじめられて苦しむ子を見て喜ぶ「サド・マゾ的傾向」と同じと見て取ることができるでしょう。斎藤氏が、このような傾向を「全体主義社会へと昇華していく恐ろしさを予感させる」として、全体主義社会=ファシズム社会と関連させているのはとても重要な指摘です。なお、フロムも、『自由からの逃走』のなかで、ヒトラーに代表される「権威主義的パーソナリティー」あるいは、ファシズムを担った人間の人格的特徴を描いています。[78]

また、哲学者の尾関周二氏は、論文「〈いじめ〉と学校教育の病理」(尾関他一九九一)において、次のように述べています。

たしかに、すでに見たように〈いじめ〉には、ナチズムによるユダヤ人や弱者の差別・迫害とのメンタリティの類似性があるであろう。〈いじめ〉の構造の解明はおそらく、**ナチズムやスターリニズムを支えた精神的土壌の解明に通じるものがあろう。**

（尾関他一九九一、七三頁、ゴチック：引用者）

以上から、いじめや犯罪などを行う「よい子」の子ども・若者の精神構造と、ナチズムなどの全体主義者の精神構造を共通のものとして分析する必要性が導き出されます。

なおこの点は、私のある体験とも通底するのではないでしょうか。

私は、学生時代に本多勝一氏の『中国の日本軍』（一九七二）を読み、大変なショックを受けました。第一に、「中国の日本軍」は、「三光作戦」（「殺しつくし」「焼き尽くし」「奪いつくす」作戦、実際はそれに「犯し尽くす」が加わる四光作戦だったと私は思います）の過程で、中国兵の首を切り落とす際、すべての日本兵がニヒルな笑いを浮かべていたということ、第二に、中国女性を次々に強姦した記念に被害者女性に下半身を露出させて記念写真を撮り、そこに映っている日本軍兵士も皆ニヒルな笑いを浮かべていたということ（前島二〇一五の第一章も参照）。私の両親の兄、すなわち私の叔父も軍人として中国とマレー半島に出兵し、戦死しています。また、私の友人たちの父親もほとんどが軍人として出兵し、生還しています。このように、私の身近な存在でもある日本兵が、中国では考えられないような残虐行為をなぜ平気で行ったのか知りたいと思いました。

できるだけ多くの書物にあたり学習した、その中間的結論として、以前、次のように述べたことがあります。

私が得た結論は、あの様な残虐な行為を行いえたのは、①中国人民への差別意識（**権威主義的**なもの、すなわち朕の軍隊として天皇の権威を背負っているもの）、②日本国内と軍隊で醸成された抑圧された恨み心（普段差別されていることへの怒り・恨み・妬みなど）、③戦闘状態における出口のない抑圧と不安、④侵略戦争（罪）を合理化するイデオロギーの影響、そして⑤集団心理（仲間意識）の要素が重なりあっていたのではないかというものです。

（前島一九九五、七五頁、ゴチック：引用者）

『中国の日本軍』の意識構造・精神構造も、まさに「サド・マゾ的精神構造」だと言えるでしょう。『中国の日本軍』の精神構造と「よい子」のいじめの精神構造の共通の特徴を分析し、そこからの主体の心と身体の解放の可能性とその道筋を解明することは、重要な理論的課題の一つになります。

4 「よい子」はなぜいじめるのか

今日の学校は、特に一九七〇年代以降、子どもを数％のエリートと、その他大多数の、いわゆる「黙って働く人材」＝大衆とに選別する場に変わっていきました。[79] そのために、「全国一斉学力テスト」などのテスト体制、「高校三原則」（小学区制，男女共学、総合制）、小学区制の改編＝大学区制などが導入され、上から下まで一点刻みの、偏差値による輪切り現象が現出することとなりました（例えば、大阪府や埼玉県が典型的です）。

こうしたなかで、「教育家族」の子どもたちは、親の期待を全身に受け、幼少期から塾や習い事に通い、「生存競争」を勝ち抜こうとします。

集団丸ごと、一元的な学力・人格基準にもとづく学力・忠誠競争に駆り立てられるようになる。かれらは、いまやかれらを選抜・選別する闘技場としての学校を明確に意識するようになる。そうなると、学校場面は、もう学習の場ではなくなってしまう。それは競争と選抜の場となる。（竹内一九八七、四六頁）

このようにして、選抜・競争原理が、学校場面にも、またあそび場面にも浸透していくようになると、子どもたちはますます選抜・競争を組織している一元的な価値基準に脅迫的に囚われ、それに激しい忠誠競争を展開していくことになる。そのために、かれらは、この価値基準に合わないものを軽蔑し、それから外れているものを迫害するようになっていくのである。このなかで、同質・不平等、異質・差別の関係が強化され、集団いじめは生活全体に及ぶ迫害・いじめに転化し、極限までのぼりつめていく。（同、四七頁）

こうしたなかで、「教育家族」の「よい子」は、受験競争と管理主義的価値観を「よい子」ゆえに特に内面化し、身体化していきます。[80]すなわち「よい子」は、「選抜・競争原理をかれらに押しつけてくる支配者を、自分の魂としてしまい、自分も支配者でないとおさまらなくなってしまった子どもたち」（竹内一九八七、四八頁）であると言えるのです。

竹内氏は、この点についてさらに深め、後には次のようにも述べています。

「授業破壊」の顕在的または潜在的な中心にいるものは、この手の子どもたち、すなわち、教室の中に設計された競争的ゲームの中で「ひとり勝ち」を追求してやまない子ども、「自分自身のための自分自身の企業家」[81]である子どもたちであった。彼ら・彼女らは授業空間において自分たちの支配権を守り抜くために、ときには露骨に、またときには陰湿に競争相手に対する「いじめ」をしかける。それだけでなく、さらにはリーダー的な子や教師もいじめの対象とする。

だが、「勝ち抜き」競争は、その裏側に「つぶしあい」「落としあい」といってよいいま一つの競争的なゲームが張り付いている。それは、競争的なゲームを通じて排除されたものの中のさらなる排除の競争である。
　この二つのタイプからなる競争的なゲームは、つぎつぎといじめの標的を取り替え引き換えてすすめるために、子どもたちはパニック状態におちいり、いじめられないためにつねにいじめる側に与するように立ち回る。そうしたなかで、「いじめ」と「報復（いじめ）」が入り乱れ、加害者と被害者が入れ替わり、そうした関係が修復されることも、和解されることもなく、何年も続くことがある。（竹内二〇一六、二〇三～二〇四頁）

「よい子」は、学校による「競争と管理」のプレッシャーあるいはストレスを他者に向けます。この点について、次の「子どもの権利条約市民ＮＧＯ報告書をつくる会」による説明はわかりやすいものです。

　つくる会は、過去3度にわたって代替的報告書を国連に提出し、子どもに加えられているプレッシャーの程度を測る指標としていじめ、不登校、校内暴力、および自殺の四つを用いてきた。いじめはプレッシャーの転嫁を、不登校はプレッシャーの忌避を、校内暴力はプレッシャーへの攻撃を、そして自殺はプレッシャーを感じる自分への破壊を意味しているからである。これら四つの現象が公教育から与えられているプレッシャーを原因としていることについては日本社会において異論が提起されたことはない。

（子どもの権利条約市民NGO報告書をつくる会二〇一八、二〇頁）

小括

いじめ問題は今日の学校問題のなかにおいて、また、子ども・若者を苦しめている問題全体においても、一つの焦点になっています。本節ではほとんど論じられませんでしたが、いじめの定義自体が歴史的にも大きく変遷しているなかで、真に科学的な把握が求められます。[82]

そこで、最後にユネスコによる「いじめ」の定義改訂に触れて、この節を閉じます。

これまでは、「長期にわたって繰り返され、力や力の不均衡を伴う望まれざる攻撃的な行動」がいじめの定義とされてきましたが、新しい定義では、「社会的・制度的規範による力の不均衡によって引き起こされる攻撃的な社会プロセス」とされます。

いじめが「社会プロセス」として定義されたことが重要です。そして、「いじめは、個人的要因、文脈的要因、構造的要因と結びついた複雑な問題であり、協力が不可欠である。共に理解を深め、いじめの行為だけでなく、いじめを支える根本的なシステムやイデオロギーにも取り組むことができる」（ユネスコスクール全国大会第五分科会、二〇二四年一月）とされます。

すなわち、いじめ問題は今や、社会的、文化的、そして政治的文脈まで含んで把握されようとしているということです。この点をきちんと押さえることによって、いじめ問題解決の展望も生まれてくるでしょう。

九　様々な依存症および精神疾患の増加をめぐって

「依存症」の歴史は、かなり古いものがあります。しかし近年、特にコロナパンデミック以降、新たな「依存症」も増え、社会的に大きな問題になっています。

本書でも、ＯＤ（オーバードーズ）という薬物依存の問題、あるいは、スマホ依存や様々な「自傷行為」（リストカット、摂食障害など）への依存、さらには「盗撮」や「痴漢」などの性依存について触れてきました。本節ではさらに、様々な「依存症」を以下の三種類に分けて、分析・紹介します。

①物質依存（アルコール、薬物、ニコチン、カフェイン、糖質など）

②過程（プロセス）依存（ギャンブル、過食・拒食、買い物、インターネット、ゲーム、自傷行為、放火、窃盗、万引き、仕事＝労働、恋愛、セックスなど）

③関係依存（女性依存、男性依存、ＤＶ、ストーカー、共依存など）

①については「なんらかの物質を摂取する行動が止まらない状態」です。②は、「なんらか

の行動が止まらない状態」です。③は、「他者をコントロールしようとする行動が止まらない状態」です（中村英代二〇二二、二二頁）[83]。

以下では、これらの「依存症」について、現状とそのメカニズム、なぜこれらの「依存症」が増えているのか、いかに解放されうるのか、述べます。

1　「依存症」の現状と理論的課題

まず、「物質依存」の代表的なものである、「アルコール依存」について触れます。

「アルコール」については、私自身も学生時代から親しんでいます。友人や学生たち、知り合いなどと酒席をともにすることも好きです。ただし、熊本大学在職中には、学生がいわゆる「一気飲み」で急性アルコール中毒になり、私が急遽救急車を呼んで一緒に病院に行き、なんとかことなきを得るなど、苦い思い出もあります。

さて、二〇一九年の厚生労働省の研究によれば、日本におけるアルコール依存症者は一〇九万人、その疑いのある者は二九四万人、リスクの高い飲酒者は一〇三九万人、多量飲酒者は九八〇万人とされています。つまり、成人の四人に一人は問題のある飲み方をしているということです（原田二〇一九、四四頁）。また、樋口進氏（久里浜医療センター院長）によれば、コロナ禍において、この割合が増えたと言います。

「酒は百薬の長」「酒は社会の潤滑油」、あるいは「飲みにケーション」という言葉があるように、日本では様々な機会に「酒席」「コンパ」「打ち上げ」「慰労会」などが行われます。ですから、アルコールは生活のなかにかなり深く根付いてきました。

しかし、他方でアルコールにまつわる問題も増えてきました。例えば、飲み過ぎによる「身体的障害」としての肝臓疾患（肝炎、肝硬変など）。そして、「精神的疾患」としてのアルコール精神病や認知症などがあります。また、飲酒運転による交通事故（年間三〇〇〇件以上：原田二〇一九、六二頁）や、暴力や児童虐待につながる例もあります。世界では、アルコールによって一年間に三〇〇万人もの人々が亡くなっており、日本でもその数は約三万人と見積もられています（同、五四頁）。こうした事態は、アルコールが覚醒剤や大麻、およびＬＳＤなどより依存性が高いことにも起因すると考えられます（同、五七頁）。

次に、代表的な「**過程（プロセス）依存**」として、「ギャンブル依存症」について見ていきましょう。

最新の調査によると、わが国におけるギャンブル依存症の生涯有病率（生涯に一度でもギャンブル依存症との診断を受けた人の割合）は三・六％です。これは、データのある国のなかで、なんと世界一多い割合です。なお、日本に次いでエストニア（二・四％）、アメリカ（一・九％）、オランダ（一・九％）と続きます。逆に少ない国は、ドイツ（〇・二％）、デンマーク（〇・五％）、イギリス（〇・八％）となっています（原田二〇二一、一三六〜一三七頁）。

なぜ、日本のギャンブル依存症は世界一多いのでしょうか。それは、アクセスの便利さによるものです。日本には、全国いたるところにパチンコ・スロット店などがあり、ギャンブル産業の市場規模は年商三〇兆円と言われます。年商三〇兆円といえば、国内ではトヨタ自動車の他に存在しないそうです。さらに、二〇一六年には統合型リゾート（ＩＲ）推進法が施行されました。このことによって、日本のギャンブル依存は、ますます加速する可能性があります。

ギャンブル依存症は、「作られた依存症」であると言われています。これは、「ギャンブル施設やギャンブル機器などが、依存症になりやすいように巧妙に作られている」という意味です。「そこには多くのデータに基づいて、人を興奮させる工夫、負けを目立たなくする工夫、勝ちに固執させる工夫などが、巧妙にデザインされている」と言います（同、一四五頁）。

さて、もう一つの「過程依存」として、より子ども・若者との関係が深い、ゲームおよびネット依存について見てみましょう。参照した文献一覧は註に記します。[84]

まずは、主に「脳科学」や「心理学」の立場から、大変問題が多いとして警鐘が乱打される「スマホ・ネット依存」について、中高生をめぐるその実態と問題点は次の通りです。

総務庁による二〇一七年一二月～二〇一八年二月の調査（中学校四八校と高校五五校の六万四三二九人からの回答）によると、中学生では男子の一〇・六％、女子の一四・三％、高校生では男子の一三・二％、女子の一八・九％、あわせて全国で九三万人がスマホおよびネット依存症になっているそうです。この数は、二〇一二年度調査の推計五一万人のほぼ二倍に相当し、予備軍とされる子どもたちは二五四万人いるそうです。コロナパンデミック以降では、ネットおよびゲーム依存症がさらに拡大したと言われますので、この数は大幅に増えていることが予想されます。

注目したいのは、男子より女子のほうが、**約一・五倍**もスマホ・ネット依存症の割合が高いということです。他の調査でも、中学生のスマホ視聴時間は、コロナ前では、男女とも平均四時間程度だったのが、コロナ禍では男子よりも女子のほうがスマホ視聴時間が大幅に増えているとされます（モバイル社会研究所「二〇二四年スマホ利用行動調査」二〇二四年二月）。

先の調査では、スマホ・ネット依存により、遅刻、居眠り、成績低下、欠席、友達とのトラブルが増えたとされます。特に女子では、「友達とのトラブル」が男子の二倍以上あったとのことです。

私は先に「女子の生きづらさ」について、「女子のつながり不安」を中心に論じました。今日、学校や社会での「同調圧力」（＝空気）が強まるなか、特に女子の人間関係では、男子の「囚われ＝男らしくあれ」とはまた異なる、「同調圧力＝つながり不安」があります。女子は、「マスク依存」（あるいは「摂食障害」や「整形依存」）に典型的なように、「いつも見られているのではないかという不安」と、「スマホ依存」のように「いつも見られていないのではないかという不安」の二つの不安によって「息苦しさ」が増しているという指摘も紹介しました（大澤二〇二三、一四九～一五一頁）。この点で、フーコーの「生権力」論は、とても参考になります。

これらの事情を鑑みても、中高生女子のスマホ依存が男子よりもかなり多いということは、二〇二〇年以降、女子の自死が大幅に増加したことの一因として説明がつきます（土井隆義『親ガチャという病――生きづらさの中で固定されていく〝自己像〟』池田ほか、二〇二二）。

ネットのおかげで、いまや私たちは、いつでもどこに居ても、つながりたい相手と即座に接続することが容易になりました。しかし、いつでも誰かとつながれる環境が用意された結果、皮肉にも一人でいるときの孤独感は逆に強まっています。いつでも連絡が取れるはずなのに誰からも反応がないとすれば、それは人間的な魅力が自分にないためかもしれない。そう感じるようになったのです。（土井二〇一四、一〇頁）

「自死は孤立の病」と言われますが、スマホについては、ハマっていく＝依存していくほど孤独・孤立感が高まっていくのです。

スマホ・ネット依存は、今日のネットいじめ[85]の多発、ＳＮＳを通じた性被害の増加、あるいはネットゲームの課金など、様々な問題を生んでいます。その実態や「息苦しさ」などを知ると、この問題の重要性は高まるばかりです。

最後に、「関係依存」について説明します。「関係依存」の中では、「共依存」が一般的に有名です。共依存とは、**特定の相手との関係に依存しすぎる状態のことで、コミュニケーション依存**の一つです。

もともとは、アルコール依存症の夫を支える妻の状態から名付けられました。妻自身もアルコール依存症の夫に悩んでいるにもかかわらず、夫が迷惑をかけた相手に謝りに行ったり、他人に対してアルコール依存症であることをうまく隠したりと世話を焼いてしまいます。妻は良かれと思ってやっていることですが、夫にとっては飲み続ける環境が整っている状態のため、アルコール依存症を克服することができません。妻は献身的な行為で夫をコントロール（＝支配）してしまっているのです。結果的にお互いが依存しあうという不本意な事態を招き、夫婦そろって悪循環に陥ります。

また「共依存」は、夫婦関係＝恋愛関係だけではなく、親子関係、あるいは援助関係でも生まれます。

この問題は、いわば古くて新しい問題の一つでもあります。それぞれの主体が、自分なりの生きがいを見つけて、自律的に生きることができる能力を獲得するに従って、少しずつお互いが別人格として生きる可能性ができてくるでしょう。

2 人はなぜ「依存症」になるのか――そのメカニズムについて

今や日本は、依存症でない人を探すのは難しいほどの「依存症大国」です。例えば現在、子ども・若者の大半がネット依存であると言われますが、「ネット依存」の中高生が約九三万人存在することに対し、大人でも、なんと推定四二一万人が相当するとされます。また、この数は、現在も爆発的に増加していると予想されます。このことから、大人のネット依存も問題にする必要があることがわかります[86]。

そこで本項では、「ネット依存」を含む「依存症」になるメカニズムについて、第一に「脳の仕組み」、第二に「心理的要因」、第三に「社会的・文化的要因」、最後に「政治的要因」の点から解明します。

まず、**「脳の仕組み」**については、いずれの文献における説明も一致しています。すなわち、様々な依存行為をしている時には、脳のある部位から、ドーパミンという快楽物質が分泌され、それを脳の他の部位が受け取ります。その際、「快」を感じることで、その行為を繰り返すようになっていきます。しかし、だんだんと刺激を増やさなければ脳が「快」を感じなくなり、その行動と物質の摂取量が増えることで、次第に依存するようになります。

「心理的要因」については、これまでの研究によって次のことがわかってきました。それは、親や家族による、次の二つの「逆境体験＝生きづらさ」が、「心理的要因」として影響を与えているということです。

一つは、「明白な生きづらさ体験」です。親の虐待やネグレクト、あるいは、学校などでのいじめ、性被害、暴力などの体験です。今日、本書で触れてきたように、これらの体験はますます増加しています。二つ目が、「暗黙の生きづらさ体験」です。ここまでに紹介した、「よい子」が抱える「親の過剰期待」＝「教育虐待」などもこれに該当します。親のアルコール依存や両親の不仲なども当てはまります。子どもは、こうした場合にも「よい子」を装い、親の仲を取り持とうとしたり、ヤングケアラーとして親をケアしようとしたりして、無理をして頑張らざるを得ません。このような生きづらさが、「心理的要因」として、依存症を増やすことに関わっています。

「社会的・文化的要因」については、日本がパチンコ大国であることと関係します。例えばアメリカなどでは、ギャンブルのできる場所がラスベガスなど人里から遠く離れた場所に限定してあるのに対して、日本では、すぐ身近にパチンコ店がたくさんあります。

なお、諸外国ではアルコール飲料のテレビでの宣伝は禁止されていますし、街中の自動販売機等で一日中酒類を販売しているようなこともありません。一方、日本ではテレビで頻繁にアルコールの宣伝を行っていますし、自動販売機（日本全体では、なんと四〇〇万台もあります）の一部で酒類を購入することも可能です。私の家の近くのスーパーマーケットでも、朝から酒を飲みながら、一日中座っている男性がいます。この男性は孤独の寂しさを酒で癒しているように見えますが、アルコール依存症であることは、ほぼ間違いないでしょう。

私は、このような現象は、おそらく関連業者が政府と結託して、政府与党などに献金という賄賂を渡すことで営業活動をやりやすくしていることと関係があると考えています。この点、アメリカでは銃業界と癒着している共和党が銃規制に反対し、銃社会を維持しているのと同じ構造であると言えるでしょう（アメリカでは毎年四万人が銃で殺され、若者の死因のトップは、銃による死亡です)。

最後に、「**政治的要因**」については、第三の要因と重なる部分があります。例えば、子どもにとっての「遊び」は、いのちほど大切であることは、強調しても強調しすぎることはありません。しかし、今日、日本中には八六〇〇万台の自動車が走っています。なお、日本の車の保有台数は世界第三位です。これらの自動車は道路を占領し、広場や原っぱを潰して駐車場にし、子どもに必要な自由な空間を奪っています。これらの結果、子どもがスマホで遊ばざるを得なくなっている側面もあると思います。子どもの人間的成長やいのちは二の次で、自動車産業の儲けが第一ということです。この自動車問題は、他にも空気の汚染など多面的です(この点、宇沢弘文氏の『自動車の社会的費用』はとても参考になります)。日本の政府与党は、自動車産業から多額の献金をもらい、この自動車産業の利益を擁護しています。

以上のように、主に四つの要因により、依存症は国民的病気になっています。どれか一つの要因にのみ着目して論じてしまうと、問題の真の解決=克服に至ることは難しくなります。

3　依存症からどう解放されうるのか

依存症から解放される、あるいは依存症を克服するためには、どのような事柄が必要で、どのような道筋をたどるのでしょうか。一般的には、次のようなステップが想定されています。

①治療関係づくり：必要な治療機関にかかるとともに、その治療を継続させる。
②必要な場合は、一定の薬物療法を行う。
③認知の歪みを正すための「認知行動療法」を行う。
④「自助グループ」の中で、本音で語り合い、納得し合う。
⑤生活上の問題の解決を公的な支援等を受け行う。
⑥家族への支援、家族の構成員が正しい知識を持てるように学習会等に参加する（ケアする人がケアされる関係をつくる）。
⑦社会の偏見を正す、あるいは、政権与党等の行動や認識を国民の力を集めて正す。
⑧子どもや当事者に苦しみを与えている（虐待等）様々な問題を除去するようにする。

特に、「自助グループ」に参加して、同じ苦しみを持ったもの同士、本音で苦しさを語り合い、わかり合い、問題克服の方法を探り合うことは、依存症克服の鍵となるでしょう。

また、スマホ依存など、子ども・若者の大きな問題については、次の取り組みが重要でしょう。

①スマホを与える年齢をできるだけ遅くする（中学生頃が適当でしょう）。
②親や教師などの大人が、スマホの問題点をきちんと理解し、認識する。

③家族や子ども同士の集団で、自然体験を中心とした「遊び」を大切にし、子どもが子ども期を楽しく充実して過ごせるようにし、子どもがその後の人生を生きるうえで基礎となる五感を豊かに発達させるようにする。

④③の実現のために、地域の豊かな自然や遊びの場所を保全する。行政職員の力を借りることも必要。

⑤「効率・便利・スピード」を重視した生活スタイルや、学校における「管理と競争」および「同調圧力」の強まりを社会全体があらためて、一人ひとりの個性が真に大切にされる人間的な社会と学校、および地域と家庭になるよう努力する。

この点で、次に引用する原田隆之氏の文章はとても参考になります。

われわれが生きていくうえで大切なことは、溺れそうになった後に危うい船に乗るのではなく、溺れる前に安全で頼れるたしかな「依存先」を増やすことだ。それは人との繋がりであったり、定期的な運動やレジャーの習慣であったり、瞑想やリラクゼーションであったりする。これら何気ない小さな「依存」が、我々を「依存症」という淵に飲み込まれることを防いでくれるものなのである。

「自律」(=自立：引用者注）というのは、実のところ、たくさんの「依存」できるものを持っているということなのである。

（原田二〇二一、二七八～二七九頁）

私も様々な学習会等で、「自立」というのは、助けてもらう先＝「依存」する先をたくさん持つことですよと言っています。しかし、残念ながら、「自己責任イデオロギー」が世の中にかなり蔓延している中で、「助けて！」と言えない子どもや大人が増えています。

したがって、このような子どもと大人の意識をどう解きほぐすかも重要な課題です（終章（下巻）で詳しく論じます）。そこでは、何よりも、一人ひとりが生活の主人公になることが求められるでしょう。

小括

今日の日本において、あらゆる依存症にある人口は、ますます増加しています。その背景には、今日の日本社会を覆っている「新自由主義社会」の問題があります。

依存症の問題を解決するために特に重要なことは、この問題に対する認識をあらためる必要があるということです。子どもの依存症をめぐる問題は、その後の長い人生を左右するほど重要な問題であると理解すべきでしょう。依存症の克服は、政治や社会のあり方の根本的な改善が必要となる、国民全体が力を合わせて取り組むべき重要な課題であるということです。

また、この問題は、すべての子どもに豊かな遊びと子ども期を保障することにもつながり、そのための取り組みが待たれます（この点は終章（下巻）で詳しく述べます）。

一〇　虐待をめぐって（「教育虐待」「毒親」を含む）

今日、「児童虐待」は、以下のように定義されています（「児童虐待防止法」から「児童虐待の定義」を引用）。

（児童虐待の定義）
第二条　この法律において、「児童虐待」とは、保護者（親権を行う者、未成年後見人その他の者で、児童を現に監護するものをいう。以下同じ。）がその監護する児童（十八歳に満たない者をいう。以下同じ。）について行う次に掲げる行為をいう。
一　児童の身体に外傷が生じ、又は生じるおそれのある暴行を加えること。
二　児童にわいせつな行為をすること又は児童をしてわいせつな行為をさせること。
三　児童の心身の正常な発達を妨げるような著しい減食又は長時間の放置、保護者以外の同居人による前二号又は次号に掲げる行為と同様の行為の放置その他の保護者としての監護を著しく怠ること。
四　児童に対する著しい暴言又は著しく拒絶的な対応、児童が同居する家庭における配偶者に対する暴力（配偶者（婚姻の届出をしていないが、事実上婚姻関係と同様の事情にある者を含む。）の身体に対する不法な攻撃であって生命又は身体に危害を及ぼすもの及びこれに準ずる心身に有害な影響を及ぼす言動をいう。）その他の児童に著しい心理的外傷を与える言動を行うこと。

以上から「児童虐待」として、①身体的虐待、②ネグレクト、③性的虐待、④心理的虐待の四種類が掲げられていることがわかります。ただし、⑤経済的虐待（子どもに金銭を使わせない、無心する、奨学金などを勝手に使うこと）や、⑥教育虐待[87]（子どもの意思に反して子どもを塾や習い事漬けにする、子どもの人生に割り込み、進路を勝手に決める）も、重大な虐待であると言えます。

ここでは、経済的虐待と教育虐待を含む六種類の虐待について、その現状と歴史的経緯、子どもにとっての問題点を明らかにします。そして、近年なぜ虐待が激増しているのか、その背景と原因を明らかにし、悲惨な「虐待死」について考えます。最後に、虐待を防ぐ方法に触れます。

1　児童虐待の現状と歴史的経緯

「児童虐待」は、上に掲げる図2-2の通り、調査開始以来三二年連続で増え続けてきました。
今から約二〇年前の二〇〇〇年には一万七七二五件だったのが、二〇二二年には二一万四八四

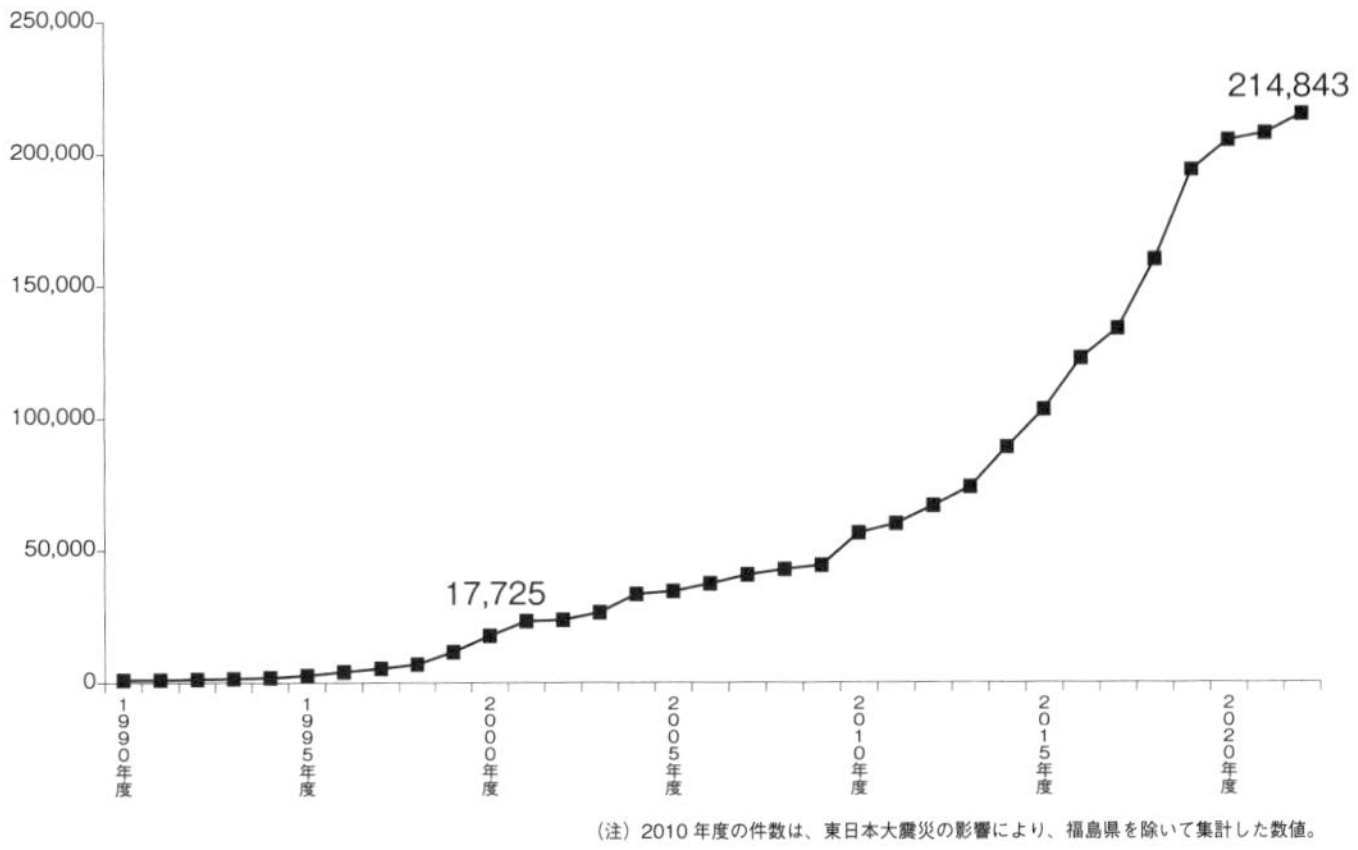

図２−２　児童相談所における虐待相談対応件数とその推移
出典：こども家庭庁「令和４年度 児童相談所における児童虐待相談対応件数」１頁

三件と、**約一二・一倍**も増加していることがわかります。

先に触れた「児童虐待」の四つの区分ごとにはどうなっているでしょうか。

・身体的虐待　二〇一一年：二万一九四二件（三六・六%）→二〇二二年：五万一六七九件（二三・六%）

・ネグレクト　二〇一一年：一万八八四七件（三一・五%）→二〇二二年：三万五五五六件（一六・二%）

・性的虐待　二〇一一年：一四六〇件（二・四%）→二〇二二年：二四五一件（一・一%）

・心理的虐待　二〇一一年：一万七六七〇件（二九・五%）→二〇二二年：一二万九四八四件（五九・一%）

二〇一一年時点では「身体的虐待」が最も多く、「ネグレクト」と「心理的虐待」が続き、この三つの形態の「児童虐待」が約三分の一ずつを占めていたことがわかります。ところが、二〇二二年には、「心理的虐待」が大幅に増え、全体の約六割を占めるようになり、「身体的虐待」や「ネグレクト」は、数こそ大幅に増えていますが、その割合は、大幅に減少しています。

二〇一一年から二〇二二年への増加割合は、身体的虐待：三・六倍、ネグレクト：一・九倍、性的虐待：一・七倍、心理的虐待：七・三倍となっており、心理的虐待の増加率が他と比べて圧倒的に高いことがわかります。この「心理的虐待」と「教育虐待」をあわせて「広義の教育虐待」（武田信子）とする専門家もいます。この説を採用すると、**「広義の教育虐待」**は、数と割合がとても多いことになります。

また、「性的虐待」については、数は増えていますが、占める割合はわずかです。しかし、ほかの「児童虐待」もそうですが、とりわけ「性的虐待」は、関係機関に相談等がないので把握できない、いわゆる「暗数」がとても多いものと予想されます。

なお、二〇二二年度の「児童虐待」件数において、どの機関が把握したかについては、警察等：一一万二九六五件（五一・五％）、近隣・知人等：二万四一七四件（一一・〇％）、家族・親戚等：一万八四三六件（八・四％）、学校：一万四九八七件（六・八％）と、「警察等」が把握したものが過半数になっています。

2 「教育虐待」について

今日、「教育虐待」はますます増加し、大きな社会問題の一つになっています。教育虐待をめぐっては、次のような社会的な事件も引き起こされてきました。

①子どもが死亡した事件

・開成高校生殺人事件（一九七七年）：開成高校の生徒だった息子を父親が殺害した事件。

・浦和高校教師息子殺害事件（一九九二年）：地元の東大出の熱血教師が夫婦で長男を殺害した事件（斉藤茂男『息子殺し』太郎次郎社、一九九三参照）。

・名古屋小六受験殺人事件（二〇一六年）：父親が小学六年生の長男（当時一二歳）を包丁で刺して死亡させた事件。当時、父親は自身の母校である有名な私立中学校に進学させるために勉強をさせていた。初公判で検察側は「指示通りに勉強しないと怒鳴ったり、暴力を振るったりした」と説明している。またその際、脅しとして刃物を使用し、事件一、二日ほど前は父親が息子の足を切りつけるなどの傷害を加えていた。息子の母親は、父親が教科書を破ったり、積み重ねた本を蹴ったり破いたりするところを目撃していた。母親が父親を止めに入ろうとすると、「受験もしたこともないやつがガタガタ言うんじゃない」等の暴言があった。

・目黒女児虐待事件（二〇一八年）：当時五歳の女児に毎朝四時頃から勉強を強制し、最終的に死亡させた事件。

②親が死亡した事件

・神奈川金属バット両親殺害事件（一九八〇年）：浪人生だった息子が両親を殺害した事件。受験戦争による家庭内暴力事件のはしりとして注目を集めた。

・ジェニファー・パンによる両親殺傷事件（二〇一〇年）：ベトナム系カナダ人女性が嘱託殺人により両親を殺傷した事件。

・滋賀医科大生母親殺害事件（二〇一八年）

③その他

・奈良自宅放火母子三人殺人事件（二〇〇六年）：父親の指導を苦にした一六歳の少年が自宅に放火し、母子三人が死亡した事件。

名古屋の事件でもその要因となっていますが、今日急速に広がっている都市圏での「私立中学校受験」について触れます。

今日、教育熱心な親は、有名大学受験に有利なようにと、私立中学校受験を目指すことを子どもに要求し、小学生の低学年から塾通いに励む子どもも少なくありません。東京都教育委員会による「2023年度公立学校統計調査報告書」によると、二三年三月に都の公立小学校を卒業した児童九万八五一八人のうち、七七・八％に相当する七万六六一一人が都内の公立中に進学、一九・八％に相当する一万九五二一人が都内の私立中に進学しています。その他、国立中に四四三人、都外の中学校に一七六九人が進学しました。国私立の入学割合は二〇・二％と二割を超えています。都外進学の多くも、受験を経て隣県の私立中に入学したと考えられます。

都心部の状況を見ると、私立中への進学率はさらに高まります。次の表は、東京二三区の「都内私立中進学率」を表したものです（東京都の二〇二三年度公立学校統計調査報告書をもとにnippon.com 編集部作成）。文京区の数字が飛び抜けて高く、ほぼ二人に一人が私立中に進学していることがわかります。

表２−１　東京都23区の「都内私立中学進学率」トップ10

1	文京区	49.50%（△ 0.53）
2	中央区	43.14%（△ 4.51）
3	港区	42.47%（△ 0.99）
4	目黒区	39.43%（▼ 0.18）
5	千代田区	37.50%（△ 0.03）
6	渋谷区	36.53%（△ 1.96）
7	世田谷区	35.44%（△ 0.69）
8	新宿区	34.85%（▼ 0.05）
9	杉並区	32.69%（△ 1.31）
10	豊島区	32.06%（▼ 1.63）

東京都の2023年度公立学校統計調査報告書をもとにnippon.com編集部作成

上位自治体のうち、港区や中央区、世田谷区は「都外中学校への進学者」も多く（それぞれ八二人、九四人、一六四人）、実際の私立中進学率はさらに高いと予想できます。なお、埼玉県の私立中学校入試倍率は平均で一四倍です（二〇二四年度）。すなわち、受験生の一四人に一人しか合格しないのです。

かつては、「一五の春は泣かさない！」ことをスローガンとして、高校は、「希望者全員入学」「小学区制、男女共学[88]、多課程併置」の三つの理念の実現が目指されました。しかし、今日、特に都市部では、中学校入試も激化し、あるいは、高校受験においても特定の進学校を目指す競争が激化し、子ども達を苦しめています。私のところにも、ここ数年、「中学校三年生で燃え尽きた」という相談が数多く寄せられています。また、とりわけ中学校三年生の登校拒否も激増しています。

こうした状況を受けて、「国連子どもの権利委員会」は、日本に対し、次のような勧告を度々出しています。

競争的な学校環境の問題については、上述の、社会の競争的性質により発達を害されることなく子ども時代を過ごせるよう求めたところを前提に、過度に競争的なシステムを含むストレスの多い学校環境から子どもを解放するための措置の強化を求めました。どのように競争的かについては、第1回審査では〝highly（大いに）〟、第2回審査では〝excessively（非常に）〟、第3回審査ではこれらに加えて〝extremely（極めて）〟と表現が強められていましたが、今回も〝overly（過度に）〟に競争的な学校システムが限度を超えて学校環境をストレスフルなものにしているとの認識が示されています。

（子どもの権利条約市民・NGOの会『国連子どもの権利条約と日本の子ども期——第4・5回最終所見を読み解く』日本の泉社、二〇二〇）

このように、「過度に競争的なシステム」について国連による勧告がなされたのは、日本の他には韓国だけです。

3 「虐待死」の現状について

「児童虐待」をめぐる最も悲惨な結末である「虐待死」の現状はどのようになっているのでしょうか。

厚労省による二〇一一～二〇一三年の調査では、年間六九～九九人となっています。しかし、「日本小児科学会の研究報告」によれば、虐待死は年間三五〇人以上となっており、三倍以上の開きがあります。

また、「社会保障審議会児童部会児童虐待等要保護事例の検証に関する専門医による検証結果」（二〇二三年九月）によると、虐待死の内訳と変遷は次の通りです。

二〇〇七年　心中以外の虐待死：七八人＋心中：六四人＝一四二人
二〇二〇年　心中以外の虐待死：四九人＋心中：二八人＝七七人

さらに、こども家庭庁の調査によると、二〇二一年度の「虐待死」は五〇人となっています。このうち、「身体的虐待」を原因とするものは二一人（四二％）、「ネグレクト」を原因とするものは一四人（二八％）となっています。また年齢は、〇歳が二四人、一歳が六人、三歳が六人です。

なお、「心中以外の虐待死（五〇例五〇人）」について分析した結果は、以下の通りです。

・死亡した子どもの年齢→〇歳：二四人（四八・〇％）
・主な虐待の類型→身体的虐待：二一人（四二・〇％）、ネグレクト：一四人（二八・〇％）、頭部外傷：一一人（二八・九％）、頸部絞扼以外による窒息：六人（一五・八％）
・主たる加害者→実母：二〇人（四〇・〇％）、実父：六人（一二・〇％）、実母と実父：三人（六・〇％）

以上、「虐待死」は〇歳児にとても多いこと、さらに加害者として「実母」が多いことが特徴です。子育てが「孤独や貧困」のなかで行われていることが推測できます。

4 「目黒女児虐待事件」について

目黒女児虐待事件は、二〇一八年三月、東京都目黒区で度重なる虐待を受けていた五歳女児が死亡し、その両親が逮捕された事件です。

事件の経緯

女児は母親と元夫の間に生まれ、父親とは血縁関係がありませんでした。母親は二〇一六年に父親と再婚。一家は二〇一八年一月に東京都へ転居するまで香川県に住んでいました。

二〇一六年八月、香川県西部子ども相談センター（児童相談所）が、周辺住民からの通報を受けて、女児に対する虐待の疑いを初めて認知しました。なお、同年九月には父親と母親の間に長男が生まれており、四人家族となっています。同年一二月二五日、女児が裸足、パジャマ姿で自宅の外に放置されているのを周辺住民が発見し、児童相談所が一時保護しました。この時の医師の診断で、日常的な虐待の傾向が確認されました。

翌二〇一七年二月、親子面談を経て一時保護は解除されましたが、三月には再び女児が家の外に放置され、二度目の一時保護を受けました。この時には唇や両膝、腹部に傷やアザが確認されたものの、両親は暴行を否定しました。女児は児童相談所の心理士に「パパ、ママいらん」「おもちゃもあるし、家に帰りたい」と葛藤を打ち明けていたということです。同年七月三一日、両親への指導措置付きで一時保護を解除しました。

一時保護の解除後も、女児は定期的に市の児童センターや医療センターを訪問していましたが、八月には医療センターでの診察で怪我が見つかりました。女児は「パパにやられた。ママもいた」と話しましたが、同席した母親は虐待を否定し、一時保護には至りませんでした。なお、父親は、二〇一七年二月と五月時点で、女児に対する傷害容疑で二度の書類送検を受けましたが、二度とも不起訴となっていました。

二〇一七年一二月、父親は仕事の都合で、単身東京都に引っ越しました。この頃には女児に虐待の傾向は見られず、年が明けた二〇一八年一月四日、香川県の児童相談所は指導措置を解除しています。

その後、親子は父親の後を追って、一月中旬、父親の住む東京都に転居しましたが、母親は転居先の住所を児童相談所には頑なに明かしませんでした。その後、香川県の児童相談所は市を通じて一家の転居先を調べ、一月二三日に転居先が判明すると、すぐに管轄である品川児童相談所に連絡しました。品川児童相談所は連絡を受けてこの案件の移管を受理し、二月に家庭訪問を試みましたが、女児との面会を拒否されました。

転居後、女児に対する虐待はエスカレートしました。一月頃から、父親は女児に対し執拗にダイエットをするよう指示し、一日一食の日もあるなど過度な食事制限を与え、女児の体重は激減しました。二月末頃には、父親は風呂場で女児に冷水のシャワーを浴びせ、暴行を加えて負傷させました。女児は二〇一八年四月から小学校に入学する予定でしたが、二月二〇日に行われた小学校の説明会を欠席しています。

三月二日午後六時ごろ、女児は父親の一一九番通報を受け救急搬送され、同日夜搬送先の病院で死亡しました。司法解剖の結果、女児の足には重度の凍傷が認められました。また、死亡前、女児の臓器は正常な五歳児の五分の一に小さく萎縮していたほか、二月末頃に父親が暴行を加えた後から衰弱し、ほぼ寝たきり状態となり嘔吐を繰り返していたといいます。

女児が死亡した翌三月三日、父親は二月末頃に女児を殴り負傷させたとして、傷害容疑で逮捕されました。その後警察は、女児に対して継続的な虐待があったとみて捜査を続けました。

六月六日、両親が一月頃から女児に十分な食事を与えず、また医師の診察を受けさせずに放置し、結果死亡させたとして、警視庁は両親を保護責任者遺棄致死の容疑で逮捕しました。母親は、父親から虐待を受ける女児に適切な処置をとらなかった理由を「自分の立場が危うくなると思った」と供述しました。

六月二七日、東京地検は、両親を保護責任者遺棄致死罪で起訴しました。

七月一一日、家宅捜索において、父親のバッグから乾燥大麻が発見されたことから、大麻取締法違反（所持）容疑で追送検されました。

結愛ちゃんの「反省文」

結愛ちゃんがノートに書き残した言葉は、私には涙なしには読めません。

パパとママにいわれなくてもしっかりとじぶんからもっともっときょうよりかあしたはできるようにするから　もうおねがい　ゆるして　ゆるしてください　おねがいします
もうほんとうにおなじことはしません　ゆるして　きのうぜんぜんできなかったこと

これまでまいにちやっていたことをなおす　これまでどんだけあほみたいにあそんだか
あそぶってあほみたいだから　もうぜったいやらないからね　ぜったいやくそくします

「じぶんからもっともっときょうよりかあしたはできるようにするから」という言葉は、今の子どもたち同様に時間に追われ、追い詰められていたことを象徴する言葉です。また、「これまでどんだけあほみたいにあそんだか　あそぶってあほみたいだから　もうぜったいやらないからね　ぜったいやくそくします」という言葉も、おそらく親から言われ続けた言葉を必死で言っているのでしょう。

子どもにとっては遊びこそ生命です。子どもから遊びをとったら、ほとんど何も残らないほど重要です。また、子どもにとっては「今」を充実させることも重要です。今を充実させることなく、明日のために生きる力や見通しは湧いてきません。[89]

なお、結愛ちゃんのお母さん（船戸優里氏）が執筆した『結愛へ』（二〇二〇）によれば、彼女は、再婚相手の男（＝結愛ちゃんを虐待して死に追いやった男）から、次のように徹底的な否定を受け続けていたということです。

「まわりで楽しそうに生き生きしている主婦とお前は違う。あの人たちは陰で努力をしているからこそ、表で余裕のある振る舞いができているんだ。みんな楽しているように見えて苦労している。お前はマイナス100の人間なんだから、少し頑張ったくらいで調子にのるな。勘違いするなよ」

（船戸二〇二〇、一二頁）

こうした人格に対する否定的態度は、前夫も同様で、とにかく人格を否定され続けたと言います。こうして彼女は、「私の存在がいけなかった」と、存在自体を否定するようになります（同、一三頁）。こうした事情もあって、結愛ちゃんを虐待死させた男に対して抵抗する力を奪われていたと考えられるでしょう。再婚した男は「大麻依存症」だったようですから、正常な判断等ができない人格であったと考えられます。

5　児童虐待はなぜ増加しているのか

児童虐待はなぜ増加しているのでしょうか。様々な文献から、次のことが言えます。

第一に、「孤独と孤立」のなかで子育てが行われているということ。すなわち、子育て＝孤育てになっているということです。

第二に、「貧困」の影響がますます大きくなっていること。今日、貧困家庭の子どもは七人に一人いると言われています。また、「失われた三〇年」のなかで、貧困問題は経済的な貧困ばかりではなく、人間関係の貧困、教育の貧困と構造的になり、ますます悪化しています。

第三に、以上の二点とも関連して、子育ての知恵が伝承されていないこと、そして第四に、いわゆる「虐待の連鎖」が起きていることが指摘されます。

小括

「児童虐待」の大幅な増加、とりわけ「心理的虐待」の増加率が高くなっています。ただし、虐待のなかでも被害者への影響が最も深刻な「性的虐待」には「暗数」が多いので、注意が必要です。さらに、近年では受験競争の激化の影響もあり、「教育虐待」と言われる新しい形態の「虐待」も増加しています。

本節では、「児童虐待」が増加している原因についても触れましたが、さらなる聞き取りや調査等を参考に、深めていく必要があるでしょう。特に、その構造的な把握が理論的課題として残っています。

＊

本章では、一節から一〇節まで、子ども・若者をめぐる様々な問題について、かなり突っ込んで現状や背景等を分析してきました。その結果、本書の「はじめに」で触れたように、第一に、これまでの矛盾や問題点が拡大・増幅してあらわれているという点、第二に、すでに起きていた変化が危機によって加速している点が確認できたのではないかと思います。また、全体として、様々な問題が子ども・若者をますます息苦しくさせていることもわかりました。さらに、それぞれの問題における今後の理論的課題もかなりの程度把握できました。

本書の下巻では、問題の背景をより構造的に理解し（第三章）、また、政府の対応について把握し（第四章）、問題解決の展望をいかに見通すことができるか、その見取り図を具体的に示したい（終章）と思います。

［注］

1　私も高校生時代に「皆勤賞」にこだわるなど「よい子」の傾向を持っていました。

2　二〇二一年に相談を受けた、地元埼玉県の北部に住む一六歳の女子も「よい子」の抱える苦しさから「登校拒否」になった例の一つでしょう。彼女は中学生まで、成績は学年で一番、スポーツの成績も埼玉県下で一番だったそうです。ところが、埼玉県下でも一、二を争う女子進学校に入学した途端に、新学期から一日も学校に行けなくなったと言います。これは、典型的な「よい子」の燃え尽き症候群（バーンアウト）の例です（前島二〇二〇のB子さんもほぼ同様です）。なおこの相談者は、現在「アスポート学習支援」（高校進学ための学力獲得を目指す無料塾）の講師として中学生を教えています。自らの役割と居場所を見つけて、自分らしさを発揮し、自己回復の道を歩んでいます。

3　芹沢俊介も「親の期待は暴力」だと言います（芹沢二〇〇八）。

4　『朝日新聞』の次の投書は、「いじめ自死」について、問題状況を鋭く、かつ具体的に明らかにし、その克服を国民全体に呼びかけています。大変心を打つ投書です。

「いじめ被害の告白　仏新首相に感動　主婦　北浦ひとみ（長崎県　65）

フランスの首相に34歳のアタル氏が就任した。同性愛者と公表し、中学時代にいじめを受けていたこと明らかにしており、就任演説で『いじめは国家の最優先事項として取り組む』と述べた。いじめは卑劣な行為だ。それなのに受けた方が悪いとさえ言われた時代があった。私の娘と息子は何の非もないのにいじめを受け、それでも命尽きるまで頑張った。娘は不慮の転落死、息子は自ら命を絶った。

我が子のように、心優しく正しいものが命を失うことのないように活動してきた。無力さに諦めかけていたが、仏新首相の姿に感動した。つらくとも生きてきてよかったと初めて思った。かつて、オバマ氏が『子どもの頃、レストランの玄関で追い払われた私が大統領になった』と語ったことも思い出した。心ある人たちの力で世界が変わることを期待する。日本ではいじめが増え、若者の自殺も増えている。日本も頑張ろうと伝えたい。」(二〇二四年一月二五日付『朝日新聞』朝刊)

この投書の方の娘さんの「不慮の転落死」も、いじめを苦にした自死の可能性があります。このような悲しい「いじめ自死」をなくすためにも、今や国民全体で、政治と文化、および教育のあり方の変革が求められます。なお、故石原慎太郎氏は、いじめ自死について「動物行動学的に眺めれば歴史的必然のもたらした極めて自然なことがら」であると、「極めて」非科学的な妄言を嘯き、自らの四人の息子は、いじめられる子ではなくいじめる子に育てたいと述べました。この意見について私は心から激しく憤り、フロムの『破壊』などに学び根底的に批判しました（前島一九九五、一六五〜一六九頁）。

5　文科省「令和5年度　児童生徒問題行動・不登校等生徒指導上の諸問題に関する調査結果の概要」（二〇二四年一〇月三一日）。

6　この点について『令和6年こども白書』（二〇二四年六月）では、三〇歳未満の死因（構成比）において、一〇〜一四歳は「自殺」が二八・二％の一一九人。一五〜一九歳は「自殺」が五二・四％の六六三人、二〇〜二四歳は「自殺」が五七・九％の一二四三人、二五〜二九歳は「自殺」が五一・一％で一一五四人でした。一〇歳から二九歳までのいずれの年齢層においても、死因のトップが「自殺」であり、一五歳から二九歳の死因の過半数も「自殺」となっています（合計人数は三一七九人）。

なお、この調査結果では、「不慮の事故」と「その他」が別に分類されています。「不慮の事故」は、おそらく「交通事故」や「ビル等からの転落事故」を指していると思われます。また「その他」は、おそらく「死因不明」を指していると思われます。そうすると、この二つの分類項目にも、相当数の「自殺」が含まれていると考えられ、このことを加味すると、死因が「自殺」の割合は、一〇～一四歳で五割前後、一五～二九歳で七割前後になる可能性も否定できません。

7　土井隆義氏の著書には、他に以下のものがあります。『「個性」を煽られる子どもたち』（二〇〇四）、『友だち地獄』（二〇〇八）、『キャラ化する／される子どもたち』（二〇〇九）、『若者の気分』（二〇一二）、『つながりを煽られる子どもたち』（二〇一四）、『「宿命」を生きる若者たち』（二〇一九）。

8　中村淳彦の『新型コロナと貧困女子』（二〇二〇）、『女子大生風俗嬢』（二〇二一）、『歌舞伎町と貧困女子』（二〇二二）および雨宮処凛『生きさせろ！　難民化する若者たち』（二〇〇七）、『生きのびろ！　生きづらい世界を変える八人のやりかた』（二〇一〇）の一連の著書等参照。

9　NPO法人非行克服支援センター『ざゅーす』（二〇二一年五月）の大谷恭子氏（弁護士）の発言。

10　前島康男『登校拒否・ひきこもりからの〝出発《たびだち》〟』（二〇二〇）、「登校拒否・ひきこもり問題の新しい展開と理論的課題」（二〇二三）。「激増する登校拒否・不登校」（二〇二四）。

11　M・フーコー『監獄の誕生』（一九七七）、『生政治の誕生』（二〇〇八）。

12　高垣忠一郎『生きづらいあなたへ』（二〇二三）ほか。

13　通信制高校の設置者別に生徒数の推移を見ると、私立が大きく伸び、公立が減少し続けていることがわかります。二〇〇三年に小泉内閣が規制緩和策として導入した「教育特区」により、二〇〇四年以降に株式会社の通信制高校が多く開校したことで私立は伸び続けています。減少の一途をたどってきた公立高校は、二〇二二年度より増加に転じています。なお普通高校では、公立高校では三年間で平均一五四万三一一六円、私立では平均三一五万六四〇一円の学費がかかります。一方、通信制高校では、公立では平均五万円、私立では二五〜一二〇万円とかなり安くなっています。ただし、通信制高校生の大学進学率は一七・九％と、全体の進学率五六・六％と比べて約三割でしかありません。

14 株式会社ドワンゴと公益財団法人日本財団が提携、一般社団法人日本財団ドワンゴ学園準備会を設置して、ZEN大学（仮称）を二〇二五年四月に開学させる構想があります。文科省は二〇二四年一〇月三一日に大学の新設が認可されたと明らかにしました。入学定員は三五〇〇名で、「知能情報社会学部」（アプリ開発や動画編集などを学びます）の一学部、必要な単位はすべてオンラインで修得するため、通学は不要です。授業料は、国立大の授業料標準額（約五四万円）より低い年間三八万円です。

15 文部科学省『生徒指導提要』（二〇二二年一二月改訂、一二五頁）。

16 この点は、マイケル・ジーレジガー『ひきこもりの国』（二〇〇七）も参考になります。どちらも、日本の抱えている根源的問題に鋭く迫っていて学ぶ点が多い書籍です。

17 この点について一貫してこだわり続けている研究者に、白井聡氏がいます。

18 この点は、いじめ問題で言えば、学校でのいじめといじめ社会の問題、あるいは、今日ますます強まっている「いじめ政治」の問題を繋げて考える必要性を促しています。また、「登校拒否・ひきこもり」問題で言えば、本来、子どもの登校拒否あるいは学校拒否としてとらえるべき問題を「不登校」という言葉で済ませてしまう感性とつながる問題だと言えるでしょう。「不登校」という言葉について藤井良彦氏は、「学校の外にいる子供たちの存在を、『不登校』と『不』の一字を冠した呼び名で呼びならわしながらも、あたかもそれが価値的に中立であるかのごとくうそぶき、それも『どの子にも起こりうるもの』といってはばからないこの時代の感性は、しかしそれこそが平等を事とした戦後民主主義の達成であったと言えば言い過ぎであろうか？」（藤井二〇一七、二六三頁）と述べています。

19 「『トー横は怖いけど埼玉なら』」こう話すのは、埼玉県上尾市で「上尾界隈」を立ち上げたという20歳の少年Cだ。

『80人のグループチャットがあって、初日は10人集まりました。ここはヤクザも警察の目もなくのびのび。トラブル防止で『オーバードーズ禁止』というルールは設けました。『トー横は怖いけど埼玉なら』って人もいる。それでもトー横はなくなってほしくない。あそこならいつも人がいるし一番自由な場だから」（『ＳＰＡ！』二〇二四年三月四日記事）

20 「トー横キッズ」の近況について、当事者による以下の話は、興味深いものがあります。

「昨年12月にトー横デビューした14歳の少女Ａがいる。

『親は精神科に通う姉ばかりかまって、家に私の居場所はない。ずっと苦しくて小２からリストカットしてます。トー横は普通に生きられない私の気持ちをわかってくれて、やっと居場所ができたと思えた』『別に怖くないよ。家に戻されても皆すぐにここに帰ってくるから。私にとってはここが一番安心できる場所なんだから、好きにさせてほしい』。

補導強化で、家に戻る未成年がいることも事実だが、少年少女のことを考えるとそれが最善策とは限らない。２年前からトー横に通っていた17歳の少女Ｂのケースはこうだ。

『もう10回以上補導で家に帰らされたけど、その度にトー横に戻ってきた。家にいたら、過去にも私を軟禁して無理やり精神薬を飲ませてきた母親と顔を合わせなきゃだから。もう疲れた。今は居心地のいい場所がどこにもない』」（ＮＨＫ「クローズアップ現代」二〇二二年二月二二日放送）

21 この歴史研究は、間庭充幸氏や土井隆義氏らの一連の研究を批判的に総括するなかで行う必要があります。両氏の著書は参考文献に挙げてあります。

22 例えば、荻上チキ・内田良『ブラック校則』（二〇一八）も参照のこと。一例を挙げると、現在五〇歳代の市民ではほとんど経験した者のいない「下着の色が決められている」という校則が、一〇歳代では一一・四％も存在しています（同、二三頁）。この校則により、次のような実例も生まれています。「女子の下着の色が白と指定されており、修学旅行の荷物検査で一部分が白でない下着を持っていた生徒が没収され、そのまま2泊3日をノーブラで過ごさせたとのこと」（佐賀県・公立中学校・保護者、同、四八頁）。

23 E・フロムは、「良性の攻撃性」について、自らを高める力、あるいは、平和を守る力、さらには、社会を変える力などと述べています（『破壊』『自由からの逃走』等参照。なお、この点については前島一九九五の補章も参照）。

24 例えばいじめ問題について、現実の政策は、基本的にいじめの撲滅や芽を摘むこと、あるいはいじめのない学校やクラスをつくるという発想です。そのために、「厳罰化と道徳教育（道徳の教科化）」が重視されています。しかし私は、いじめはいつでもどこでも発生するという前提にたち、いじめは皆で話し合いながら解決する、すなわち「自治の力で解決する」ことが大切だと考えています（前島一九九五、後藤竜二氏の『14歳――Fight』等の一連の作品参照。後藤氏は、様々な作品において「自治の力」で問題を解決することを大切にしています。この点については、前島二〇一六、七一頁も参照のこと）。

25 室橋祐貴『子ども若者抑圧社会・日本』（二〇二四）において、一九六九年以降、文科省が高校生を中心に、問題を自主的に解決する力を奪ってきた様子、そしてこのことが、今日の若者の「政治的無関心」＝「投票率の極端な低さ」と関係していることがわかりやすく描かれています。

26 青柳二〇二三。

27 「自傷行為」には次のようなものがあります。①ＯＤ（オーバードーズ）、②リストカット、③摂食障害、④性の商品化、⑤ピアスを過剰に開ける、⑥皮膚むしり、⑦身体を指でつねったり爪でひっかく、⑧抜毛、⑨根性焼き（火のついたタバコを腕などに押し付ける行為）、⑩身体を殴打する、⑪刺青を彫る、⑫身体をコンパスなどで刺す、⑬頭などを壁等にぶつける。このなかで、比較的割合の多い①〜④の問題を取り上げました。

28 著書としては、次のものがあります。『「死にたい」に現場で向き合う——自殺予防の最前線』（日本評論社、二〇二一）、『「助けて」が言えない子ども編』（日本評論社、二〇二三）。また、論文としては次のものがあります。「自分を傷つけずにはいられない——その理解と対応のヒント」（『児童青年精神医学とその近接領域』五七―三、二〇一六年）、「自分を傷つけずにはいられない！——自傷行為の理解と対応」（第六八回北海道学校保健・安全研究大会十勝帯広大会基調講演）。

29 精神科医のなかでも児童精神科医の数は少なく、診療を受けるまで何か月も待たされたという話はよく聞きます。

30 「学歴厨」および「世間様教」は、斎藤学氏の言葉（斎藤学『「毒親」っていうな！』扶桑社、二〇二二年、一六五頁他）です。なお、「世間教」については、佐藤直樹『「世間教」と日本人の深層心理——みんな一緒でラクがいい—』（さくら舎、二〇二三年）も参照。

31 日向琴子『ルポ　パパ活』（二〇二一）

32 竹内常一『子どもの自分くずしと自分つくり』（一九八七）、二〇一頁。

33 「パパ活」について紹介した書物は、近年数多く出版されています。仁藤夢乃『女子高生の裏社会』（二〇一四）、坂爪真吾『パパ活の社会学』（二〇一八）、中村淳彦『パパ活女子』（二〇二一）、日向琴子『ルポ　パパ活』（二〇二一）ほか。

34　仁藤夢乃『女子高生の裏社会』（二〇一四）、同『難民高校生』（二〇一三）。高木瑞穂『裏オプ』（二〇一八）。

35　橘ジュン『最下層女子校生』（二〇一六）。

36　高木瑞穂『ルポ新宿歌舞伎町　路上売春』（二〇二三）、中村淳彦『歌舞伎町と貧困女子』（二〇二二）、春増翔太『ルポ歌舞伎町の路上売春』（二〇二三）、國友公司『ルポ歌舞伎町』（二〇二三）、宇都宮直子『ホス狂い』（二〇二二）、大泉りか『ホス狂い』（二〇二二）、佐々木チワワ『「ぴえん」という病』（二〇二二）。

37　中村淳彦『女子大生風俗嬢』（二〇一五）、同『女子大生風俗嬢』（二〇二一）、同『貧困女子の世界』（二〇二三）、荻上チキ『彼女たちの売春（ワリキリ）』（二〇二一）。

38　厚労省『自殺対策白書』（二〇二二年度）。

39　子ども・若者といかに出会うかについては、前島二〇一六を参照。

40　参考文献は以下の通りです。斎藤章佳『男が痴漢になる理由』（二〇一七）、同『「小児性愛」という病』（二〇一九）、同『子どもへの性加害』（二〇二三）、同『男尊女卑依存症社会』（二〇二三）、同『盗撮をやめられない男たち』（二〇二一）、鈴木伸元『性犯罪者の頭の中』（二〇一四）、宮崎浩一・西岡真由美『男性の性暴力被害』（二〇二三）、大沢真知子『助けてといえる社会』（二〇二三）、金子雅臣『壊れる男たち』（二〇〇六）、中島かおり『漂流女子』（二〇一七）、福井裕輝『子どもへの性暴力は防げる！』（二〇二三）、藤森和美・野坂祐子『子どもへの性暴力』（二〇二三）、池谷孝司『スクールセクハラ』（二〇一七）、佐々木チワワ『「ぴえん」という病』（二〇二一）

41　警察庁「犯罪統計書」（二〇二一年）によれば、「性犯罪の割合が高い職業」（上位一〇位）は次の通りです。第一位：教員（一四・六％）、第二位：会社・公団等の部課長（一二・〇％）、第三位：警察官・自衛官・消防士等（一一・六％）、第四位：芸能人・プロスポーツ選手（一〇・四％）。また、その要因として①接触性、②権威性、③密着性、④合理化性の四点が挙げられています。

42 私が検討した論文等は以下の通りです。須藤康介「教師の犯罪率とその推移」（二〇一五）、森脇正博ほか「教員の『わいせつ行為』に関する統計的再分析」（二〇一八）、内匠舞「子供に対する性犯罪の現状と課題」（二〇一八）、今井由樹子「教員の性加害の実態と予防」（二〇二二）。なお、斎藤章佳『子どもへの性加害』（二〇二三）も、とても参考になる著書です。なお、須藤氏の論文のみが、教師の性犯罪率について「教師の犯罪率は極めて低い水準を維持している」と結論づけています。しかし、この論文はやや牽強付会で、説得力に欠けます。

43 しかし、「実際の被害は10倍近いともいわれて」います（鈴木二〇一四、六頁）。

44 この調査については、いくつかの文献でも取り上げられています。例えば、大沢真知子『「助けて」と言える社会へ』（二〇二三）の第三章参照。

45 この言葉は、典型的な「認知の歪み」を表す言葉の一つです。特に、性被害者を傷つける作用をおよぼします。

46 宮崎浩一・西岡真由美『男性の性暴力被害』（二〇二三）参照。この本の帯には、「なぜ彼らの被害は、『なかったこと』にされてきたのか？――被害の実態、心身への影響、不可視化の構造、回復と支援の在り方まで」と書いてあります。ジャニー喜多川事件も踏まえて、今日さらに、男性への性被害についても、私たちも認識を深める必要があるでしょう。

47 参考文献としては以下のものがあります。斎藤章佳『男尊女卑依存症社会』（二〇二三）、片田珠美『男尊女卑という病』（二〇一五）、大沢真知子『「助けて」と言える社会』（二〇二三）。

48　認知の歪みとは、以下のような特徴を言います。①白黒思考（オール・オア・ナッシング）、②過剰な一般化（「いつも」「すべて」「常に」「みんな」などという言葉をよく使う）、③ポジティブ要素の否定（マイナス思考）、④結論への飛躍（ちょっとした事柄でも、すぐ結論を出してしまう）、⑤フィルタリング（良いことをシャットアウトし、悪いことばかり見てしまう）、⑥感情に基づいた判断（自分の感情を根拠にして物事を決めつけてしまう）、⑦過剰な拡大解釈、縮小解釈、⑧ラベリングやレッテル張り（たった一度起きたことや一部の性質によって、自分や他人にネガティブなレッテルを貼ってしまう）、⑨個人化と非難（自分に一見関係ないことでも、自分の責任に結びつける）、⑩「すべき」化（物事や出来事に対し、「～すべき」「～であるべきだ」といった理想形像のようなものが存在しているかのように考える）。

49　「若年女性へのジェンダーを理由にしたオンライン・ハラスメントに関する調査結果　日本の調査報告書」二〇二〇年一〇月。

50　ここ一〇年余りで目立って増えてきたのは、数々の「依存症」のなかでも「性依存症」（「痴漢」「盗撮」「のぞき」「露出」「下着泥棒」「風俗通い」「強姦」など）です（『週刊女性ＰＲＩＭＥ』編集部、二〇二〇年一月二日付）。

51　この点は、中島かおり『漂流女子』（二〇一七）および、土井隆義「親ガチャという病――生きづらさのなかで固定化されてゆく〝自己像〟」（池田ほか編二〇二二）を参照。

52　この点は、大沢真知子『「助けて」と言える社会へ』（二〇二三）でも強調しています。浅井春夫『包括的性教育』（二〇二〇）等も参照。

53　中村淳彦氏による、以下の一連のルポルタージュ参照。『東京貧困女子』（二〇一九）、『日本の貧困女子』（二〇一九）、『女子大生風俗嬢』（二〇一五）、『ルポ女子大生風俗嬢』（二〇二四）。

54 大空幸星氏は、この点について次のように述べています。

「一貫して子どもや若者の自殺が増え続けているなかで、何ら有効な支援策を示せずにいた人たちの一部が、いまさらのように、『SOSの出し方教育』などと言っているが、子どもが誰かに頼る行為を『SOS』と定義している時点で、『誰かに頼ることは恥ずかしいこと』などの内向きなベクトルのスティグマを強化する可能性があるし、そもそも誰かに頼ることのハードルを上げている。」（『望まない孤独』扶桑社新書、一七七頁）

55 「厳罰主義的対応」の典型例が、「いじめ防止対策推進法」です。この法律の第四条は「いじめの禁止」についてのもので、「いじめはこれを行ってはならない」と書いてあります。また、この法律制定後、道徳が「教科化」されました。法律で禁止し、道徳で行ってはならないと学ぶという、まったくのお粗末な施策です。

56 参照した論文および書籍は以下の通りです。村瀬桃子「文部科学省『生命（いのち）の安全教育』に関するノート」（二〇二二）、近藤凜太朗「『生命（いのち）の安全教育』とは何か?」（二〇二二）、浅井春夫「社会問題をセクソロジーする(23)」（二〇二一、浅井春夫『包括的性教育』（二〇二〇））。

57 浅井春夫氏は「包括的性教育」について、次の三つの柱をまとめています。第一に、乳幼児期から思春期、青年期、さらには成人期、高齢期まで、人生における様々な課題に向き合っているすべての人にとって学ぶ意義があること。第二に、性的発達と人生の歩みにおけるあらゆる局面に、賢明な選択と対応ができ、自らと他者の尊厳を大切にできる知識・態度・スキルを育むこと。第三に、人間関係において様々な共生能力を獲得し、喜びを共有できる能力を獲得していくこと（浅井二〇二〇）。

58 教養という言葉の意味について、我が師、五十嵐顕氏は次のように述べています。「自分より弱い人のことを自分ごととして、寄り添って考えられる力。自分より弱い人に対して威張っている人は、従って教養がない人です」（『心ひらく教育の花を』『赤旗』一九七九年一月五日）。ここでいう「教養」とは、「人の心がわかること」と述べている養老孟司氏が指す意味とほぼ同じ内容と言えるでしょう（養老孟司ほか二〇二四）。

59　大学教育実践の成果については、次の文献を参照のこと。前島康男『自分探しの旅を豊かに』（一九九三）、『いじめ』（一九九五）、『大学教育と「絵本の世界」』（一九九八）、『大人のための絵本の世界』（一九九九）。

60　これらのことは、『登校拒否・ひきこもりからの〝出発〟』（二〇二〇）一〇-二一頁を参照のこと。また最近では、当事者の三〇〇〇人調査によると、二〇代で「パパ活」を経験したことのある割合は、一四・二％でした。すなわち八人にひとりが「パパ活」を経験していることになります。

61　二〇一五年二月二～六日、韓国「ナヌムの家」を訪問しました。その際の貴重な体験については、前島二〇一五、六四～六五頁を参照。

62　次の文献を参照のこと。橋本紀子『こんなに違う！　世界の性教育』（二〇一一）、フレデリック・マルテル『世界LGBT事情』（二〇一六）、橋下紀子ほか『教科書に見る世界の性教育』（二〇一八）。

63　信田さよ子編『女性の生きづらさ』（二〇二〇）は、「女性の生きづらさ」を考えるうえでとても参考になりました。目次は以下のようになっています。

Ⅰ　総論：いまふたたび「女性であること」を考える――ジェンダーの視点から（信田さよ子）
Ⅱ　家族を生きる痛み：母と娘という問題系――これまでとこれから（信田さよ子）
DVに立ち向かう女性たち（山口のり子）
児童虐待死事件の取材から見えてきたもの（杉山春）
中高年AC女性と介護――関係の悪い母の最後をめぐって（寺田和代）

エッセイ：痛みと逃げ道（坂上香）
Ⅲ　当事者の痛み：酔っていないと主張できなかった――構造的スティグマとしての隔離（上岡陽江）
摂食障害を生きて（鶴田桃エ）
発達障害を生きる――「コミュニケーション障害」の罠から抜け出すために（綾屋さつき）
エッセイ：女性の生きづらさとスキーマ療法（伊藤絵美）
Ⅳ　社会を生きる：戦争と家族の暴力（中村江里）
貧困問題と女性――風俗業界で働いている女性たちの聞き取り調査から（上間陽子）
塀の中の女性たち――今こそソーシャルワークを（大嶋栄子）
司法制度と家族――面会交流をめぐって（千田有紀）
エッセイ：「被害者」になれない私たち（北原みのり）
Ⅴ　性別という痛み：「男ゆえの困難」の何が問題か――介護する男たちの語られ方と、そこで見失われているものを考える（平山亮）
〝加害者性〟に苦しむ男たち（清田隆之）
性暴力加害者の責任を問う、とは（牧野雅子）
トランス女性と性暴力被害――私はあえて一人の女を見つめる（岩川ありさ）
ジェンダーにおける加害者生徒被害者性の位相――トラウマティックな関係性の再演から（野坂祐子）

64　「同調圧力」について菅野仁氏は、『友だち幻想』（二〇〇八）のなかで次のように書いています。
「『同調圧力』という言葉を私の研究室のゼミで使ったとき、教え子の女子学生がこう言いました。

『先生、私の高校時代は、まさに〝同調圧力〟に悩まされた三年間でした！』

とにかくいつも一緒に行動していなきゃいけない雰囲気があって、それがとても重荷だった。抜け出すにも抜け出せないし、距離を少しでも取ろうとすると『なんか冷たい』とか、『今までとちょっと違う』などと言われ、いついじめの対象になるかわからない。距離をとって孤立するのも怖い。そんな毎日だったそうです。（…）

『同調圧力とどう折り合いをつけるかが私のテーマだったんだと、いまはっきりわかりました』と、彼女は長年の胸のつかえが取れたように言いました。」（五二～五三頁）

65　この葛西りまさんのいじめ自死事件については、最近でも青森県の一戸義則氏によって詳しく紹介されています（日本共産党中央委員会発行『女性のひろば』二〇二四年四～六月号）。

66　「教育家族」とは、「教育」にしか関心を持たなくなった家族の形態を言います。簡単に言えば、家族の総力をあげて、子どもをいい学校・いい会社に行かせるために、父親は「企業戦士」、母親は「教育ママ」、そして子どもは「受験戦士」として三位一体となり頑張る家族形態です。日本では、一九六〇年代の高度経済成長以降、こうした家庭が徐々に一般的になってきました。この家族形態に対比されるのが「生活家族」です。

67　「毒親」に関する著書には以下のものがあります。中野信子『毒親』（二〇二〇）、古谷経衡『毒親と絶縁する』（二〇二〇）、中村淳彦『私、毒親に育てられました』（二〇二三）。

68　「教育虐待」に関する著書には以下のものがあります。おおたとしまさ『ルポ教育虐待』（二〇一九）、石井光太『教育虐待』（二〇二三）。

69　私のいじめ問題に関する著書は次の通りです。前島康男『いじめ』（一九九五）、『増補・いじめ』（二〇〇三）、『大学教育と「絵本の世界」（上巻）』（一九九八）、『大学教育と「絵本の世界」（中巻）』（二〇一五）。このほか、論文が一〇本程度あります。

70　この学生は、私の「退職記念誌」に次のような文章を寄せてくれました。

「康男さん。ご退職おめでとうございます。康男とは私が大学に入学してすぐに、教職課程の講義で生徒と先生として出会い、気が付けばマブダチと呼び合えるような仲になっていました。最初の講義の時から、私は同じ講義を受けている友人と講義中よく喋り注意を受けたのが康男との始まりでした。そこから、講義では康男はよく私に質問を投げかけ、ただ私が答えるのではなく、ともに考え答えを導くという形で講義を行い、それが今考えてみれば私にとってすごく受けやすい講義だったと思います。康男の講義は『いじめ・不登校』を題材としていて康男と親交が深くなったのはこのテーマにあると思います。私は学生生活の中で、いじめる側といじめられる側の双方を実体験しており、周りの生徒とはちょっと違った考えを持っていました。その考えとは、いじめにおいて『いじめる側』が１００％悪いわけではないという考えです。そういった考えに康男は真摯に向き合い考えてくれました。また、講義の中でもその意見を生徒に伝え、しっかりと共有してくれたことが嬉しかったです。なんだかんだで、そんな日々を過ごし、いつの間にか康男とは、校内で会ったときも立ち話をしたり、大学の最寄りの駅で会った時も立ち話をしたりで次第に仲良くなっていった感じがします。現在私は、大手自動車メーカーの派遣として仕事をしていますが、テレビやネットニュースなどで、学生のいじめや自殺などを見ると色々と考えてしまいます。教育現場で私が仕事をすれば少しでも生徒のいじめや不登校問題に変化をもたらすことができるのではないかと。康男と一緒に学んできたことを生かせるのではないかと。康男と交流できたことで世の中のそういった問題や、将来子どもができたときに親として、してあげられることなど、康男と出会う前の私とは大きく考えが変われたのかなと思います。また機会があればお酒を交わしながら語り合いましょう。これから先も健康で、ご家族と仲良く元気でいてください。」

71 この点について、北村年子『ホームレス襲撃事件と子ども達』（二〇〇八）が参考になります。

72 前島一九九五、同二〇〇三、同二〇一五など。

73　私は、二〇一九年一月、四男と一緒に、スイス・ジュネーブで行われた国連子どもの権利委員会（The Committee on the Rights of the Child：CRC）に、傍聴者として参加しました。CRCの第四・五回最終報告書では、「あまりに競争的なシステムを含むストレスフルな学校教育から子どもを解放することを目的とする措置を強化すること」を強調しています。これまで三回にわたって、CRCの勧告においても同様の指摘がなされました。ただし、それまでの日本の学校の競争的システム（competitive system）を形容してきた言葉は、第一回最終所見（一九九八年）では〝highly（高度に）〟、第二回最終所見（二〇〇四年）では〝excessive（度を越した）〟、第三回最終所見（二〇一〇年）では〝extremely（極度の）〟、そして、第四・五回（二〇一九年）では、〝an overly competitive system〟へと変化しています。その意味については、「『あまりに競争的なシステム』と訳すならば、そこには『このままにして良いのですか？』というニュアンスが強く含まれていると読むべきであろう。『ストレスフルな学校環境からの子どもたちの解放』は、今すぐに手を打つべき課題へとバージョン・アップしているのである」という解釈がなされています（子どもの権利条約市民・NGOの会編二〇二〇、五八～五九頁）。

74　前島一九九五には、こうしたいじめ体験が数多く出てきます。ご参照ください。

75　教師がいじめの構造の頂点にある、あるいは、教師が先頭に立っていじめを行う例は少なくありません。例えば、一九八五年の鹿川君いじめ自死事件（いわゆる「葬式ごっこ」で有名）では、色紙に四名の教師が名を連ねていましたし、二〇〇六年の森啓介君のいじめ自死事件では、担任教師が「偽善者にもなれない偽善者」とクラスメイトの前で決めつけていました。

76　詳しい紹介・分析については、前島二〇〇三および、前島二〇一五を参照。なお文科省は、二〇二五年度から「いじめ対策」として「警察官OB・OGの多職種の専門家をいじめ対策マイスターとして教育委員会等に配置」すると言っています（二〇二四年一〇月三一日「令和5年度児童生徒の問題行動・

不登校等生徒指導上の諸問題に関する調査結果の概要」六頁）。
77　前島二〇一五を参照のこと。
78　斎藤茂男氏は、労働者が過労死を厭わず「自発的・自主的」に働く構造を、ヒトラーを比喩に使って次のように述べています。
「『我が亡き……』のころ、労働生活はまだ、明日の糧を手にするための切実さに裏打ちされた、いってみれば人間の懸命な生の営みと見える側面があったように思う。だが、現在はそういう生存のための切実さはない。その代わりにだれの体内にも『目標達成に向けて課題を消化せよ』というプログラムがインプットされており、予定された日程をこなして、『すみ』『すみ』と消していく。しかも苦役を苦役と感じる感覚がなくなり、絶えず課題達成の快感がないと安定できない――そういう仕事依存・会社依存の嗜癖性向が、だれにも多かれ少なかれ見られるというのが、現代の労働生活の一つの特質になっているように思われる。
　しかも、特にホワイトカラーのばあい、強権的な労働者統制のヒトラーが外部から圧力を加えているのではなく、彼自身の内部に彼をコントロールする支配者が住みついており、自発的・自主的に仕事にのめり込む構造になっている。」（斎藤一九九四、一五一～一五二頁）
　斎藤氏のこの指摘から、私はチャップリンの製作した『モダンタイムズ』の映像のいくつかの場面を思い出します。なお、汐見稔幸氏は同書内において、「結局、E・フロムが『自由からの逃走』で描いたような問題を人類はまだ解決しきれていないのかもしれません」（同、一五二頁）と述べています。
79　例えば、斎藤貴男『機会不平等』（二〇〇〇）を参照。
80　その一例として、一人の若者の手記を紹介します。
「前島先生との出会いが私を変えた　日本大学　N

前島先生とは、私が高校2年生の時（つまり2016年）に保健室登校に関して相談したいと、『10区市民の会』の講演後にお願いしたのがきっかけで初めて会った。そのころ私は高校になじめず、授業も休みがちで保健室にこもることが多かった。そのような中、藁にもすがる思いで前島先生を頼ったのである。初対面の印象は『いかにも先生』。大学教授をしていたから当然であるが、知性がある方だなと感じた。そこから私と前島先生の付き合いは始まり、今は私を前島先生が『5人目の息子』と冗談を交えて紹介することもあり親密な関係を築いている。私も前島先生にいろいろな話をしていただき、心の救いになっているところが多い。

私は中学三年生のころ、第一志望の高校を受験することを断念するという大きな挫折を味わった。発達障害を抱えている私にとって頭の良さ（正確には受験競争に勝つための頭の良さ）は数少ない武器であったがここに全否定された。それ以来私は長い期間『自分は落伍者』『生きている価値はない』と思い込み苦しんできた。そのような中で前島先生と出会った。

前島先生との対話は私にとって認知行動療法になった。つまり『受験に勝たねばならない』『(偏差値が高い）いい大学をでていいところに就職しなければ生き残れない』という認知のゆがみを改めるきっかけとなった。残念ながら現代の日本は給料の上昇が停滞し希望がなく、受験戦争などで子どもが生き生きと育つことができない状況になっている。そんな現代の問題を前島先生と議論を深め、様々な話をすることで、希望が生まれ、自分の人生を生きようと思うようになる。

前島先生が退官してはや一年、市民活動や市民講座を開いているのはすごいなと思う。ゆっくり休みたい気持ちもあると思うが、それ以上に『この国の子どもたちが自由に生き生きと育つ環境を作りたい』という気持ちがあるゆえに励んでいるのだろう。もしも前島先生がどこかの地方公共団体の教育長になったらどのような教育や環境を作るのか、とても興味深い。もちろん、様々な抵抗があると予想するが、その時私は全力で先生を支える次第である。

結びに、前島先生と出会って、私の視野は大きく広がった。本当にありがとうございました。迷惑をいろいろかけていろいろ申し訳ない気持ちもありますが、これからもよろしくお願いします。」（前島康男と記念誌原稿協力者二〇二三、一〇九頁）

81 下村博文氏は、これからの教育では、「自分で考え、責任を持って、行動できる人材が必要である」とします（下村二〇一九）。そして、そのような「人材」について詳しく展開しているのが、「生徒指導提要改訂」です。生徒指導提要改訂を貫くキーワードは、「自己指導能力の育成」です。この言葉は、下村博文氏の著書や他の政策文書等でもほぼ共通しています。「自己指導能力」とは、端的に言って、子ども・若者一人ひとりが「小さな企業家」になるような資質を身につけるということです。
この点、下村博文氏は先述の著書で、「ＡＩと共存できる」「自ら考え自ら判断し自ら行動する人材」は、「啓育」でこそ育てられるとしています。このような下村氏らの意見に早速反論したのが、神代健彦氏でした（神代二〇二〇）。この本の帯には、「クラス全員を『小さな企業家』に育てる教育。……正気ですか？」とあります。

現在、企業においても、各社員に起業を促すような雰囲気があります。そして若者の間にも、一生一つの企業に縛られるより、自ら起業して生きがいを持って働きたいという希望が高まっているようにも見られます。しかし、社会のシステムを変えないままに一人ひとりが「小さな企業家」になっても、それは、単に経済成長のパイを奪い合うだけか、小さな会社の特性の競い合いに終わるのではないでしょうか。竹内常一氏が以前からこの問題に言及していたのは、先見の明があります。

82 前島二〇一五第３章第１節「１．文部省＝文科省のいじめ概念の変遷」および「２．諸理論のいじめ規定の検討」を参照。

83
参考文献は、中村英代氏のものの他に以下の文献があります。
原田孝之『あなたもきっと依存症』（二〇一八）、同『男尊女卑依存症社会』（二〇二二）、斎藤章佳『万引き依存症』（二〇二二）、速水由紀子『マッチング・アプリ症候群』（二〇二三）、斎藤学『女性とアルコール依存症』（一九八三）、同『嗜癖行動と家族』（一九八四）、同『アルコール依存症の精神病理』（一九八五）、同『ネットワーク・セラピー』（一九八五）、同『アルコール依存症とはなにか』（一九八八）、同『家族依存症　仕事中毒から過食まで』（一九八九）、同『子供の愛し方がわからない親たち』（一九九二）、同『生きるのが怖い少女たち』（一九九三）、同『「家族」という名の孤独』（一九九五）、同『薬物乱用と家族』（一九九五）、同『魂の家族を求めて』（一九九五）、同『アダルト・チルドレンと家族』（一九九六）、同『家族の中の心の病』（一九九七）
84
和田秀樹『スマホで馬鹿になる』（二〇一四）、岡田尊司『インターネット・ゲーム依存』（二〇一四）、川島隆太『スマホが学力を破壊する』（二〇一八）、正高信男『ケータイを持ったサル』（二〇〇三）、中山秀紀『スマホから脳を守る』（二〇二〇）、樋口進『ネット依存症』（二〇一三）、森昭雄『ゲーム脳の恐怖』（二〇〇二）、藤川大祐『スマホ時代の親たちへ』（二〇一六）、山極寿一『スマホを捨てたい子どもたち』（二〇二〇）、養老孟司ほか『子どもが心配』（二〇二二）、土井隆義『つながりを煽られる子どもたち』（二〇一四）
85
ネットいじめについては、以下の文献を参照してください。荻上チキ『ネットいじめ』（二〇〇八）、渡辺真由子『大人が知らないネットいじめの真実』（二〇〇八）、土井隆義『つながりを煽られる子どもたち』（二〇一四）、原清治『ネットいじめの現在』（二〇二一）、加納寛子編『ネットいじめの構造と対処・予防』（二〇一六）。
86
この点について和田秀樹氏は、「最近、スマホ依存になっている親が増えています。親がそうでは子どもをスマホ依存から守ることはできません。親がスマホに依存していないところを見せ、スマホより面白い趣味やスポーツを子どもと一緒にできるようになってほしいと思います」（和田二〇一四、一九二頁）と述べています。確かに、電車に乗っていても、親が五歳くらいの子にスマホを与えて、親自身もスマホに夢中になっているような姿をしばしば見かけます。まるで「スマホに子守をさせている」ようです。

87 教育虐待とは児童虐待の一種で、「教育熱心過ぎる親や教師などが過度な期待を子どもに負わせ、思うとおりの結果が出ないと厳しく叱責してしまうこと」を指します。子どもの人権を無視して勉学や習い事などを社会通念上許される範疇を逸脱して無理強いさせる行為とも言えます。「教育虐待」の提唱者の一人である武田信子氏は、「親が子供の心身が耐えられる限界を超えて教育（スポーツや音楽などを含む）を強制（無理強い）すること」を「教育虐待」と呼びます。また武田氏は、「心理的虐待」を合わせて「広義の教育虐待」とします（武田二〇二一）。

88 現在埼玉県では、公立進学校の男女共学化が問題になっています。これまで、東日本の特定の県のみに存在した進学校の男女別学も、宮城県や福島県で次々に共学化してきました。そして、特定の進学校で男女別学が残っているのは、埼玉県の他群馬県と栃木県のわずか三県のみになりました。県では、二〇〇二年に続いて共学化を提言しています。しかし、特定の別学の進学校の同窓会等が反対しています。私は、初任地が熊本大学であったこともあり、熊本県のすべての高校が共学であることに感動を覚えた経験があります。今日、埼玉県では、全県一区で特定の別学の進学校に全県から進学希望者が集中します。すなわち、秩父から浦和の高校に進学希望者が受験します。その結果、全県八学区時代には、全県の八箇所にあった別学の進学校に適当に進学希望者が分散していましたが、現在では、全県の他の別学進学校のほとんどは、入試倍率が一倍を割ることがままあります。このように、現在の特定の進学校で男女別学が維持されていることは、大きな問題点を生んでいます。このこともあって埼玉県は、男女平等度が全国で最下位から三番目になっています。このような状態は、一日も早く改善される必要があります。特定の別学の進学校の同窓生も「ゆがんだエリート意識」を捨て、是非共学化に賛成してほしいものです。なお、二〇二四年八月二三日に県教委は「原則共学化を推進」という答申を出しました。ただし、その具体化の筋道は曖昧です。今後、県民世論を喚起しながら、子どもの幸福と人格を尊重した具体化を図る必要があります（第五章（下巻）参照）。

89 広木克行氏も「教育機会確保法」についての国会審議における日本共産党吉良よし子議員招聘の参考人発言で次のように述べています。登校拒否・ひきこもりの当事者が「取り戻す時間の順番は、まず現在、そして未来、そのずっと後に過去という事です」（全国登校拒否・不登校問題研究会編『登校拒否・不登校問題のこれからを考えよう（その1）』（『生活ジャーナル』二〇一七年一二月、一〇五頁）。

〈参考文献一覧〉 ※下巻掲載分も含む

青木信人（二〇〇三）『逃げないお父さん――子どもために父親は何ができるか』ポプラ社
青柳貴哉（二〇二三）『Z世代のネオホームレス――自らの意思で家に帰らない子どもたち』角川書店
赤坂憲雄（一九九五）『排除の現象学』筑摩書房
赤坂真理（二〇一四）『愛と暴力の戦後とその後』講談社
浅井春夫（二〇二〇）『包括的性教育――人権、性の多様性、ジェンダー平等を柱に』大月書店
同「社会問題をセクソロジーする（23）――『生命（いのち）の安全教育』で安全を確保できるか⁉ からだと人間関係をめぐる学習の課題」『Sexuality』一〇二号、エイデル研究所
同（二〇二三）『性教育バッシングと統一教会の罠』新日本出版社
浅生春夫ほか（二〇〇八）『子どもの貧困――子ども時代の幸せ平等のために』明石書店
同（二〇〇九）『性の貧困と希望としての性教育――その現実とこれからの課題』十月社
浅井春夫監修（二〇二三）『パンでわかる包括的性教育』小学館クリエイティブ
旭爪あかね（二〇一四）『歩き直してきた道』新日本出版社
浅野千恵（一九九六）『女はなぜやせようとするのか――摂食障害とジェンダー』勁草書房
浅野智彦（二〇一五）『「若者」とはだれか――アイデンティティの30年』河出書房
朝日新聞取材班（二〇二三）『発達「障害」でなくなる日』朝日新聞出版
阿比留久美（二〇二二）『子どものための居場所論――異なることが豊かになる』かもがわ出版
同（二〇二三）『孤独と居場所の社会学――なんでもない〝わたし〟で生きるには』大和書房
阿部恭子（二〇一七）『息子が人を殺しました――加害者家族の真実』幻冬舎
雨宮処凛（二〇〇七）『生きさせろ！ 難民化する若者たち』太田出版
同（二〇一〇）『生きのびろ！ 生きづらい世界を変える八人のやりかた』太田出版
荒川和久（二〇二三）『「居場所がない」人たち――超ソロ社会における幸福のコミュニティ論』小学館
安發明子（二〇二三）『一人ひとりに届ける福祉が支えるフランスの子どもの育ちと家族』かもがわ出版
アンソニー・ギデンズ（一九九三）『近代とはいかなる時代か？――モダニティの帰結』而立書房

飯田一史（二〇二三）『「若者の読書離れ」というウソ――中高生はどのくらい、どんな本を読んでいるのか』平凡社
池田清彦ほか編（二〇二二）『親ガチャという病』宝島社
池谷孝司（二〇一四）『スクールセクハラ――なぜ教師のわいせつ犯罪は繰り返されるのか』幻冬舎
石井光太（二〇一九）『虐待された少年はなぜ、事件を起こしたのか』平凡社
同（二〇二三）『君はなぜ、苦しいのか――人生を切り開く、本当の社会学』中央公論新社
同（二〇二三）『教育虐待――子供を壊す「教育熱心」な親たち』早川書房
石田光規（二〇一八）『孤立不安社会――つながり格差、承認欲求、ぼっちの恐怖』勁草書房
同（二〇二一）『友人の社会史――1990・2010年代の私たちにとっての「親友」とはどのような存在だったのか』筑摩書房
同（二〇二一）『「友だち」から自由になる』光文社
同（二〇二二）『「人それぞれ」がさみしい――「やさしく・冷たい」人間関係を考える』筑摩書房
同（二〇二三）『「ふつう」の子育てがしんどい――「子育て」を「孤育て」にしない社会へ』晃洋書房
泉房穂（二〇二三）『社会の変え方』ライツ社
磯前順一（二〇一九）『昭和・平成精神史――「終わらない戦後」と「幸せな日本人」』講談社選書メチエ
伊藤悟ほか（二〇〇三）『同性愛って何？――「わかりあうことから共にいきるために」』緑風出版
伊藤茂樹（二〇一四）『「子ども自殺」の社会学――「いじめ自殺」はどう語られてきたか』青土社
糸賀一雄（一九六八）『福祉の思想』NHK出版
稲田豊史（二〇二二）『映画を早送りで観る人たち　ファスト映画・ネタバレ――コンテンツ消費の現在形』光文社新書
乾彰夫（一九九〇）『日本の教育と企業社会――一元的能力主義と現代の教育＝社会構造』大月書店
同（二〇〇六）『18歳の今を生き抜く――高卒1年目の選択』青木書店
同（二〇一〇）『〈学校から仕事へ〉の変容と若者たち――個人化・アイデンティティ・コミュニティー』青木書店
同（二〇一二）『若者が働きはじめるとき――仕事、仲間、そして社会』日本図書センター
今井由樹子（二〇二二）「教員の性加害の実態と予防」『現代性教育研究ジャーナル』一三四号、日本性教育協会
岩波明（二〇一七）『発達障害』文藝春秋
ヴィヴェク・H・マーシー（二〇二三）『孤独の本質つながりの力――見過ごされてきた「健康問題」を解き明かす』英治出版
上野千鶴子（二〇一一）『ケアの社会学――当事者主権の福祉社会

へ』太田出版
植原亮太（二〇二三）『ルポ――虐待サバイバー』集英社
魚住絹代（二〇一三）『子どもの問題いかに解決するか――いじめ、不登校、発達障害、非行』ＰＨＰ研究所
宇沢弘文（一九七四）『自動車の社会的費用』岩波書店
同（一九九八）『日本の教育を考える』岩波書店
牛窪恵（二〇二三）『恋愛結婚の終焉』光文社
内田樹（二〇二一）『自由の危機――息苦しさの正体』集英社
内田樹・白井聡（二〇二三）『新しい戦前――この国の〝いま〟を読み解く』朝日新聞出版
内田樹ほか（二〇二四）『僕たちの居場所論』角川書店
内田良（二〇〇九）『「児童虐待」へのまなざし――社会現象はどう語られるか』世界思想社
同（二〇一五）『教育という病――子どもと先生を苦しめる「教育リスク」』光文社
同（二〇一九）『学校ハラスメント　暴力・セクハラ・部活動――なぜ教育は「行き過ぎる」か』朝日新聞出版
同（二〇二二）『学校リスク論』放送大学教育振興会
同（二〇二三）『教育現場を「臨床」する――学校のリアルと幻想』慶應義塾大学出版会
宇都宮直子（二〇二二）『ホス狂い――歌舞伎町ネバーランドで女たちは今日も踊る』小学館
内匠舞（二〇一八）「子供に対する性犯罪の現状と課題」『調査と情報』一〇二五号、国立国会図書館調査及び立法考査局
ＮＨＫスペシャル取材班（二〇二三）『中流危機』講談社
榎本稔（二〇一四）『性依存症の治療――暴走する性・彷徨する愛』現代書林
同（二〇一九）『止められない人々・最後の「駆け込み寺」レポート』現代書林
エヴァ・フェダー・キティ（二〇一一）『ケアの倫理から始める正義論――支え合う平等』現代書館
エーリッヒ・フロム（一九五一）『自由からの逃走』東京創元社
同（一九七五）『破壊（上下）』紀伊國屋書店
エンツィオ・トラヴェルソ『ポピュリズムとファシズム――21世紀の全体主義のゆくえ』作品社
大泉りか（二〇二二）『ホス狂い』鉄人社
大江正章（二〇一五）『地域に希望あり――町・人・仕事を創る』岩波書店
大岡啓二（二〇二一）『人はなぜ、愛するわが子を虐待するのか――児童虐待が繰り返される本当の原因を探る』みらいパブリッシング
大沢真知子（二〇二三）『「助けて」と言える社会へ――性暴力と男女不平等社会』西日本出版社
大澤真幸（二〇一三）『生権力の思想――事件から読み解く現代社

会の転換』筑摩書房
同（二〇二四）『我々の死者と未来の他者――戦後日本人が失ったもの』集英社
尾関周二他（一九九一）『「豊かな日本」の病理――生活と文化のフィロソフィー』青木書店
大空幸星（二〇二二）『望まない孤独』扶桑社
おおたとしまさ（二〇一九）『ルポ教育虐待――毒親と追い詰められる子どもたち』ディスカヴァー・トゥエンティワン
大渕憲一（二〇〇九）『親を殺す「普通の子ども」たち――「ありふれた家庭」の「ありふれた期待」がもたらす危険』ＰＨＰ研究所
岡田尊司（二〇〇五）『悲しみの子どもたち――罪と病を背負って』集英社
同（二〇一四）『母という病』ポプラ社
同（二〇一四）『インターネット・ゲーム依存――ネトゲからスマホまで』文藝春秋
同（二〇二二）『発達障害グレーゾーン』ＳＢクリエイティブ
岡檀（二〇一三）『生き心地の良い町――この自殺率の低さには理由がある』講談社
岡野八代（二〇一二）『フェミニズムの政治学――ケアの倫理をグローバル社会へ』みすず書房
同（二〇一五）『戦争に抗する――ケアの倫理と平和の構想』岩波書店
同（二〇二三）『ケアの倫理――フェミニズムの政治思想』岩波書店
荻上チキ（二〇〇八）『ネットいじめ――ウェブ社会と終わりなき「キャラ戦争」』ミネルヴァ書房
同（二〇二二）『彼女たちの売春（ワリキリ）――社会からの斥力、出会い系の引力』扶桑社
荻上チキ・内田良（二〇一八）『ブラック校則――理不尽な苦しみの現実』東洋館出版社
尾木直樹（二〇〇八）『「よい子」が人を殺す――なぜ「家庭内殺人」「無差別殺人」が続発するのか』青灯社
奥田祥子（二〇二二）『男が心配』ＰＨＰ研究所
同（二〇二三）『シン・男がつらいよ』朝日新聞出版
小熊英二編著（二〇一四）『増補新版　平成史』河出書房
長田弘（二〇一三）『なつかしい時間』岩波新書
尾関周二（一九九一）「〈いじめ〉と学校教育の病理」『「豊かな日本」の病理：生活と文化のフィロソフィー』種村完司他、青木書店
オルテガ・イ・ガセット（一九九五）『大衆の反逆』筑摩書房
開沼博（二〇二一）『日本の盲点』ＰＨＰ新書
風間孝・河口和也（二〇一〇）『同性愛と異性愛』岩波書店
片田珠美（二〇〇七）『こんな子どもが親を殺す』文春文庫

同（二〇一五）『男尊女卑という病』幻冬舎
同（二〇一九）『子どもを攻撃せずにはいられない親』ＰＨＰ研究所
加藤美帆（二〇一二）『不登校のポリティクス――社会批判と国家・学校・家族』勁草書房
加藤陽子ほか（二〇二二）『歴史の逆流――時代の分水嶺を読み解く』朝日新聞出版
加納寛子編（二〇一六）『ネットいじめの構造と対処・予防』金子書房
門本泉ほか（二〇一七）『性犯罪への治療的・教育的アプローチ』金剛出版
金子雅臣（二〇〇六）『壊れる男たち――セクハラはなぜ繰り返されるのか』岩波書店
金間大介（二〇二二）『いい子症候群の若者たち』東洋経済
神代健彦（二〇二〇）『「生存競争」教育への反抗』集英社
川崎二三彦（二〇一九）『虐待死――なぜ起きるのか、どう防ぐか』岩波書店
川島隆太（二〇一八）『スマホが学力を破壊する』集英社
岸本聡子（二〇二三）『地域主権という希望――欧州から、杉並へ恐れぬ自治体への挑戦』大月書店
北澤毅（二〇一五）『「いじめ自殺」の社会学――「いじめ問題」を脱構築する』世界思想社
北村邦夫（二〇一一）『セックス嫌いな若者たち』角川書店
貴戸理恵（二〇二二）『「生きづらさ」を聴く――不登校・ひきこもりと当事者研究のエスノグラフィー』日本評論社
共同通信社編（二〇一九）『ルポ　私たちが生きた平成――人と社会はどう変わったか』岩波書店
楠凡之（二〇一三）『虐待・いじめ――悲しみから希望へ』高文研
國友公司（二〇二三）『ルポ歌舞伎町』彩図社
黒柳徹子（二〇二四）『続・窓ぎわのトットちゃん』講談社
小池直人（二〇一七）『デンマーク――共同社会の歴史と思想』大月書店
鴻上尚史・中野信子（二〇二二）『同調圧力のトリセツ』小学館
鴻上尚史ほか（二〇二〇）『同調圧力――日本社会はなぜ息苦しいのか』講談社
鴻巣麻里香（二〇二三）『思春期のしんどさってなんだろう』平凡社
児玉勇二（二〇〇九）『性教育裁判――七生養護学校事件が残したもの』岩波書店
子どもの権利条約市民・ＮＧＯの会編（二〇二〇）『国連子どもの権利条約と日本の子ども期――第４・５回最終所見を読み解く』本の泉社
小林美佳（二〇一一）『性犯罪被害にあうということ』朝日文庫
小針誠（二〇〇九）『〝お受験〟の社会史――都市新中間層と私立小

学校』世織書房
同（二〇一五）『お受験の歴史学』講談社
児美川孝一郎ほか（二〇二二）『日本の教育、どうしてこうなった？――総点検・閉塞30年の教育政策』大月書店
近藤凜太朗（二〇二二）「『生命（いのち）の安全教育』とは何か？」『教育学研究』八九巻四号、一般社団法人日本教育学会
斉加尚代、毎日放送映像取材班（二〇一九）『教育と愛国――誰が教室を窒息させるのか』岩波書店
斎藤章佳（二〇一七）『男が痴漢になる理由』イースト・プレス
同（二〇一八）『万引き依存症』イースト・プレス
同（二〇一九）『「小児性愛」という病――それは愛ではない』ブックマン社
同（二〇二一）『盗撮をやめられない男たち』扶桑社
同（二〇二二）『セックス依存症』幻冬舎
同（二〇二三）『子どもへの性加害――性的グルーミングとは何か』幻冬舎
同（二〇二三）『男尊女子依存症社会』亜紀書房
斎藤彩（二〇二三）『母という呪縛娘という牢獄』講談社
斎藤樟・岡本かおり（二〇二二）『性暴力被害への心理支援』金剛出版
斎藤孝ほか（二〇二三）『孤独のレッスン』大和書房
斎藤環（二〇〇八）『母は娘の人生を支配する――なぜ「母殺し」は難しいのか』NHK出版
斎藤茂男（二〇〇一）『現代を歩く』共同通信社
立花高校監修（二〇一九）『「いいんだよ」は魔法の言葉――君は君のままでいい』梓書院
斎藤学（一九八三）『女性とアルコール依存症』海鳴社
同（一九八四）『嗜癖行動と家族――過食症・アルコール依存症からの回復』有斐閣
同（一九八五）『アルコール依存症の精神病理』金剛出版
同（一九八五）『ネットワーク・セラピー――アルコール依存症からの脱出』彩古書房
同（一九八八）『アルコール依存症とはなにか――こころとからだの病の基礎知識』ヘルスワーク協会
同（一九八九）『家族依存症――仕事中毒から過食まで』誠信書房
同（一九九二）『子供の愛し方がわからない親たち――児童虐待、何が起こっているか、どうすべきか』講談社
同（一九九三）『生きるのが怖い少女たち――過食・拒食の病理をさぐる』光文社
同（一九九五）『「家族」という名の孤独』講談社
同（一九九五）『薬物乱用と家族』ヘルスワーク協会
同（一九九五）『魂の家族を求めて――私のセルフヘルプ・グループ論』日本評論社
同（一九九六）『アダルト・チルドレンと家族――心のなかの子ど

もを癒す』学陽書房
同（一九九七）『家族の中の心の病——「よい子」たちの過食と拒食』講談社
同（二〇〇九）『依存症と家族』学陽書房
同（二〇一〇）『「じぶんのために生きていける」ということ——寂しくて、退屈な人たちへ』大和書房
同（二〇一五）『「毒親」の子どもたちへ』メタモル出版
同（二〇一九）『すべての罪悪感は無用です——自分のために生きられないあなたに』扶桑社
同（二〇二〇）『「愛」という名の優しい暴力——その生きづらさはどこからきたのか』扶桑社
同（二〇二二）『「毒親」っていうな！』扶桑社
斎藤学編著（一九九九）『依存と虐待』日本評論社
酒井直樹（二〇一七）『ひきこもりの国民主義』岩波書店
坂爪真吾（二〇一六）『セックスと障害者』イースト・プレス
同（二〇一八）『孤独とセックス』扶桑社新書
同（二〇一八）『「身体を売る彼女たち」の事情——自立と依存の性風俗』筑摩書房
同（二〇一八）『パパ活の社会学——援助交際、愛人契約と何が違う』光文社
同（二〇一九）『未来のセックス年表２０１９——２０５０年』ＳＢクリエイティブ
同（二〇二〇）『「許せない」がやめられない——ＳＮＳで蔓延する「＃怒りの快楽依存症」』徳間書店
同（二〇二一）『パンツを脱いじゃう子どもたち——発達と放課後の性』中央公論社
坂本いずみ（二〇二一）『脱「いい子」のソーシャルワーク』現代書館
櫻井智恵子（二〇一二）『子どもの声を社会へ——子どもオンブズの挑戦』岩波書店
桜井裕子（二〇二三）『10代のための性の世界の歩き方』時事通信社
佐々木孝夫（二〇二四）『中学生の声を聴いて主権者を育てる』高文研
佐々木チワワ（二〇二一）『「ぴえん」という病——ＳＮＳ世代の消費と承認』扶桑社
佐々木実（二〇一九）『資本主義と闘った男——宇沢弘文と経済学の世界』講談社
佐藤学（一九九五）『学び　その死と再生』太郎次郎社
同（二〇〇〇）『学びから逃走する子どもたち』岩波書店
同（二〇一五）『専門家として教師を育てる——教師教育改革のグランドデザイン』岩波書店
同（二〇二三）『教室と学校の未来へ——学びのイノベーション』小学館

同（二〇二三）『新版・学校を改革する――学びの共同体の構想と実践』岩波書店
佐藤学ほか（二〇一二）『学校を改革する――学びの共同体の構想と実践』岩波書店
同（二〇二一）『学問の自由が危ない――日本学術会議問題の深層』晶文社
同（二〇二一）『第四次産業革命と教育の未来――ポストコロナ時代のICT教育』岩波書店
佐藤嘉幸（二〇〇九）『新自由主義と権力――フーコーから現在性の哲学へ』人文書院
佐貫浩（二〇一六）『現代をどうとらえ、どう生きるか――民主主義、道徳、政治と教育』新科学出版社
同（二〇一九）『学力・人格と教育実践――変革的な主体性をはぐくむ』大月書店
同（二〇二〇）『「知識基盤社会」論批判――学力・教育の未来像』花伝社
同（二〇二一）『恵那の戦後教育運動と現代――「石田和男教育著作集」を読む』花伝社
汐見稔幸（二〇一三）『本当は怖い小学1年生』ポプラ社
嶋根卓也（二〇二三）「わが国における市販薬乱用の実態と課題――「助けて」が言えない子どもたち」厚生労働省（https://www.mhlw.go.jp/content/11121000/001062521.pdf）
志水宏吉（二〇二二）『ペアレントクラシー――「親格差社会」の衝撃』朝日新聞出版
下村博文（二〇一九）『日本の未来を創る「啓育立国」』アチーブメント出版
下園壮太ほか（二〇二三）『「死にたい」気持ちに寄り添う』金剛出版
ジュディス・L・ハーマン（一九九九）『心的外傷と回復』みすず書房
同（二〇二四）『真実と修復――暴力被害者にとっての謝罪・補償・再発防止策』みすず書房
庄井良信（二〇〇四）『自分の弱さをいとおしむ――臨床教育学へのいざない』高文研
新藤宗幸（二〇一六）『「主権者教育」を問う』岩波書店
同（二〇二一）『権力にゆがむ専門知――専門家はどう統制されてきたのか』朝日新聞出版
しんぶん赤旗社会部編（二〇一七）『孤立していく子どもたち』新日本出版社
末木新（二〇二三）『死にたいと言われたら――自殺の心理学』筑摩書房
末富芳編著（二〇二三）『子ども若者の権利と政策（全五巻）』明石書店
菅野仁（二〇〇八）『友だち幻想――人と人の〈つながり〉を考え

る』筑摩書房
菅間正道編（二〇二〇）『向かい風が吹いていても――カウンターを生きる10人の声』子どもの未来社
鈴木翔（二〇一二）『教室カースト』光文社
鈴木大裕（二〇一六）『崩壊するアメリカの公教育――日本への警告』岩波書店
鈴木伸元（二〇一四）『性犯罪者の頭の中』幻冬舎
鈴木秀洋編著（二〇一九）『子を、親を、児童虐待から救う――先達32人現場の知恵』公職研
杉田聡（二〇〇一）『クルマを棄てて歩く！』講談社
杉田聡・今井博之（一九九八）『クルマ社会と子どもたち』岩波書店
杉田俊介（二〇二二）『男がつらい！――資本主義社会の「弱者男性」論』ワニブックス
杉山春（二〇一七）『児童虐待から考える――社会は家族に何を強いてきたか』朝日新聞出版
同（二〇一七）『自死は、向き合える――遺族を支える、社会で防ぐ』岩波書店
須藤康介（二〇一五）「教師の犯罪率とその推移――同年齢集団との比較から」『日本教師教育学会年報』二四号、日本教師教育学会
芹沢俊介（二〇〇一）『母という暴力』春秋社
同（二〇〇八）『親殺し』ＮＴＴ出版
総合人間学会編（二〇二二）『人新世とＡＩの時代における人間と社会を問う』本の泉社
高垣忠一郎（一九九一）『揺れつ戻りつ思春期の峠』新日本出版社
同（二〇一〇）『カウンセリングを語る――自己肯定感を育てる作法』かもがわ出版
同（二〇一二）『3・11生みの苦しみによりそって――原発震災と登校拒否』かもがわ出版
同（二〇一五）『生きづらい時代と自己肯定感――「自分が自分であって大丈夫」って？』新日本出版社
同（二〇一八）『自己肯定感を抱きしめて――命はかくも愛おしい』新日本出版社
同（二〇二一）『悩む心に寄り添う――自己否定感と自己肯定感』新日本出版社
同（二〇二二）『つい「がんばりすぎてしまう」あなたへ――自分のこころを見つめなおすために』新日本出版社
同（二〇二三）『生きづらいあなたへ――カウンセラーからの伝言』新日本出版社
高垣忠一郎ほか（二〇一五）『ひきこもる人と歩む』新日本出版社
高木瑞穂（二〇一八）『裏オプ――ＪＫビジネスを天国と呼ぶ〝女子高生〟12人の告白』大洋図書
同（二〇二三）『ルポ新宿歌舞伎町　路上売春』小学館

高橋源一郎（二〇二二）『居場所がないのがつらいです――みんなのなやみぼくのこたえ』毎日新聞出版
高橋源一郎・辻信一（二〇一四）『弱さの思想――たそがれをだきしめる』大月書店
高橋翔太（二〇二三）『親になる罪――反出生主義をのりこえて』つむぎ書房
高橋祥友（二〇〇六）『自殺予防』岩波書店
高橋祥友編著（二〇一三）『自殺を防ぐ診療のポイント』中外医学社
高崎順子（二〇一六）『フランスはどう少子化を克服したのか』新潮社
高橋睦美（二〇二三）『改訂版：教師にできる自殺予防――子どものSOSを見逃さない』教育開発研究所
竹内章郎（一九九三）『「弱者」の哲学』大月書店
同（二〇一〇）『平等の哲学――新しい福祉思想の扉をひらく』大月書店
竹内章郎・吉崎祥司（二〇一七）『社会権――人権を実現するもの』大月書店
竹内常一（一九八七）『子どもの自分くずしと自分つくり』東京大学出版会
同（一九九八）『子どもの自分くずし、その後〝深層の物語〟を読みひらく』太郎次郎社
同（一九九八）『少年期不在――子どものからだの声をきく』青木書店
同（二〇〇三）『おとながこどもと出会うとき、子どもが世界をたちあげるとき――教師のしごと』桜井書店
同（二〇一六）『新・生活指導の理論――ケアと自治、学びと参加』高文研
竹田ダニエル（二〇二三）『#次世代的価値観』講談社
武田信子（二〇二一）『やりすぎ教育――商品化する子どもたち』ポプラ社
旦木瑞穂（二〇二三）『毒親は連鎖する――子どもを「所有物扱い」する母親たち』光文社
太刀川弘和（二〇一九）「『SOSの出し方教育』と自殺予防教育」『社会と倫理』三四号、南山大学社会倫理研究所
同（二〇二二）「子どもの自殺の基礎知識」『精神神経学雑誌』第一二四巻五号、日本精神神経学会
立花高校監修（二〇一九）『「いいんだよ」は魔法の言葉――君は君のままでいい』梓書院
橘ジュン（二〇一六）『最下層女子校生――無関心社会の罪』小学館
適菜収（二〇二二）『ニッポンを蝕む全体主義』祥伝社
田中哲（二〇一二）『発達障害とその子「らしさ」――児童精神科医が出会った子どもたち』いのちのことば社

田中俊之（二〇一九）『男子が10代のうちに考えておきたいこと』岩波ジュニア新書
田辺俊介編著（二〇一九）『日本人は右傾化したのか――データ分析で実像を読み解く』勁草書房
土井隆義（二〇〇三）『〈非行少年〉の消滅――個性神話と少年犯罪』信山社
同（二〇〇四）『「個性」を煽られる子どもたち――親密圏の変容を考える』岩波書店
同（二〇〇八）『友だち地獄――「空気を読む」世代のサバイバル』筑摩書房
同（二〇〇九）『キャラ化する／される子どもたち――排除型社会における新たな人間像』岩波書店
同（二〇一〇）『人間失格？――「罪」を犯した少年と社会をつなぐ』日本図書センター
同（二〇一二）『若者の気分――少年犯罪〈減少〉のパラドクス』岩波書店
同（二〇一四）『つながりを煽られる子どもたち――ネット社会といじめ問題を考える』岩波書店
同（二〇一九）『「宿命」を生きる若者たち――格差と幸福をつなぐもの』岩波書店
同（二〇二四）「再帰化する現代社会の非再帰化する友人関係――単純集計の経年比較から」『現代若者の再帰的ライフスタイルの諸類型とその成立条件の解明』青少年研究会
登校拒否・不登校問題全国連絡会、25年のあゆみ編集委員会編（二〇二〇）『登校拒否・不登校――親たちのあゆみ』かもがわ出版
冨田宏治（二〇二二）『維新政治の本質――組織化されたポピュリズムの虚像と実像』あけび書房
戸谷洋史（二〇二三）『親ガチャの哲学』新潮社
中井久夫（一九九七）『アリアドネからの糸』みすず書房
同（二〇一一）『「思春期を考える」ことについて』筑摩書房
同（二〇一六）『いじめのある世界に生きる君たちへ――いじめられっこだった精神科医の贈る言葉』中央公論新社
永井愛（二〇〇一）『こんにちは、母さん』白水社
中島かおり（二〇一七）『漂流女子――にんしんＳＯＳ東京の相談現場から』朝日新聞出版
中島岳志（二〇二三）『テロルの原点――安田善次郎暗殺事件』新潮文庫
中島岳志・島薗進（二〇一六）『愛国と信仰の構造――全体主義はよみがえるのか』集英社
中西新太郎（二〇一九）『若者保守化のリアル――「普通がいい」というラディカルな夢』花伝社
中西新太郎編（二〇〇八）『１９９５年未了の問題圏』大月書店
同（二〇一九）『若者は社会を変えられるか？』かもがわ書店
中西新太郎ほか（二〇二三）『教育ＤＸは何をもたらすか――「個

別最適化」社会のゆくえ』大月書店
中野信子（二〇二〇）『毒親――毒親育ちのあなたと毒親になりたくないあなたへ』ポプラ社
中村淳彦（二〇一五）『ルポ中年童貞』幻冬舎
同（二〇二〇）『新型コロナと貧困女子』宝島社
同（二〇二一ａ）『パパ活女子』幻冬舎
同（二〇二一ｂ）『女子大生風俗嬢――性とコロナ貧困の告白』宝島社
同（二〇二二）『歌舞伎町と貧困女子』宝島社
同（二〇二三）『私、毒親に育てられました』宝島社
同（二〇二三）『貧困女子の世界』宝島社
中村英代（二〇二二）『依存症と回復、そして資本主義――暴走する社会で〈希望のステップ〉を踏み続ける』光文社
中森孜郎・名執雅子編著（二〇〇八）『よみがえれ少年院の少女たち――青葉女子学園の表現教育24年』かもがわ出版
中山秀紀（二〇二〇）『スマホから脳を守る』朝日新聞出版
七生養護学校「ここから」裁判刊行委員会編（二〇一四）『かがやけ性教育！――最高裁も認めた「こころとからだの学習」』つなん出版
成田奈緒子（二〇二三）『高学歴親という病』講談社
ニコラス・ローズ（二〇一六）『魂を統治する――私的な自己の形成』以文社
西川正（二〇一七）『あそびの生まれる場所――「お客様」時代の公共マネジメント』ころから
同（二〇二三）『あそびの生まれる時――「お客様」時代の地域活動コーディネーション』ころから
仁藤夢乃（二〇一三）『難民高校生』英治出版
同（二〇一四）『女子高生の裏社会――「関係性の貧困」に生きる少女たち』光文社
二宮厚美（二〇二三）『人間発達の福祉国家論』新日本出版社
日本子どもを守る会編（二〇二三）『子ども白書』かもがわ出版
日本性教育協会編（二〇一九）『「若者の性」白書――第8回青少年の性行動全国調査報告』小学館
日本臨床教育学会編（二〇二一）『臨床教育学研究第9巻――「虐待」への臨床教育学的アプローチ』群青社
野井真吾（二〇二一）「子どもの権利条約と子どものからだ with コロナ post コロナ時代の育ちと学びを考える」『民教連ニュース』二〇二一年九月号、日本民間教育研究団体連絡会
野澤和弘（二〇二三）『弱さを愛せる社会へ――分断の時代を超える「令和の幸福論」』中央法規
能勢桂介・小倉敏彦（二〇二〇）『未婚中年ひとりぼっちの社会』イースト・プレス
信田さよ子（二〇一五）『加害者は変われるか？――ＤＶと虐待を見つめながら』筑摩書房

同（二〇二〇）『女性の生きづらさ――その痛みを語る』日本評論社
橋本紀子（二〇一四）『こんなに違う！　世界の性教育』メディアファクトリー
林田一（二〇一八）『リストカット心理学』ＭＢＣビジネス研究班
速水由紀子（二〇二三）『マッチング・アプリ症候群――婚活沼に潜む人々』朝日新聞出版
原清治（二〇二一）『ネットいじめの現在――子どもたちの磁場で何が起きているか』ミネルヴァ書房
原田隆之（二〇一九）『痴漢外来――性犯罪と戦う科学』筑摩書房
同（二〇二一）『あなたもきっと依存症――「快と不安」の病』文藝春秋
パリー・サンダース（一九九八）『本が死ぬところ暴力が生まれる』新曜社
春増翔太（二〇二三）『ルポ歌舞伎町の路上売春――それでも立ちんぼを続ける彼女たち』筑摩書房
樋口進（二〇一三）『ネット依存症』ＰＨＰ研究所
久冨善之（一九九三）『競争の教育――なぜ受験競争はかくも激化するか』労働旬報社
久冨善之編著（一九九三）『豊かさの底辺に生きる――学校システムと弱者の再生産』青木書店
同（一九九四）『日本の教師文化――その社会学的研究』多賀出版
同（二〇一二）『新採教師はなぜ追いつめられたのか――苦悩と挫折から希望と再生を求めて』高文研
日向琴子（二〇二二）『ルポ　パパ活』彩図社
平田オリザ（二〇一六）『下り坂をそろそろ降りる』講談社
廣井亮一（二〇〇一）『非行少年――家裁調査官のケースファイル』宝島社
同（二〇二三）『悪さをしない子は悪い人になります』新潮社
広木克行（二〇〇五）『手をつなぐ子育て――思春期を見通してかもがわ出版
同（二〇一一）『子どもは「育ちなおし」の名人――見えますか、子どものシグナル』清風堂書店
広木克行編著（二〇〇五）『ありのままでいいんだよ』北水
フエビアン・ブルジェール（二〇一四）『ケアの倫理――ネオリベラリズへの反論』白水社
福井雅英・山形志保編著（二〇二三）『保健室から創る希望』新日本出版社
福井裕輝（二〇二三）『子どもへの性暴力は防げる！』時事通信社
福嶋尚子ほか（二〇一九）『隠れ教育費』太郎次郎社
藤井聡（二〇一七）『クルマを捨ててこそ地方は甦る』ＰＨＰ研究所
藤井良彦（二〇一七）『不登校とはなんであったか？――心因性登校拒否、その社会的病理化の論理』社会評論社

藤川大祐（二〇一六）『スマホ時代の親たちへ――「わからない」では守れない！』大空出版
藤岡惇子（二〇二三）『性問題行動のある子どもへの対応――治療教育の現場から』誠信書房
藤田敏夫（一九九一）『恐るべき自動車排ガス汚染』合同出版
藤田勇編（一九八七）『権威的秩序と国家』東京大学出版会
藤森和美・野坂祐子（二〇二三）『子どもへの性暴力――その理解と支援』誠信書房
藤森毅（二〇一三）『いじめ解決の政治学』新日本出版社
藤原章生（二〇二三）『差別の教室』集英社
藤原審爾（一九七九）『落ちこぼれ家庭（上・下）』新日本出版社
同（一九八一）『結婚の資格』新日本出版社
同（一九八七）『死にたがる子』新日本出版社
藤原辰史ほか『「自由」の危機――息苦しさの正体』集英社
藤原正範（二〇〇六）『少年事件に取り組む――家裁調査官の現場から』岩波書店
二木雄策（一九九九）『交通死――命はあがなえるか』岩波書店
船戸優里（二〇二〇）『結愛へ――目黒区虐待事件母の獄中日記』小学館
古谷経衡（二〇二〇）『毒親と絶縁する』集英社
フレデリック・マルテル（二〇一六）『現地レポート世界ＬＧＢＴ事情――変わりつつある人権と文化の地政学』岩波書店
堀尾輝久（一九七一）『現代教育の思想と構造――国民の教育県と教育の自由の確立のために』岩波書店
同（一九七五）『教育の自由と権利――国民の学習権と教師の責務』青木書店
同（一九八六）『教育基本法はどこへ――理想が現実を切り拓く』有斐閣
同（一九八六）『子どもの権利とは何か――人権思想の発展のために』岩波書店
同（一九九七）『現代社会と教育』岩波書店
同（二〇〇五）『地球時代の教養と学力――学ぶとは、分かるとは』かもがわ出版
同（二〇一一）『未来をつくる君たちへ――〝地球時代〟をどう生きるか』清流出版
同（二〇一九）『人権としての教育』岩波書店
堀尾輝久編著（一九九八）『平和・人権・環境教育国際資料集』青木書店
堀尾輝久ほか編（二〇二二）『戦後教育学の再検討（上）――歴史・発達・人権』東京大学出版会
同（二〇二二）『戦後教育学の再検討（下）――教養・平和・未来』東京大学出版会
堀真一郎（二〇二二）『新装版　きのくに子ども村の教育――体験学習中心の自由学校の20年』黎明書房

本多勝一（一九七二）『中国の日本軍』創樹社
本田由紀（二〇二〇）『教育は何を評価してきたのか』岩波書店
同（二〇二一）『「日本」ってどんな国――国際比較データで社会が見えてくる』筑摩書房
本田由紀・伊藤公雄（二〇一七）『国家がなぜ家族に干渉するのか』青弓社
本田由紀ほか（二〇〇八）『「生きづらさ」の限界〝溜め〟のある社会へ』旬報社
マイケル・ジーレジンガー（二〇〇七）『ひきこもりの国――日本はなぜ失われた世代を生んだか』光文社
毎日新聞取材班（二〇二二）『世界少子化考――子供が増えれば幸せなのか』毎日新聞出版
前川喜平（二〇二二）『コロナ期の学校と教育実践』論創社
前島康男（一九九三）『自分探しの旅を豊かに――青年期教育の課題と方法』創風社
同（一九九五）『いじめ――その本質と克服の道すじ』創風社
同（一九九八）『大学教育と「絵本の世界」（上巻）――障害児・いじめ・不登校問題を考える』創風社
同（一九九九）『おとなのための絵本の世界――子どもとの出会いを求めて』創風社
同（二〇〇一）『現代文学に見るこどもと教育』創風社
同（二〇〇三）『増補・いじめ――その本質と克服の道すじ』創風社
同（二〇〇四）『希望としての不登校・登校拒否――本人・親の体験、教師の教育実践に学ぶ』創風社
同（二〇一五）『大学教育と「絵本の世界」（中巻）――憲法・戦争・教育改革、3・11東日本大震災と子ども・教育、いじめ問題を考える』創風社
同（二〇一六）『新版・おとなのための絵本の世界――子どもとの出会いを求めて』創風社
同（二〇二〇）『登校拒否・ひきこもりからの〝出発《たびだち》〟――「よい子」の苦悩と自己形成』東京電機大学出版局
同（二〇二三）「登校拒否・ひきこもり問題の新しい展開と理論的課題」『生活教育』二〇二三年八・九月号、日本生活教育連盟
同（二〇二四）「激増する登校拒否・不登校――その背景と解決の道筋を探る」『人権と部落問題』二〇二四年四月号、部落問題研究所
前島康男と記念誌原稿協力者（二〇二三）『定年退職記念誌　私の人生と仲間たち――希望・新しい明日に向かって』かわごえ出版
牧野雅子（二〇一九）『痴漢とはなにか――被害と冤罪をめぐる社会学』エトセトラブックス
正高信男（二〇〇三）『ケータイを持ったサル――「人間らしさ」の崩壊』中央公論社
松居直（一九九二）『絵本の現在子どもの未来』日本エディタース

クール出版部
同（二〇〇八）『松居直のすすめる50の絵本――大人のための絵本入門』教文館
松本俊彦（二〇一八）「自分を傷つけずにはいられない！　自傷行為の理解と援助」『広島大学大学院心理臨床教育研究センター紀要』一七号、広島大学大学院教育学研究科附属心理臨床教育研究センター
松本俊彦編（二〇二一）『死にたいに現場で向き合う――自殺予防の最前線』日本評論社
同（二〇二三a）『孤独と孤立』日本看護協会出版会
同（二〇二三b）『「助けて」が言えない　子ども編』日本評論社
間庭充幸（一九九七）「若者犯罪の社会文化史――犯罪が映し出す時代の病像」有斐閣
同（二〇〇五）『若者の犯罪――凶悪化は幻想か』世界思想社
同（二〇〇九）『現代若者犯罪史――バブル期後重要事件の歴史的解読』世界思想社
同（二〇一四）『犯罪と日本社会の病理――破壊と生の深層社会学』書肆クラルテ
同（二〇一八）『日本政治の深層病理――戦後民主主義の社会学』書肆クラルテ
水島広子（二〇一四）『整理整頓　女子の人間関係』サンクチュアリ出版
ミシェル・フーコー（一九七七）『監獄の誕生――監視と処罰』新潮社
同（二〇〇八）『生政治の誕生』筑摩書房
見田宗介（二〇一八）『現代社会はどこに向かうか――高原の見晴らしを切り開くこと』岩波書店
宮川俊彦（二〇一三）『いじめ・自殺――この30年で何が変わり、何が変わらないのか』ディスカヴァー・トゥエンティワン
宮口智恵（二〇二二）『虐待したことを否定する親たち――孤立する親と子を再び繋げる』ＰＨＰ研究所
宮坂道夫（二〇二三）『弱さの倫理学――不完全な存在である私たちについて』医学書院
宮崎浩一・西岡真由美（二〇二三）『男性の性暴力被害』集英社
宮原洋一（二〇〇六）『もう一つの学校――ここに子どもの声がする』新評論
宮本みち子（二〇二一）『アンダークラス化する若者たち』明石書店
民主教育研究所編（二〇二一）『民主主義教育のフロンティア』旬報社
向谷地生良・浦河べてるの家（二〇一八）『新　安心して絶望できる人生――「当事者研究」という世界』一麦出版社
村上芽（二〇一九）『少子化する世界』日本経済新聞出版
村瀬幸浩（二〇〇七）『性のことわが子と話せますか？』集英社

村瀬幸浩ほか（二〇二三）『50歳からの性教育』河出書房
村瀬桃子（二〇二一）「文部科学省『生命（いのち）の安全教育』に関するノート」『米澤國語國文』五〇号、山形県立米沢女子短期大学国語国文学会
村山士郎（二〇〇〇）『なぜ「よい子」が暴発するか』大月書店
同（二〇一五）『社会病理としての少年事件（村山士郎教育論集Ⅲ）』本の泉社
室井舞花（二〇一六）『恋の相手は女の子』岩波書店
室橋祐貴（二〇二四）『子ども若者抑圧社会・日本――社会を変える民主主義とは何か』光文社
明和政子（二〇二二）『マスク社会が危ない――子どもの発達に「毎日マスク」はどう影響するか』宝島社
望月由紀（二〇一一）『現代日本の私立小学校受験』学術出版会
同（二〇二二）『小学校受験――現代日本の「教育する家族」』光文社
本橋信広（二〇二三）『歌舞伎町アンダーグラウンド』駒草出版
森昭雄（二〇〇二）『ゲーム脳の恐怖』日本放送出版協会
森順二・森美加（二〇〇八）『啓祐、君を忘れない――いじめ自殺の根絶を求めて』新日本出版社
森達也（二〇二三）『歯車にならないためのレッスン』青土社
森達也編著（二〇二〇～二〇二二）『定点観測　新型コロナウイルスと私たちの社会』（第1弾～第6弾）論創社
森田ゆり（二〇一九）『体罰と戦争――人類の二つの不名誉な伝統』かもがわ出版
森田ゆりほか（一九九八）『女性に対する暴力――フェミニズムからの告発』松香堂書店
森脇正博ほか（二〇一八）「教員の『わいせつ行為』に関する統計的再分析――学校種別発生率の検討」『京都教育大学紀要』一三二号、京都教育大学
文部科学省（二〇二三）『生徒指導提要』ジアース教育社
山極寿一（二〇二〇）『スマホを捨てたい子どもたち――野生に学ぶ「未知の時代」の生き方』ポプラ社
山崎雅弘（二〇二三）『この国の同調圧力』ＳＢクリエイティブ
山田昌弘編（二〇二三）『「今時の若者」のリアル』ＰＨＰ研究所
山本七平（一九八三）『「空気」の研究』文藝春秋
悠風茜（二〇〇七）『自殺依存』看護出版
養老孟司（二〇二二）『子どもが心配――人として大事な三つの力』ＰＨＰ研究所
同（二〇二三）『こう考えると、うまくいく――脳化社会の歩き方』扶桑社
養老孟司ほか（二〇二四）『こどもを野に放て！――ＡＩ時代に生きる知性の育て方』集英社
横井敏郎編（二〇二三）『子ども・若者の居場所と貧困支援』学事

出版
吉川徹ほか（二〇一九）『分断社会と若者の今』大阪大学出版会
吉川徹編（二〇二三）『子どもの声を聴く――支援の現場から「子どもの権利」を考える』日本評論社
吉崎祥司（二〇一四）『「自己責任論」をのりこえる――連帯と社会的責任の哲学』学習の友社
吉野明（二〇一八）『女の子の「自己肯定感」を高める育て方――思春期の接し方が子どもの人生を左右する！』実務教育出版
寮美千子（二〇一〇）『空が青いから白を選んだのです――奈良少年刑務所詩集』新潮文庫
同（二〇一八）『あふれでたのはやさしさだった――奈良少年刑務所絵本と詩の教室』西日本出版社
同（二〇二四）『名前で呼ばれたこともなかったから――奈良少年刑務所詩集』新潮社
レイチェル・シモンズ（二〇〇三）『女の子どうしって、ややこしい』草思社
鷲田清一（二〇〇一）『〈弱さ〉のちから――ホスピタブルな光景』講談社
和田秀樹（二〇一四）『スマホで馬鹿になる――子どもを壊す依存症の恐怖』時事通信社
同（二〇一七）『この国の息苦しさの正体――感情支配社会を生き抜く』朝日新聞出版
同（二〇二一）『マスクを外す日のために――今から始める、ウィズコロナの健やかな生き方』幻冬舎
同（二〇二三）『疎外感の精神病理』集英社
渡部伸（二〇〇七）『中年童貞――少子化時代の恋愛格差』扶桑社
渡辺真由子（二〇〇八）『大人が知らないネットいじめの真実』ミネルヴァ書房

前島康男（まえじま・やすお）
1950年、埼玉県さいたま市（旧大宮市）生まれ。1979年、東京大学大学院教育学研究科博士課程満期退学。2021年3月、熊本大学と東京電機大学での40年にわたる大学教員生活を終了。専門は子ども・若者研究、および絵本研究。現在は在野の研究者として、相談活動、学会等での研究発表や講演活動および市民活動などに取り組む。
著書に『登校拒否・ひきこもりからの“出発《たびだち》”——「よい子」の苦悩と自己形成』（東京電機大学出版局、2020）、『新版・おとなのための絵本の世界——子どもとの出会いを求めて』（創風社、2016）ほか多数。

現代社会の危機と子ども・若者（上）
——どの子にも豊かな遊びと平和な子ども期を

2024年12月20日　初版第1刷発行

著者 ——前島康男
発行者 —平田　勝
発行 ——花伝社
発売 ——共栄書房
〒101-0065　東京都千代田区西神田2-5-11出版輸送ビル2F
電話　03-3263-3813
FAX　03-3239-8272
E-mail　info@kadensha.net
URL　https://www.kadensha.net
振替 ——00140-6-59661
装幀 ——黒瀬章夫（ナカグログラフ）
印刷・製本—中央精版印刷株式会社

ISBN978-4-7634-2150-0 C0037